# 我国城市新区资源要素配置效率评价与优化路径研究

安士伟　屈国强　安康　万三敏　著

·郑州·

### 图书在版编目(CIP)数据

我国城市新区资源要素配置效率评价与优化路径研究／安士伟等著．--郑州：河南大学出版社，2021.12
ISBN 978-7-5649-4975-4

Ⅰ．①我… Ⅱ．①安… Ⅲ．①城市经济－资源配置－研究－中国 Ⅳ．①F299.21

中国版本图书馆 CIP 数据核字(2021)第 267810 号

**我国城市新区资源要素配置效率评价与优化路径研究**
WOGUO CHENGSHI XINQU ZIYUAN YAOSU PEIZHI XIAOLÜ PINGJIA YU YOUHUA LUJING YANJIU

| | |
|---|---|
| 责任编辑 | 张雪彩 |
| 责任校对 | 林方丽 |
| 封面设计 | 郭 灿 |

| | |
|---|---|
| 出版发行 | 河南大学出版社 |
| | 地址：郑州市郑东新区商务外环中华大厦 2401 号 |
| | 邮编：450046 |
| | 电话：0371-86059715（高等教育与职业教育分公司） |
| | 　　　0371-86059701（营销部） |
| | 网址：hupress.henu.edu.cn |
| 排　版 | 郑州市今日文教印制有限公司 |
| 印　刷 | 广东虎彩云印刷有限公司 |
| 版　次 | 2021 年 12 月第 1 版 |
| 印　次 | 2021 年 12 月第 1 次印刷 |
| 开　本 | 710 mm×1010 mm　1/16 |
| 印　张 | 16.75 |
| 字　数 | 225 千字 |
| 定　价 | 49.00 元 |

（本书如有印装质量问题，请与河南大学出版社营销部联系调换。）

# 前　　言

改革开放以来,我国经历了世界历史上规模最大、速度最快的城镇化进程。在城镇化进程中,中心城区发展中存在着诸多问题:生态环境恶化、基础设施陈旧、交通拥堵、产业发展空间受限、城市人口容量饱和等等。

在城镇化进程中,有两种模式,一是旧城改造,二是新区建设,多数城市在城镇化进程中都大力开展新区建设。目前我国城市新区建设中也存在着诸多问题:人口集聚能力不强、人口分布过于稀疏、基础设施配套滞后、职住不平衡、后续增长乏力。城市新区在发展过程中,需要由母城对其进行"输血式"建设,需要对新区注入各种资源,这些资源的配置效率的高低,将会影响到城市新区今后的健康发展,因此,对城市新区资源配置效率的评价及优化显得举足轻重。

分析城市新区建设中需要投入的资源,城市新区土地资源具有双重属性、固定性、排他性、不可再生性,城市新区交通资源具有网络性、相对永久性、边际收益递减、波动性等特点,城市新区教育资源具有公益性、变动性、传承性,城市新区医疗资源具有公益性、变动性、层次性,城市新区金融资源具有进入门槛高、资金流量大、政策依赖性等特点,在这些要素配置过程中,土地资源配置效率会受到政府目标、区域主导产业、与中心城区的距离等因素的影响,交通资源配置效率会受到人口密度、土地类型、空间布局等因素的影响,教育资源配置效率会受到地区财政状况、学龄儿童数量、新区用地充裕程度等因素的影响,医疗资源配置效率会受到居民数量、人口结构、规划布局等因素的影响,金融资源配置效率会受到产业发展水平、政策环境、经济发展水平的影响。

本书提出了各种不同资源配置的模式及优化路径,这些模式及优化路径对我国城市新区的资源配置具有较高的实践指导价值;文中分析了典型城市新区的资源配置效率并提出了相应的建议,对这些新区的资源配置具有较高的现实指导价值。

本书第一章、第十章由南阳理工学院安士伟编写,第二章、第三章、第四章由中共濮阳市委党校安康编写,第五章、第六章由河南理工大学屈国强编写,第七章、第八章由河南财政金融学院万三敏编写,第九章由河南理工大学屈国强、许昌市金融工作局滕东洋共同编写,全书由安士伟教授负责统稿。

感谢河南财经政法大学李小建教授,河南大学秦耀辰教授,郑州轻工业大学刘珂教授、姜黎辉教授、代志明教授对本书在写作过程中给予的指导和帮助。感谢河南大学出版社对本书的支持及对本书的认真审阅与校对,感谢国家社会科学基金对本书的支持。

本书可供城市规划、经济地理、区域经济方面的学者参考,也可作为培养研究生的辅助书籍。作者水平有限,书中难免有疏漏和不足之处,敬请各位专家和读者批评指正!

安士伟 屈国强 安 康 万三敏
2021 年 12 月

# 目 录

第一章 绪论 …………………………………………………………（1）
　第一节 问题的提出 ………………………………………………（1）
　第二节 研究内容 …………………………………………………（7）
　第三节 研究方法 …………………………………………………（9）
第二章 城市新区资源配置效率的相关理论基础 ……………………（11）
　第一节 城市新区的概念和类型 …………………………………（11）
　第二节 城市新区资源要素的内容及特点 ………………………（14）
　第三节 城市新区资源要素配置效率的影响因素 ………………（20）
　第四节 城市新区资源配置效率理念 ……………………………（24）
　第五节 城市新区资源配置的公平与效率 ………………………（36）
　第六节 城市新区资源要素配置的分析方法 ……………………（38）
第三章 我国城市新区的资源要素配置现状 …………………………（41）
　第一节 我国国家级经济技术开发区资源要素配置现状 ………（41）
　第二节 我国高新技术产业开发区资源要素配置现状 …………（50）
　第三节 我国综合性城市新区资源要素配置现状 ………………（56）
第四章 城市新区产业资源配置效率评价及分析 ……………………（63）
　第一节 城市新区产业结构分析 …………………………………（63）
　第二节 城市新区产业配置效率分析 ……………………………（66）
　第三节 城市新区产业资源配置结论 ……………………………（82）
第五章 城市新区教育资源配置效率评价与分析 ……………………（85）
　第一节 引言 ………………………………………………………（85）

第二节　教育资源配置效率研究现状 …………………………… (86)
第三节　评价目的、指标体系与评价模型 …………………… (107)
第四节　计算结果与分析 ………………………………………… (110)

**第六章　城市新区医疗资源配置效率评价及分析** ……………… (119)
第一节　引言 ……………………………………………………… (119)
第二节　医疗资源配置效率研究现状 …………………………… (121)
第三节　资料与方法 ……………………………………………… (133)
第四节　计算结果分析与建议 …………………………………… (139)

**第七章　城市新区交通资源要素配置效率分析** ………………… (158)
第一节　交通资源包含的内容 …………………………………… (158)
第二节　城市新区交通资源效率评价 …………………………… (160)
第三节　城市新区公共交通资源配置效率 ……………………… (164)
第四节　城市新区交通资源效率的回归分析 …………………… (169)

**第八章　城市新区土地资源配置效率分析** ……………………… (174)
第一节　城市新区土地资源配置结构分析 ……………………… (174)
第二节　城市新区土地资源效率评价的比较分析 ……………… (183)
第三节　产业结构变化对城市新区土地资源配置的影响 ……… (187)
第四节　城市新区土地资源配置的影响因素分析 ……………… (189)

**第九章　城市新区金融资源配置效率评价与分析** ……………… (195)
第一节　商业银行效率研究现状 ………………………………… (195)
第二节　许昌新区经济和商业银行发展现状 …………………… (197)
第三节　许昌新区商业银行效率影响因素 ……………………… (202)
第四节　许昌市主城区及新城区商业银行效率评价与建议 …… (206)

**第十章　城市新区资源配置模式及优化路径** …………………… (230)
第一节　城市新区资源配置的目标与模式 ……………………… (230)
第二节　城市新区资源配置效率周期规律 ……………………… (233)
第三节　城市新区资源配置优化路径 …………………………… (237)

**参考文献** ……………………………………………………………… (249)

# 第一章 绪论

20世纪90年代以来,我国进入了快速城镇化阶段,各城市的人口及面积都快速扩大。全国常住人口城镇化率从1995年的29.04%提高到2018年的59.58%,提高了30.54个百分点,平均每年提高1.33个百分点;城镇人口也从1995年的35174万人增长到2018年的83137万人,城镇人口增长了1.36倍,年平均增长2085万人。与此同时,我国城市的空间扩张也迅猛增长,地级以上城市建成区面积从1996年的20467 km$^2$增长到2018年的41057 km$^2$,城市空间扩张了1.01倍,这些扩张的空间,在广泛意义上,相对于老城区来说,属于城市"新区"。

在城镇化进程中,有两种模式,一是旧城改造,二是新城建设。由于旧城改造难度较大,所需资金较多,拆迁难度大,后续矛盾较大,因此旧城改造项目较少,城市新区建设已成为现代城市发展的重要方式。

## 第一节 问题的提出

**一、中心城区发展中的诸多问题加快了城市新区建设的步伐**

(一)生态环境恶化

伴随着城镇化进程的加快,我国各大城市生态环境也不同程度有所下降,例如雾霾问题,一直困扰着各城市管理者。雾霾是人口密集度达到一定程度后的必然产物,尤其是每年秋冬季节,我国北方各大城市备受雾霾的困扰,为此,在2017年全国两会上,李克强总理做出了"坚决打好蓝天保卫战"的承诺。为了应对城市生态环境下降的问题、降低人口的稠密度,建设城市新区对大城市的人口和产业进行疏解,是重要措施之一。

城市生态环境恶化还表现在绿化面积下降。由于中心城区寸土寸金,各种地块均被最大化利用,能用来绿化的面积越来越小,尤其是经济发达的城市,城市成了钢筋水泥的森林,难以见到大片绿色植被,空气清新度越来越差。

还有城市热岛效应,每到夏天,很多大城市热浪袭人。由于中心城市建筑物密集,空气难以流通,城市中心又缺乏高大的树木遮挡阳光,导致城市的热辐射越来越严重。我国以前只有四大火炉,现在被称为火炉的城市越来越多,这就说明城市热岛效应在增强。

(二)基础设施陈旧

中心城区很多基础设施已经陈旧,不适应社会的变化。最典型的是中心城区的下水管道设施落后,我们经常能够看到某城市下暴雨后"城市看海",或者汽车在涵洞被淹的新闻,究其原因就是下水管道设施不符合要求,但是由于中心城区人员密集,大规模改造已经难以实施,因此,这也成了影响城市发展的一个问题。

(三)交通拥堵

随着人民生活水平的提高,越来越多的人拥有了私家车。据公安部数据,2018年全国汽车保有量已经达到3.27亿辆,汽车保有量超过200万辆的城市达24个,比2017年增加了6个;汽车保有量超过300万辆的城市达到7个,分别是北京、成都、重庆、上海、苏州、深圳、郑州。另外,有些城市还有大量的电动自行车,据中国自行车协会统计数据,2018年我国电动自行车保有量超过2.5亿辆,仅郑州市就有电动自行车300万辆。但是城市老城区的道路难以拓宽,一旦这些机动车、电动自行车的停放不规范,或者在上下班时段交通压力较大的时候,极其容易造成交通拥堵现象。

(四)产业发展空间受限

由于中心城区发展多年,各种地块均已开发完全,城区内的各种产业的发展空间受到了一定的限制,难以拓展发展空间,如各类生产性企业难以增加生产线,各类教育、医疗机构难以扩展空间增加供给。因此,一旦这些产业想要获得大的发展,外迁至城市新区就成了必然的选择。

(五)城市人口容量饱和

中心城区的人口容纳能力是有一定的限度的,包括住房、供水、供电、交通等设施均限制人口的容量,使得中心城区的人口不能无限制增长下去,但是在我国之前如火如荼的城镇化进程下,农村人口源源不断地涌入城市,因此,势必使得城市必须进行新区建设,扩展城市空间,增加城市的人口容纳能力。

## 二、城市新区建设实践中存在的问题

目前我国城市新区建设中,存在着一种通用的模式:首先政府划定一定的区域进行规划,然后修建四通八达的公路网,甚至是将地铁修建过去,接着各开发商注资进行房产建设,城市新区就这样轰轰烈烈地建设起来了。在此过程中,存在着诸多问题:

(一)人口集聚能力不强

在城市新区刚开始建设时,由于相关配套未能及时跟上,虽然建设的房产能够被购置,很多市民对城市新区未来的发展前景也比较认可,但是入住率会比较低下。人们不愿意搬到新区居住,可能会有各种原因,比如就医不便利、交通不便利、孩子上学不方便等。因此,城市新区的常住人口增长是一个缓慢的过程,例如郑州市郑东新区就花了十多年时间,人气才逐渐旺盛起来。最典型的是兰州新区,规划建设了800多平方千米,但是其人口集聚能力较弱,目前常住人口不到30万人。

## (二)人口分布过于稀疏

由于建设城市新区是在一张白纸上重新绘就蓝图,是要疏解大城市的诸多"城市病",尤其是过于嘈杂、喧嚣、拥挤等问题,因此,在规划城市新区时,就力图避免母城的诸多问题,规划了大量的绿地、公园、湖泊等公共设施,追求低密度生活方式。建筑的密度过低,这就从一个极端走向了另一个极端,从母城的"拥挤"走向了城市新区的"稀疏",而人口过于稀疏则不利于商业的发展,从而使得整个区域人气不旺盛。典型的如郑州市郑东新区就曾经被国外媒体误认为是"鬼城",甚至到了郑东新区入住率已经很高的时候,还是有这样的误解,有一个重要原因,就是郑东新区人口分布过于稀疏,一到晚上,路上行人更加稀少。

## (三)基础设施配套滞后

城市新区在建设初期,水、电、气等设施可能已经配套到位,但是路灯、公共交通、中小学、银行、医院等基础设施都不太完善,导致城市新区的生活极为不便。例如,郑东新区龙子湖高校园区距离最近的医院有6 km,一旦晚上突发疾病,没有私家车的话,就医就极为不便。而郑州市中心医疗资源则分布较为密集,基本上每户居民到最近的医院只有1 km。一直到2019年,郑东新区还有很多条道路晚上路灯不亮,对居民晚上外出极为不便。

## (四)职住不平衡

很多城市新区"职住不平衡"的问题较为明显,因为城市新区的住房条件往往较好,房价较高,导致很多在城市新区工作的市民却无力在城市新区购房,只能在相对较为偏远的地带或者到城区购买二手房,因此就导致这些市民每天必须乘坐交通工具去城市新区上班,晚上又乘坐交通工具离开城市新区,这也导致城市新区与市区之间形成了"潮汐式"拥堵现象。只要城市新区有这种现象,就说明存在"职住不平衡"的问题。

（五）后续增长乏力

城市新区在刚刚规划开发的几年,由于大拆大建,各种政策优惠力度较大,土地租金也相对便宜,因此招商引资工作也相对容易,使得经济发展速度非常高。但是随着城市新区逐渐建成,房地产建设的工作步入尾声,土地租金逐渐提高,招商引资的难度开始加大,这些城市新区的增长开始缓慢起来。如何保持城市新区的持续发展,也是摆在人们面前亟待解决的问题。

### 三、城市新区资源配置的理论研究不足

（一）国外研究现状

国外对城市新区资源配置的研究主要集中在四个方面:一是城市环境资源保护,由于城市的过度膨胀带来了住房紧张、交通拥挤等弊病,Ebenezer Howard 于 1898 年提出田园城市（Garden Cities）理论,指出要平衡住宅、工业和农业区域的比例,20 世纪末,西方城市发展中逆城市化趋势导致旧城区衰退及远郊低密度开发问题,学者们将目光转向生态城市发展理念（Yanitsky,1987）、低碳城市空间（Shim et al.,2006;Crawford et al.,2008）,强调在城市空间扩展的同时注重环境保护;二是城市土地资源利用,"新城市主义"、"精明增长"理论（Downs et al.,2005）和"城市边界"理论,提倡紧凑型城市空间形态,提高土地利用效率;三是城市新区开发模式,Hazel Evans（1972）提倡政府主导,Williams（1978）倡导市场主导,而 Roger Biles（1998）则提倡实行政府与开发商相结合的投资方式;四是发展动力研究,例如 Robert A. Henderson（1984）认为新工厂的建设是城市新区发展的主因。

（二）国内研究现状

截至 2018 年年底,在中国知网（www.cnki.net）以"城市新区"作

为篇名关键词进行检索,只有534篇文献,以"新区"+"资源配置"作为题名关键词检索,只有27篇文献。

与本课题密切相关的国内研究主要集中在五个方面。一是将国外理论引入到我国城市新区建设的实践中。例如,蔡纪良(1982)将卫星城理论、杨开忠(1987)将增长极理论、杨吾扬(1988)将工业区位理论引入国内;2005年和2009年,张捷在《新城规划的理论与实践》及《新城规划与建设概论》中对国外新城理论进行了全面总结和分析。二是城市新区的土地资源集约利用策略的研究。何书金(1999)提出要依法统一管理开发区各类建设用地、提高土地利用率和产出率的对策;方创琳(2013)分析了中国新区建设的现状特征及其与土地集约利用的矛盾关系,提出新区开发与土地集约利用对策。刘兴政(2007)将"城市边界"理念也引入城市建设,是对城市新区土地利用的一个新视角。三是对城市新区功能定位与产业的选取研究。例如,李新(2008)对高新区的主导产业选择的研究成果进行了梳理,并分析了我国区域主导产业研究状况。四是对城市新区空间结构演化的研究。张晓平(2003)提出我国开发区空间结构演进的基本类型可分为双核结构、连片带状结构、多极触角结构。五是城市新区规划布局研究。沈爱华(2003)以西安高新区为例,对高新区的选址的影响因素和用地规模、空间布局、道路等要素进行总体布局研究。

### (三)简要评述

现有国内外研究给本课题奠定了坚实的理论基础,从研究内容上来看,论述单一资源配置的研究较多,而系统论述各资源要素配置的研究较少;从研究方法上看,定性研究多而定量研究少;从研究的学科领域来看,单学科研究多而跨学科研究少。关于城市新区资源要素配置的相关研究呈现出碎片化的特点,多偏重于从某个侧面展开研究,缺乏系统化、整体化的研究,这也正好为本研究留下了空间,因此,本课题从资源要素配置的全新角度,对城市新区发展问题展开研究。

## 第二节 研究内容

### 一、梳理了城市新区资源配置效率的相关理论

对城市新区的概念从狭义、广义和泛义三个角度进行了界定,介绍了我国目前的各种城市新区,对城市新区的各种资源配置的特点进行了分析。然后对资源要素配置中如何处理"效率"与"公平"的问题进行了分析,介绍了城市新区资源要素配置的相关计量模型。最后对城市新区资源配置的相关理念作了详细的介绍。

### 二、对我国城市新区资源要素配置现状进行了分析

分别分析了我国国家级经济技术开发区、国家级高新区、国家级城市新区的分布状况、经济发展状况、产业布局状况。发现了我国开发区、高新区、城市新区的一些资源配置的规律及存在的问题。

### 三、对城市新区的产业资源配置效率进行了评价及分析

产业资源的配置决定了城市新区的经济发展前景。先分析了我国代表性城市新区的三次产业结构及所处的社会阶段,然后分别分析了典型城市新区的工业资源配置效率、建筑业资源配置效率、批发零售业资源配置效率、交通运输业资源配置效率、住宿餐饮业资源配置效率、信息产业资源配置效率、金融业资源配置效率,总结了城市新区产业资源配置的一些规律。

### 四、对城市新区的教育资源配置效率进行了评价及分析

以义务教育资源的配置为主要研究对象,运用 DEA 评价方法,为了力求研究的科学性,对已有的关于义务教育资源配置效率的文献进

行了梳理，找到了学者们公认的一些投入、产出指标，然后以这些指标为评价体系，以焦作新城和郑东新区为研究对象，测算了这两个城市新区的义务教育资源配置效率，并针对研究的结论提出了一些义务教育资源配置的建议。

### 五、对城市新区的医疗资源配置效率进行了评价及分析

在梳理其他学者对医疗资源配置效率评价指标的基础上，提出了本书的医疗资源配置效率评价指标体系，采用DEA分析方法，以焦作新城的医院数据作为研究对象，测算了焦作新城的医疗资源配置效率，并分析了DEA效率的特点及变化趋势，提出了有针对性的建议。

### 六、对城市新区的交通资源配置效率进行了评价及分析

运用比较分析法对城市新区的交通资源的经济效率、人口效率、社会效率、安全效率进行了评价，采用多元回归分析方法，分析了滨海新区的交通资源投入对GDP、常住人口、直接利用外资、外贸出口等指标的影响，最后采用DEA方法对浦东新区及滨海新区的公共交通运行效率进行了评价。

### 七、对城市新区的土地资源配置效率进行了评价及分析

运用比较分析法，对城市新区的土地资源的经济效率、人口效率、社会效率进行了分析，并分析了城市新区土地资源配置与产业结构之间的关系，运用多元回归分析方法，分析了城市新区产业结构对土地利用的影响因子。

### 八、对城市新区的金融资源配置效率进行了评价及分析

在梳理金融业资源配置效率研究现状的基础上，以许昌新区为例，首先分析了许昌新区商业银行的发展状况，然后运用DEA模型，测算了2013—2017年许昌市主城区及新城区共11家商业银行的效

率特点及变化,并提出了有针对性的政策建议。

### 九、对城市新区资源配置模式及优化路径进行了探讨

总结了当前城市新区资源配置的几种模式及其特点,归纳为产业带动型、大学城带动型、政府带动型、原有资源整合型,提出了城市新区资源配置的七个目标:供需平衡、结构合理、规模适当、因地制宜、集约利用、风险控制、多方投入。分别提出了义务教育资源、医疗资源、交通资源、土地资源、金融资源的配置优化路径。

### 十、分析了城市新区资源配置的脆弱性及其风险调控

首先分析了城市新区资源配置脆弱性的表现,建立了城市新区资源配置脆弱性评价模型,从资源、生态、经济、社会四个方面对城市新区的脆弱性进行了评估,并提出了资源配置风险调控的措施。

## 第三节 研究方法

本书在系统总结既有研究成果的基础上,以城市新区资源要素配置失衡为中心线索展开了研究,包括对城市新区发展中存在的问题及影响要素、资源要素配置效率的测算模型、资源要素配置失衡的优化路径、资源要素投入的最优决策等行为展开的理论与实证分析。

### 一、典型案例分析

选取了浦东新区、滨海新区、郑东新区、焦作新区四个有代表性的城市新区,对比历史统计资料,对其资源要素配置效率、优化路径、投入决策进行实证。浦东新区作为我国设立的第一个国家级城市新区,其资源配置具有典型意义;滨海新区2006年设立,到目前已经十多年,是一个正在发展中的国家级城市新区;郑东新区作为一个省级城

市新区,正在申报国家级城市新区,也具有典型意义;焦作新区作为市级城市新区,其资源配置也有其典型性。

## 二、计量分析

我们对资源要素配置的效率分析,较为常用的有生产函数法、随机前沿分析法以及数据包络分析法(DEA-Malmquist 指数法),其中由于 DEA-Malmquist 指数法具有不需要对生产函数结构做先验假定、不需要对参数进行估计、允许无效率行为存在、能对效率变动进行分解等优点,因此,本书在对城市新区资源要素配置效率进行测算的时候,采用 DEA-Malmquist 指数法。

另外,还采用回归分析的方法,对资源投入的影响因素进行分析,找到资源配置效率的影响因子。

## 三、对比分析

在分析城市新区资源配置效率过程中,以新区所在的母城作为参照,将新区与中心城区进行对比分析,这样得到的结论更有意义。因为不同城市新区开始建设的年份不一样,所处的区位也不一样,相互之间没有可比性;而新区和旧城区技术水平相同、区位相同,在分析它们的资源配置效率时可以得到更有意义的结论。

# 第二章 城市新区资源配置效率的相关理论基础

## 第一节 城市新区的概念和类型

### 一、城市新区的概念

关于城市新区的概念有狭义、广义和泛义三种理解。

从狭义的概念进行理解,城市新区是指在原中心城区范围之外新建的,在行政管理、经济运行、社会和文化上具有相对独立和较大自主权的综合性城市建成区。狭义的概念强调城市新区的功能上的综合性、行政管理上的独立性,这一概念对应着我国国务院或各省级行政区所设立的"某某新区",如我国19个国家级城市新区,均属于狭义上的城市新区,这些城市新区功能比较完备,具备居住、工业、商业、服务业、公园绿地、教育医疗等各种功能,几乎是一个全新的城市。

从广义来理解,城市新区是指在中心城区之外设立的、具有独立行政机构、功能单一或多样的新城市中心。广义上的城市新区既包括狭义的城市新区,也包括只具备单一功能的经济技术开发区、高新技术产业开发区、大学城、居住新城。广义的城市新区功能不是非常完备,如大学城只具备教育功能,不具备工业、娱乐业、医疗等功能。

从泛义来理解,只要是在原城市建成区之外、属于农村地区的地块上建造的,具备居住、工业、商业、服务业、教育、医疗等功能的区域,均属于城市新区。这一概念将城市新区的范围进一步扩展,因为在很多城市面积扩张过程中,有很多区域并未冠以"新区""开发区"等字眼,但是其开发建设的速度也相当快,其发展过程中一样存在与狭义的城市新区一样的资源配置不均衡问题,因此也需要加以研究。

## 二、城市新区的类型

城市新区在不同的地方称谓不同,像"经济技术开发区""某某新区""高新技术产业开发区"等,均是在中心城区周边划定一定地域,然后以某一功能对该区域进行发展。城市新区距离中心城区有远有近,开发的规模、程度有所差异。

### (一)经济技术开发区

经济技术开发区最先在我国沿海进行布局设立,获得了较大的经济成果,然后逐渐在内陆各大城市进行推广。经济技术开发区的功能主要是经济功能、就业功能,以布局发展技术密集型产业为主导产业,并逐渐形成了产业集聚区。经济技术开发区按照批准的部门不同,分为国家级、省级、市级。截止到2019年5月,我国已经批准设立了219个国家级经济技术开发区,其中,江苏省拥有26个国家级经济技术开发区,排名第一;浙江省拥有21个国家级经济技术开发区,排名第二。经济技术开发区功能较为单一,其资源配置以制造业为主,服务业、商业、金融业配置较少。

### (二)高新技术产业开发区

高新技术产业开发区是国家为了大力发展高新技术产业而规划设立的专门园区,主要功能是高新技术孵化器、技术研发,是我国经济最具有活力的产业园区。截止到2019年1月,国家共批准建立了179个国家级高新技术产业开发区,从数量上来看,排名前三的分别是江苏、广东、山东,数量分别为18个、14个、12个。

## （三）综合性城市新区

综合性城市新区是各级政府为了分流或疏解旧城区的某些功能，在老城周边某个区域划定的一个新的区域。截止到 2019 年 6 月，我国共有国家级城市新区 19 个，如表 2-1 所示。另外，还有郑州市郑东新区、武汉市长江新区、合肥市滨湖新区等几家省级城市新区也在积极申报国家级城市新区。

与高新技术产业开发区、经济技术开发区相比，综合性城市新区的体量都比较大，面积比一般的开发区大许多，也能够容纳更多的人口、产业。

表 2-1 我国国家级城市新区基本情况

| 序号 | 新区名称 | 获批时间 | 所在城市 | 规划面积/平方千米 |
|---|---|---|---|---|
| 1 | 浦东新区 | 1992 年 10 月 | 上海 | 1210.41 |
| 2 | 滨海新区 | 2006 年 5 月 | 天津 | 2270 |
| 3 | 两江新区 | 2010 年 5 月 | 重庆 | 1200 |
| 4 | 舟山群岛新区 | 2011 年 6 月 | 浙江舟山 | 1440 |
| 5 | 兰州新区 | 2012 年 8 月 | 甘肃兰州 | 1700 |
| 6 | 南沙新区 | 2012 年 9 月 | 广东广州 | 803 |
| 7 | 西咸新区 | 2014 年 1 月 | 陕西西安、咸阳 | 882 |
| 8 | 贵安新区 | 2014 年 1 月 | 贵州贵阳、安顺 | 1795 |
| 9 | 西海岸新区 | 2014 年 6 月 | 山东青岛 | 2096 |
| 10 | 金普新区 | 2014 年 6 月 | 辽宁大连 | 2299 |
| 11 | 天府新区 | 2014 年 10 月 | 四川成都、眉山 | 1578 |
| 12 | 湘江新区 | 2015 年 4 月 | 湖南长沙 | 490 |
| 13 | 江北新区 | 2015 年 6 月 | 江苏南京 | 2451 |
| 14 | 福州新区 | 2015 年 8 月 | 福建福州 | 1892 |
| 15 | 滇中新区 | 2015 年 9 月 | 云南昆明 | 482 |
| 16 | 哈尔滨新区 | 2015 年 12 月 | 黑龙江哈尔滨 | 493 |
| 17 | 长春新区 | 2016 年 2 月 | 吉林长春 | 499 |
| 18 | 赣江新区 | 2016 年 6 月 | 江西南昌、九江 | 465 |
| 19 | 雄安新区 | 2017 年 4 月 | 河北保定 | 1770 |

## 第二节　城市新区资源要素的内容及特点

### 一、土地资源

土地资源是城市新区最重要的公共资源,包括土地、河流、海洋、山川等不同的地貌,同时也包括可开发净空。随着技术进步及观念的转变,某些土地资源可能会由劣势资源转变成优势资源,如沼泽滩涂水域在以前是难以利用的,在现在可以开发成湿地公园。由于我国幅员辽阔,各城市新区的土地资源类型多样,因此在开发利用过程中,需要因地制宜,做好土地资源的配置工作。

城市新区土地资源具有以下特点:

(一)双重属性

土地资源同时具有自然属性和社会属性,其自然属性表现为土地的地形、土壤、水文、植被等特征,社会属性表现在土地所有制以及使用制度上。

(二)固定性

城市新区的土地资源的位置及面积是固定的,不会增大,也不会缩小。这就导致城市新区的土地资源具有了稀缺性,从而会使得城市新区随着开发程度的提高,土地资源的溢价越来越高。

(三)排他性

城市新区土地资源在规划或实际利用过程中,用途一旦确定,就排除了其用作其他用途,这种排他性对于城市土地资源的利用效率及用途转换不太有利。比如有一个空间规划用途为教育用地,随着城市的发展,需要将教育用地转换为商业用地,不是太容易。

## （四）不可再生性

城市新区土地资源的总量是固定的，既不会增加，也不会减少。有些地区在建设过程中进行围海造田、围湖造田、削山造田、退耕还林等，只是对土地资源的属性进行转变，其总量并没有变化。

## 二、交通资源

交通资源是一种经济资源，具有典型的社会属性，同时具有公共产品属性，包括道路和车辆。交通资源的配置不能只是由政府提供。交通资源中的道路、桥梁等产品属于纯公共产品，具有使用上的非排他性和非竞争性，因此需要由政府来提供。而车辆等交通资源则属于非公共产品，在资源的配置上，一部分应该由政府提供，如公共汽车、地铁；而另一部分则可以由私人资本提供，如出租车。

城市新区交通资源具有以下特点：

### （一）网络性

交通线路必须呈现出网络状，达到四通八达，其使用效率才能得到最大限度的利用，单一的线状线路不能发挥其最大连接功能。因此，衡量交通资源中交通线路的配置效率的一个指标是线路连接点的多少。

### （二）相对永久性

交通线路一旦规划建设后，其位置基本上不再变化，呈现出了相对永久存在的特点，其对土地资源的占用、对生态环境的影响是短期内无法恢复的。因此，对交通资源的配置需要尤其慎重，在城市新区土地资源较为紧缺的情况下，需要根据实际需要，适量、适时地建设交通线路，避免造成交通资源的浪费。

### （三）边际收益递减

交通资源的配置量与交通流量之间不是完全的正比例关系，比如某城市新区原本一公里内两横两纵四条线路共四个连接点，随着交通资源配置的增加,变成三横三纵共九个连接点,交通通达度毫无疑问会提高,但是带来的交通流量却并不会增加太多,其利用效率反而可能会下降。因此,在交通资源配置中,需要综合考虑投入成本与使用效率之间的平衡。

(四)波动性

不同区域的交通资源的利用效率会存在不同的周期波动的特点,工作地、居住地周边交通在上班日的早上和晚上可能会出现潮汐式拥堵现象,旅游资源周边在节假日容易拥堵,商业资源周边在白天容易拥堵。因此,在资源配置过程中,需要充分考虑所在区域的产业布局,按照高峰流量配置交通资源,同时也需要避免清闲时段的巨大浪费。

### 三、教育资源

教育资源包括师资和教育硬件设施,教育资源的配置关系到国计民生,牵涉到千家万户,因此,对教育资源的配置首先需要追求尽可能的公平,同时,也要尽量提高教育资源的效率,使尽可能多的居民享受到教育资源的便利,最大限度使人民满意。对教育资源配置效率的评价也应该是以使用该教育资源的人数范围来进行衡量。

教育资源是一种准公共产品,教育资源的提供者主要是政府,但是政府提供的教育资源必然只能满足最基本的义务教育要求,难以满足人民对教育资源的多样化要求。2017年1月国务院印发的《国家教育事业发展"十三五"规划》指出,"鼓励社会力量和民间资本以多种方式进入教育领域",城市新区也可以引入优质民间资本来布局教育资源。

教育资源具有以下特点:

(一)公益性

教育资源是一种公益性的资源,无论这种教育资源是谁投入的,必须保证其公益性的属性,而不能将教育资源作为一种经济产业,追求经济利益。因此,判断教育资源的配置效率绝不能以经济效益的高低作为标准。

### (二) 变动性

师资的数量和质量会随着区域条件的变化而发生变化,尤其是教师数量,如果城市新区的吸引力较强,那么其他区域的优秀师资会被吸引到本区域,教师数量和质量会越来越高;相反,如果城市新区的吸引力较差,则教师数量和质量会越来越差。

教育硬件设施也会与区域经济发展状况密切相关,区域经济发展水平较高,则可以投入教育的资金也较为充裕,购置和建设的教育硬件设施也较为先进,更加容易满足教学的需求。

### (三) 传承性

区域教育水平的高低总是与该区域"名校"的数量有关,而"名校"不是凭空出现的,需要该校一代代教职工的共同努力,并将优良的教育理念传承下来。由于城市新区建设较晚,如果依靠时间的积累,逐渐积累优质教育资源,这个过程将会非常漫长。因此,城市新区在配置教育资源过程中,可以与其他区域的"名校"进行合作,在新区建设"名校"的分校,这将会使城市新区的教育资源得到快速优化。

## 四、医疗资源

医疗资源包括医护人员、医疗机构及医疗设备,和教育资源类似,医疗资源也关系到国计民生,牵涉到千家万户,同时,医疗资源也是一种准公共产品。因此,对医疗资源的配置首先需要追求尽可能的公平,同时,也要尽量提高医疗资源的效率,使尽可能多的居民享受到医疗资源的便利,最大限度使人民满意。对医疗资源配置效率的评价也应该是以使用该医疗资源的人数范围来进行衡量。医疗资源的提供者也主要应该是政府,也可以引入优质资本来布局医疗资源。

医疗资源具有以下特点:

### (一) 公益性

医疗资源也是一种公益性的资源,其布局及质量会直接关系到人民的生命健康,一旦追求经济利益,将会导致大量的医疗事故或因病致贫现象,因此,无论这种医疗资源是谁投入的,必须保证其公益性的属性,而不能将医疗资源作为一种纯粹的经济产业。因此,判断医疗资源的配置效率也不能以经济效益的高低作为标准,而应该以覆盖面来判断。

### (二) 变动性

医护人员的数量和质量会随着区域条件的变化而发生变化,尤其是医护人员数量,如果城市新区的吸引力较强,那么其他区域的优秀医护人员会被吸引到本区域,医护人员数量和质量会越来越高;相反,如果城市新区的吸引力较差,则医护人员数量和质量会越来越差。

医疗硬件设施也与区域经济发展状况密切相关,区域经济发展水平较高,则可以投入医疗的资金也较为充裕,购置和建设的医疗硬件设施也较为先进,更加容易满足医疗的需求。

### (三) 层次性

依照我国《医院分级管理办法》的规定,医疗机构是有级别划分的,共分三级,每级分甲、乙、丙三等,最高级别为三级甲等医院,因此,城市新区是否布局有三级甲等医院,是医疗资源是否丰富的标志。城市新区可以采用建设三级甲等医院分院的方式,提高医疗资源配置水平。

## 五、金融资源

金融资源对于城市新区来说也是不可或缺的,在城市新区建设过程中,金融资源的配置及其效率也是需要考虑的一个因素。

金融资源是现代经济的核心,包括银行业、证券业、保险业。由于金融产业可以为其他行业提供资金来源,因此金融产业也成为各城市新区争夺的焦点。我国金融资源布局是由国家或政府掌握的,包括国有银行、商业银行以及其他金融机构均由政府控股,因此,金融资源的配置是由政府参与或指导进行的。

## (一) 金融资源对城市新区的作用

### 1. 城市新区市民日常金融活动的需要

金融活动已经成为老百姓日常生活的一部分,不论是存款、取款、查询账户等,还是在新区贷款购房、贷款购车等活动,都离不开金融机构。城市新区市民对于金融机构的要求就是尽量方便,能使他们方便地在居住区或工作地周边进行基础金融活动。因此,城市新区在进行金融资源布局时,需要考虑到市民的基础性的金融活动,而且尽量考虑便利性。由于市民的金融活动往往规模较小,因此不需要考虑金融资源布局的规模性。

### 2. 助推城市新区产业发展

金融机构是一个"蓄水池",可以为实体产业提供源源不断的资金。城市新区在刚兴建时,百废待兴,所需要布局的产业非常庞大,需要的资金量也是非常庞大的,完全依靠这些入驻的产业自身的资金是远远不够的,需要金融机构给予不断的大力支持。因此,城市新区产业发展离不开金融资源的推动作用。

### 3. 城市新区产业发展促进金融资源布局

城市新区产业发展反过来也会促进金融资源的布局,随着城市新区的产业越来越繁荣,金融活动也会随之越来越频繁,金融机构也会主动增加资源配置。二者之间是相辅相成、相互促进的关系,但是如果任它们自由发展,过程会非常缓慢,甚至可能会由于金融资源不足而导致产业发展受限,产业发展缓慢会进一步导致金融资源布局减少。因此,城市新区在建设初期就需要对金融资源进行优化配置。

## (二) 金融资源的特征

### 1. 进入门槛高

金融行业涉及国家金融安全,民营资本或外资进入金融行业需要有相关部门的许可,因此,城市新区在配置金融资源时,吸引优质资本投资金融业比较困难,最简单快捷的方法是布局大型金融机构的分部或支部。

### 2. 资金流量大

金融行业是资金的蓄水池,其涉及的资金体量巨大,因此,其经营活动存在着一定的风险,对于任何决策都会非常谨慎,因为一旦决策失误,就会造成巨额坏账。

### 3. 政策依赖性高

金融资源的布局受到政策的影响非常大,如存款准备金率政策、信贷政策等均对金融行业的布局行为有着影响。

## 第三节 城市新区资源要素配置效率的影响因素

### 一、土地资源配置效率的影响因素

#### (一)政府目标

由于我国土地属于国有,土地资源配置是由政府决定的,而政府往往追求 GDP 目标,需要在短期内吸引大量投资,所以在对土地进行配置时,往往倾向于配置能吸引较大投资的工业、住宅、商业等用地,而忽视不能带来大量投资的公共用地。

政府建设城市新区的另一个目标是带来土地收入,在征地、卖地过程中,往往会忽视资源配置的效率,有些开发商会在购置土地后囤积居奇,出现了大量的无效土地配置,导致土地资源的极大浪费。

#### (二)区域主导产业

政府在开发建设城市新区前,会提前出台该新区的建设规划,建设规划在对新区的空间进行布局时,往往会参考该地区的优势产业、主导产业。对比《天津滨海新区总体规划(2005—2020)》及《郑州航空港发展规划(2013—2025)》对土地的配置,可以看到天津滨海新区主要是海港物流区、先进制造业区、化工区等(图 2-1),而郑州航空港区主要布局为航空物流、高新技术、高端商务、居住等(图 2-2)。

第二章　城市新区资源配置效率的相关理论基础 · 21 ·

图 2-1　《天津滨海新区总体规划(2005—2020)》空间布局图

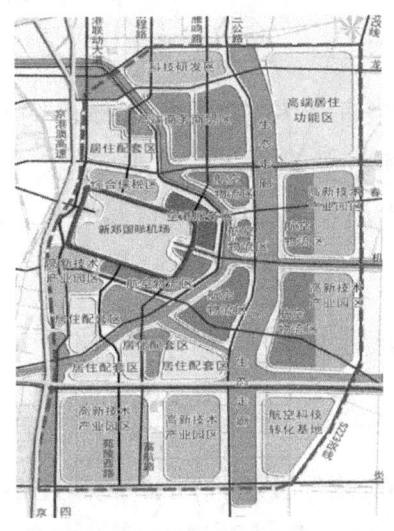

图 2-2　《郑州航空港发展规划(2013—2025)》空间布局图

(三) 与中心城区的距离

在设置城市新区时,其选址对后续各种资源配置效率有重要影响,离中心城区越近,其发展越迅速,资源配置效率越高;离中心城区越远,越容易成为"鬼城",资源配置的效率就越低。其土地资源利用的效率也与中心城区距离远近密切相关。

## 二、交通资源配置效率的影响因素

### （一）人口密度

人口密度是影响交通资源配置效率的最重要的因素。城市新区内的人口密度高，则人流量也会相对较大，对交通资源的利用率也较高；而人口密度低，则人流稀少，对交通资源的利用效率也相对较低。

### （二）土地类型

城市新区的土地类型不同，其交通资源配置的效率也会有较大差异。山地、湖泊、河流等占比较大的区域，其交通资源配置的效率会较低，在服务同等数量人口的情况下，这类区域需要投入更多的交通资源。

### （三）空间布局

城市新区不同的空间布局，会使得区域内的交通资源呈现出不同的利用效率，在城市新区的居住区、商业区、工业区，其交通资源利用效率较高，而在公共设施用地、绿地等区域，其交通资源的利用效率则相对较低。

## 三、教育资源配置效率的影响因素

### （一）地区财政状况

城市新区财政状况对教育资源配置有着直接的影响，首先是影响了区域教育资金的投入，如果教育资金投入充足，购置的教育设备、图书资料等会更加丰富，资源配置较为充足。如果城市新区财政状况不佳，则教育资金投入也会不足，教育资源配置就会不太充裕。城市新区财政状况的好坏还影响着能否吸引到足够的优秀师资。

### （二）学龄儿童数量

城市新区内人口数量，尤其是学龄儿童的数量，影响了教育资源的配置。如果城市新区学龄儿童数量较多，就会促使政府投入更多的资源用于基础教育。相反,如果区域内人口稀少,学龄儿童数量不足,那么政府在教育上的投入也会较少。

### (三) 新区用地充裕程度

城市新区用地是否充裕,决定了能否保证足够的教育用地。如果城市新区用地较为紧张,就不能投入足够多的土地用于建设教学校舍,例如郑东新区在开发建设十多年后,幼儿园、小学、初中仍然存在入学难的问题,教育资源配置效率较为低下。

## 四、医疗资源配置效率的影响因素

### (一) 居民数量

城市新区居民数量的多少直接影响到医疗资源的配置。居民数量多,则对医疗服务的需求也较为旺盛,政府或民营资本就会相应地提供医疗资源。相反,如果人口数量不足,即使政府投入配置了充足的医疗资源,最后也会因为需求不足而关门大吉。

### (二) 人口结构

不同人群对医疗资源的需求有着较大的差异,老年人、儿童这两类群体对医疗资源的要求较高。因此,如果城市新区人口中这两类群体占比较大,那么医疗资源的布局就会较为密集;相反,如果城市新区内以年轻人居多,那么医疗资源的布局就会较少。

### (三) 规划布局

城市新区在做控制性详细规划时,会对医疗机构进行规划布局,规划布局设立医疗机构的区域,其医疗资源配置效率较高,而距离该医疗机构较远的区域,医疗资源配置效率稍显低下。

## 五、金融资源配置效率的影响因素

### (一) 产业发展水平

如果城市新区产业发展水平较好,那么优质企业会集聚在该区域,金融企业会自发在该区域进行布局,金融资源配置就会比较丰富。如果产业发展水平较差,那么该区域内的企业授信状况就会较差,难以吸引到大量的金融机构在此布局。另外,如果城市新区的产业在进行结构升级,那么也会产生技术进步和制度创新,在此过程中就需要金融机构提供更多的金融服务。

## (二)政策环境

政府对金融机构的监管如果趋紧,对银行的信贷业务进行干预,就会导致金融业务活动减少,导致金融资源配置效率下降;放松金融管制则会给金融市场带来活力,金融资源配置效率就会得到提高。

## (三)经济发展水平

金融资源的配置会随着城市新区经济发展水平的提高而越来越丰富。城市新区经济发展水平越高,则经济活动越频繁,对金融服务的需求就越高,金融机构就会在该区域增加金融资源的配置,因此,金融资源的配置数量往往与区域经济发展水平成正比。

# 第四节 城市新区资源配置效率理念

自城市规划与设计的理念出现以来,出现了一系列城市规划或对城市资源配置的理念。这些城市资源配置的理论对城市新区建设、城市新区资源配置有着重要借鉴意义。

## 一、田园城市理论

"田园城市"这一概念最早是在1820年由罗伯特·欧文提出的,19世纪末英国的霍华德提出设想,也将其命名为"田园城市",他认为传统城市和乡村各有优点,但是也有各自的缺点,他设计了一种新的城市模式,既具有传统城市生活便利的优点,又有乡村环境优美的优点,同时将传统城市和乡村的缺点予以避免,疏散了城市拥挤的人口,解决了乡村交通、生活的不便。霍华德设想的田园城市示意图如下（图 2-3）：

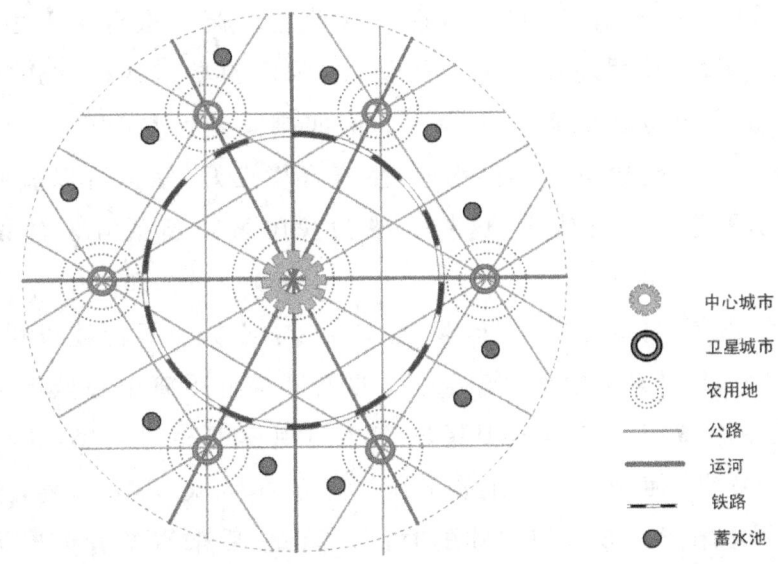

图 2-3　霍华德的田园城市示意图

整个区域中间是中心城市，四周围绕着农用地，再往外围绕着几个小的城镇（卫星城市），几条公路、运河及环状铁路将外围的卫星城市与中心城市进行连接，交通运输十分方便。卫星城市四周也有少量的农用地，中心城市及卫星城市四周的农用地不能开发，只能作为永久农田，一方面给中心城市及卫星城市提供日常所需的农产品，另一方面作为绿色屏障保护城市的环境。在每个卫星城市周围还建设了几个蓄水池，供应生活及生产用水。为了不超出水源及农田所提供农产品的限制，需要对城市的规模加以限制。

霍华德的"田园城市"是一个比较完整的城市规划模式，解决了传统城市发展中存在的问题，对城市规模、产业布局结构、人口密度、绿地都提出独创性的方案。田园城市的提出引起了社会的重视，欧洲各地纷纷建设"田园城市"，如洛杉矶、菲尼克斯等。

田园城市的理念对我国各城市建设发展有着重要启迪作用，许多学者及城市建设者都曾经思考、提倡在我国进行田园城市的实践。田园城市的理念尤其对城市新区的建设具有重要指导意义,因为城市建设中,旧城改造时需要考虑投入与产出,如果改造为田园城市,其经济产出会不足以弥补拆迁的成本,造成这种建设模式进行不下去;而城市新区建设时,其用地成本相对较低,按照田园城市的模式进行建设时,其经济产出也能远远大于投入。例如雄安新区包含的三个县城,开发程度较低,周边有白洋淀水域,生态环境良好,完全可以按照田园城市的理念进行开发建设,这将会成为我国城市新区开发建设的典范。

当然,田园城市理论也有其不足之处:中心城市不能建设得太大,否则周边的农田也会过大,使得外围的卫星城市距离中心城市会非常远,因此中心城市及周边的卫星城市必须规模都相对较小,这样城市架构较为松散,使城市的土地资源配置密度非常低,不太紧凑,这种模式不完全适用于当今人口爆炸的时代。因此,后来有学者提出了与之几乎相反的城市建设的模式"紧凑城市"。

## 二、森林城市理论

1962年,美国政府在对户外娱乐资源调查中首先使用"森林城市"这一名词。通过建设森林城市,可以优化城市的生态系统,供应更多的新鲜空气,吸收城市产生的灰尘,提高大气和水源质量,缓解城市"热岛效应",减弱噪声,维护生物多样性。建设森林城市还可以提升城市景观,美化环境,使城市居民的工作、生活和休闲环境更加舒适宜人,某些规模种植的观赏性树木还能够成为城市的名片,提升城市的旅游形象。建设森林城市还能够为城市带来直接的经济效益,林副产品、旅游资源的开发都能够促进地方经济的发展。

我国城市森林建设相对于欧美国家起步较晚,但是后来者居上,从2004年起,我国开始评定"国家森林城市"。2019年11月15日在河南信阳召开的森林城市建设座谈会上,北京市延庆区等28个城市(区)被授予"国家森林城市"称号,至此,我国"国家森林城市"增至

194个。2016年初,习近平总书记就做出"着力开展森林城市建设"的重要指示,显示出对森林城市的重视。截至2019年,全国已经有194个城市被授予"国家森林城市"称号(图2-4)。

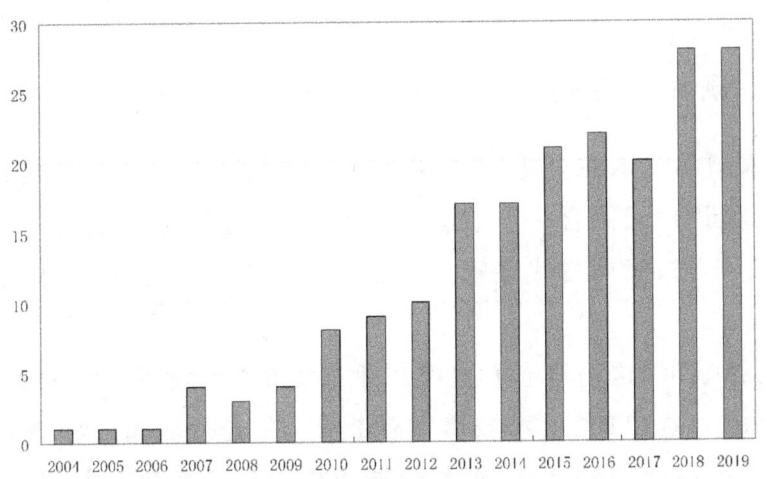

图2-4 历年被授予"国家森林城市"称号的城市数量

从图2-4可以看到,获得"国家森林城市"称号的城市呈现出历年递增的趋势,这一方面说明我国城市的森林覆盖率越来越高,另一方面也说明我国各城市越来越重视森林城市的建设工作,"森林城市"的城市建设理念在我国已经深入人心。

从国家森林城市的省域分布来看,主要集中分布在我国中部及东南部,其中河南、山东、浙江三个省份的国家森林城市数量均超过15个。森林城市的发展理念也可以在城市新区开发建设中加以应用,由于很多城市新区是在城市的郊区划定一定的范围进行开发建设,这些城市郊区往往密布着森林植被资源,因此完全可以直接保留,将整个新区建设成为森林城市。例如郑州市北龙湖新区,原本该区域是郑州国家森林公园,森林资源尤为丰富,还密布着大量的水域,该区域被规划为城市新区后,这些森林植被及水域成了最大的优势,如果按照森林城市的理念进行建设,该区域将成为郑州市生态环境最佳的区域。

从资源配置的角度来看,森林城市较为关注城市生态资源的配置,尤其是森林植被资源在市区的配置,这样的资源配置也可能带来一些问题,如绿化景观的维护费用高企、绿色植被的低矮化趋势,另外,配置大片的绿色植被资源,也容易导致产业资源在空间上的配置失衡。

### 三、园林城市理论

我国园林艺术在全世界独树一帜,各种造园艺术炉火纯青,尤其讲究在造园中"天人合一",在建造中追求不着痕迹,使人仿佛身处自然。几千年来,我国古代皇家及达官贵人都热衷于建造园林式的庭院住宅。

"园林城市"这一概念有些类似于西方的"花园城市",发源于钱学森于1990年提出的"山水城市",他提出,在进行城市建设时,要发扬中国古代园林建筑的优点,把整个城市建设成一座超大型园林。

1992年,国家建设部开展"国家园林城市"的评选活动,截止到2018年底,共批准20个批次219个地级以上城市(图2-5)。

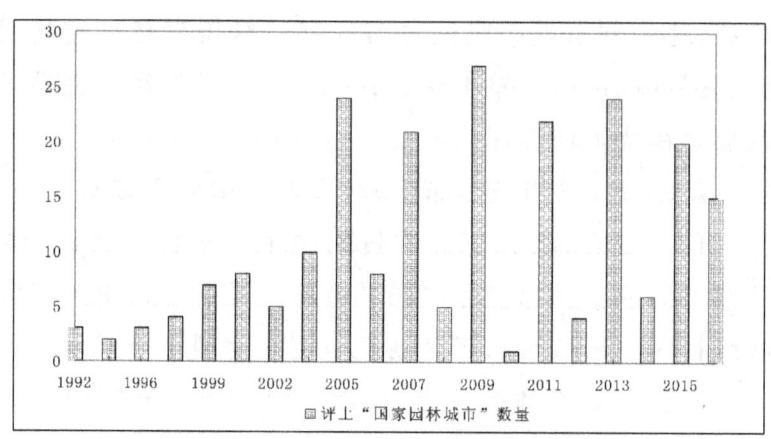

图2-5　历年评上"国家园林城市"的地级以上城市数量

国家建设部还对《国家园林城市标准》进行多次修订,对国家园林城市的建设与评定提出了相关标准,还提出了"国家生态园林城市"的评定标准,"国家园林城市"必须达到全部基本项的要求,"国家生态园林城市"必须达到所有基本项和提升项的要求。截至2018年12月，住建部命名了两个批次共11个城市为"国家生态园林城市"。

园林城市理念对于城市新区在发展建设中有着重要借鉴意义。各城市新区在进行规划建设时，可以参照《国家园林城市标准》进行，城市新区内部的各单位及小区在设计建造时，可以借鉴古代园林的造园艺术，提高景观观赏效果，提升城市新区的工作和生活环境。

### 四、低碳城市理论

低碳城市的理论基础是温室效应，认为过多的二氧化碳排放会带来一系列严重的后果，使得全球气温上升，南极冰川融化，海平面上升。因此，全球各国都鼓励减少碳排放，提倡城市以低碳为发展方向，城市市民的活动以低碳为准则，建立资源节约型、环境友好型社会，将城市建设成一个良性的可持续的能源生态体系。

低碳城市发展推行循环经济和清洁生产。循环经济是鼓励在利用各种资源时，"减量化、再利用、再循环"，使人类的各种活动对自然环境的影响降到最低。清洁生产则提倡使用清洁的能源，设计清洁的生产过程，生产清洁的产品。

国家发改委于2010年7月确定第一批国家低碳试点，包括广东、辽宁、湖北、陕西、云南五个省份和天津、重庆、深圳、厦门、杭州、南昌、贵阳、保定八个城市。目前，低碳城市建设工作已经在全国全面铺开，我国绝大多数省市自治区均有城市进行低碳城市建设试点工作。

低碳城市理论对城市新区建设也有借鉴意义，在城市新区推广垃圾分类，推行低碳出行的交通模式，减少使用内燃机的汽车，尽量使用纯电动公交车，提倡使用新能源车，对于想要入驻新区内的企业要仔细甄别，防止污染企业的入驻，同时允许入驻的各类企业都要采用清洁生产技术。郑州市郑东新区可以说是低碳城市的践行者，区内基本没有高污染的企业入驻，区内各类公共交通非常发达，提倡低碳出行。当然，郑东新区离真正的低碳城市尚有一定的差距，区内并没有完全实现使用清洁能源,对循环经济的推动尚无具体的举措,在这些方面需要加强。

## 五、生态城市理论

"生态城市"这一概念是由联合国教科文组织提出的,按照该理念,生态城市应该是按照生态学的理念进行发展,经济高度发达、社会繁荣昌盛、人民安居乐业、生态良性循环四者保持高度和谐的城市。大多数学者在对生态城市评价时采用了三个一级指标:生态环境指标、经济发展指标、社会进步指标。

生态城市理念与"田园城市""园林城市""森林城市""低碳城市"这几个理念已经有了本质的区别,并非只注重改善城市生态环境,还要追求城市经济发展,促进城市社会进步。

目前,全球公认的践行生态城市理念较好的城市有加拿大温哥华、巴西库里提巴、丹麦哥本哈根等。这些城市在环境保护方面均制定了较好的措施,温哥华修建了遍布全市的专用自行车道,库里提巴于 20 世纪 80 年代推行全球领先的垃圾循环利用计划,哥本哈根半数以上的居民都骑自行车上下班。

生态城市理念在城市新区规划、建设、发展过程中,具有重要的实践指导意义。生态城市理念已经得到了我国各城市的高度认同,我国绝大多数城市已经将生态城市作为发展目标。在建设城市新区时将这一理念加以运用有一些成功案例,例如天津中新生态城就是我国与新加坡合作,将一片"生态禁区"建成为"生态城市"示范区。《河北雄安新区规划纲要》也提出将雄安新区定位为生态城市。目前我国以生态城市理念规划建设或已经建成的新区有北京国瑞生态城、上海东滩生态城、天津中新生态城、武汉中法生态示范城等。

## 六、宜居城市理论

"宜居城市"这一理念是联合国 1996 年举行的人类居住大会提出

的,这一理念认为,城市应当是适宜居住的人类居住地。这一理念得到了学者和社会各界的一致认可。

2005年,在国务院批复的《北京城市总体规划》中首次提出"宜居城市"这个城市科学概念。2007年,住建部委托中国城市科学研究会等单位所做的《宜居城市科学评价指标体系》通过验收并对外公布。该评价体系从社会文明度、经济富裕度、环境优美度、资源承载度、生活便宜度、公共安全度六个方面对城市进行评价,综合得分高于80分的城市即为宜居城市。同时,如果某一城市综合得分高于80分,但是有刑事案件发案率明显高于全国平均水平的,或者基尼系数大于0.6导致社会贫富两级严重分化的,或者近三年曾被国家环保局公布为年度"十大污染城市"的,或者区域淡水资源严重缺乏或生态环境严重恶化的四种情况中的任何一种,也不能认为是宜居城市。目前,我国官方并未展开"宜居城市"的评审工作。

2015年年底召开的中央城市工作会议上,明确指出要"统筹生产、生活、生态三大布局,提高城市发展的宜居性"。

2018年1月,中国社会科学院发布了《宜居中国发展指数报告(2017—2018)》,宜居城市发展指数设计为5个主题层指标,即经济发展指数、社会治理指数、民生质量指数、创新创业指数和生态环境指数。从该发展报告来看,我国宜居城市发展指数整体较低,且两极分化严重。

"宜居城市"这一理论对城市新区建设及资源配置具有重要借鉴意义,城市新区在建设中需要注意对生态环境的保护,在资源配置过程中需要注意缩小贫富差距、提升社会文明、提高资源承载能力、提高生活便利程度、增强公共安全。

### 七、紧凑城市理论

紧凑城市理论的提出是为了防止城市郊区无限制向四周蔓延的问题。1990年欧洲共同体委员会(CEC)正式提出"紧凑城市"理念,该理念推崇高密度利用、功能混合、公交导向。高密度利用的观念来自于欧洲诸多历史名城,主张缩小建筑物之间的距离,同时提高建筑物的高度,在同等城市范围内可以容纳更多的城市活动,提高资源的利用效率。功能混合是提倡在利用城市土地时将居住、就业、休闲、公共等用地进行混合布局,缩短人们的通勤距离。公交导向则是创建方便快捷的城市公共交通系统,降低私人轿车的使用。

紧凑城市理论对缓解我国土地、水资源短缺,维护我国粮食安全,解决我国当前城市汽车尾气污染,防止城市"摊大饼"式扩张具有重要指导意义。

当然,紧凑城市也存在一些弊端,如果没有正确的引导,容易出现交通拥堵、生活成本上升等问题。虽然目前我国很多城市具有高密度的特征,但是,这种高密度是无序的,功能混合利用不平衡,容易出现潮汐式交通拥堵现象。例如郑州市郑东新区的居住资源、产业资源布局不均衡,造成很多市民在东区居住,在老城区工作,也有大量市民在老城区居住,在东区工作。郑东新区与郑州老城区连接的道路每日早晚为易堵点,造成这种职住不平衡现象的原因在于在对待房地产开发时,缺乏正确的引导,很多市民将住房作为了一种投资而非自住。

因此,紧凑城市理论必须首先解决功能混合利用的问题,引导市民在工作单位附近购房,在此基础上,再引导城市建设朝着高密度的方向发展。

在紧凑城市理论的基础上,有些学者提出了"城市边界"理论,认为应该给城市划定边界,以制止各城市"摊大饼"式的无节制空间扩张。城市边界理论实际上是实现紧凑城市理论的具体举措。这一举措会逼迫各城市在今后的发展中,只能盘活存量,对老城区进行改造升级,优化城市空间形态和空间布局,而不是传统的建造城市新区。城市新区在建造过程中,也需要做好规划,提高空间利用效率,避免今后再次出现大拆大建。

## 八、海绵城市理论

海绵城市也可以称为"水弹性"城市,是为了应对暴雨而引起城市内涝灾害现象而提出的一种城市建设理论。通过对城市地面、地下进行处理,使城市下雨时雨水可以渗透到地下,地面可以吸收雨水,同时将雨水保存,并加以净化,需要用水时将蓄存的雨水"释放"并加以利用。

国外对海绵城市的设计多种多样,主要包括美国的 LID 模式(低影响开发)、英国的 SUDS(可持续发展排水系统)、澳大利亚的 WSUD(水敏感性城市设计)、日本的城市泄洪系统和雨水地下储存系统等。这些系统都是采用不同的模式对雨水进行导流收集。

国务院多次下文部署推进我国海绵城市建设工作,并公布了两批海绵城市试点建设城市,这 30 个试点城市包括各种层次。各省也推进建设了海绵城市省级试点城市。

目前学者们对海绵城市的有效性尚有争议,海绵城市是否真能有效缓解城市内涝,尚有待证实。从目前的情况来看,有些城市成效显著,如萍乡市被国家列入海绵城市试点城市,通过三年建设,2019 年 7 月萍乡经受住了有记录以来最强降雨的考验,减少了城市内涝。也有一些海绵城市的效果尚不明显,如郑州市被列入省级海绵试点城市,但是 2019 年 8 月的连阴雨,仍然使得郑东新区多次出现内涝。武汉市作为国家海绵试点城市,也没有经受住 2019 年 6 月的强降雨的考验,"城市看海"又成为热门话题。

海绵城市要求在城市内建造大量湿地,不能对地面进行大面积硬化,这就与城市高密度人口集聚特征相矛盾。即使采用新型路面材料,由于地基中的土壤已经硬化板结,雨水最终也是难以渗透。因此,目前我国大多数城市对"海绵城市"的实践均采用湿地公园的模式,但在住宅区、工业区、商业区则难以营造海绵城市。

海绵城市理论对城市新区建设具有实践指导意义,在城市新区建设过程中,采用新型地面材料,同时,通过良好的下水管网将雨水引导到污水处理厂,最终流入河流、湖泊中。但是,海绵城市建设对施工的要求非常高,需要具备相关资质的工程建设单位进行,我国目前尚未进行这方面的资质验证,这方面需要进一步进行完善。

## 九、城市建设理念的研究状况

以各城市建设的理念作为题名,通过对中国知网的期刊论文进行检索,发现学者们对各种理念的关注程度有较大差异(表2-2)。

表2-2  近10年来各城市建设理念发表论文数量

| 城市理念 | 年份 | | | | | | | | | |
|---|---|---|---|---|---|---|---|---|---|---|
| | 2009 | 2010 | 2011 | 2012 | 2013 | 2014 | 2015 | 2016 | 2017 | 2018 |
| 田园城市 | 9 | 79 | 68 | 39 | 28 | 28 | 14 | 23 | 19 | 13 |
| 森林城市 | 58 | 77 | 77 | 55 | 54 | 49 | 60 | 97 | 90 | 90 |
| 园林城市 | 90 | 81 | 72 | 73 | 72 | 65 | 48 | 63 | 52 | 30 |
| 宜居城市 | 57 | 103 | 88 | 77 | 58 | 56 | 49 | 70 | 61 | 61 |
| 低碳城市 | 58 | 267 | 266 | 146 | 110 | 100 | 76 | 100 | 64 | 54 |
| 生态城市 | 215 | 278 | 297 | 260 | 282 | 266 | 185 | 203 | 196 | 220 |
| 紧凑城市 | 9 | 8 | 6 | 4 | 9 | 8 | 5 | 11 | 6 | 9 |
| 城市边界 | 7 | 4 | 3 | 4 | 3 | 8 | 6 | 2 | 3 | 5 |
| 海绵城市 | 0 | 0 | 1 | 0 | 0 | 14 | 296 | 908 | 1101 | 1156 |

数据来源:2019年3月自中国知网(www.cnki.net)检索。

从表2-2可以看出,目前关于海绵城市的研究成果可以说是爆发式增长,学者们对海绵城市的研究充满了热情,远超其他城市建设的理念;生态城市的研究依然是学界的热点。从研究数量的趋势来看,田园城市、园林城市、低碳城市呈现出逐年降低的趋势,而紧凑城市、城市边界理论研究呈现出不温不火的状态。

## 十、城市资源配置理念的分类

根据城市资源配置的目标分类,这些理论可以分为三类(表2-3),代表了对城市空间形态的三种截然不同的理念。

表 2-3 城市资源配置理念分类

| 类型 | 相关理念 | 特征 |
|---|---|---|
| 舒适型 | 田园城市,森林城市,生态城市,园林城市,山水城市,宜居城市,卫星城理论,城市蔓延 | 注重城市的居住环境的舒适程度,城市中绿地较多,空间密度较低,小汽车成为城市主要交通工具。缺点是在土地及能源上的高耗费,城市资源配置密度较低,中小商业容易败落 |
| 集约型 | 紧凑城市,产城融合,职住平衡,城市边界,城市再生,立体城市,空间生产,城市收缩,城市综合体 | 注重城市土地资源配置的效率,城市空间高密度开发、混合式土地利用,并优先发展公共交通。缺点是可能导致城市拥堵、土地价格高涨、人均物资匮乏、生活成本上涨 |
| 功能型 | 海绵城市,低碳城市,边缘城市 | 注重解决城市某一问题,实现某种功能。海绵城市主要是为了解决城市雨水收集,减缓城市内涝的破坏作用。低碳城市主要是为了减少城市$CO_2$排放的问题。边缘城市的提出主要是为了促进那些远离中心城市的小城市的发展 |

(一) 舒适型城市资源配置理念

属于舒适型城市资源配置理念的有田园城市、森林城市、生态城市、园林城市、山水城市、宜居城市、卫星城理论、城市蔓延等。这些理念对资源的配置较为疏散,人均土地资源、人均生态资源都比较多,资源的利用效率不是太高。当然,这种松散型资源配置能给人们带来一种心理的宁静和舒适,对于人均资源较为丰富的国家或地区比较适用。但是这种模式下,人们居住地往往离商业中心、工业中心较远,需要利用小汽车作为代步工具,可能会出现拥堵现象。而且城市资源配置的密度较小,也容易导致社区商业的衰败,只有少数商业中心可以存活。

(二) 集约型城市资源配置理念

属于集约型城市资源配置理念的有紧凑城市、产城融合、职住平衡、城市边界、城市再生、立体城市、空间生产、城市收缩、城市综合体等。这些理念对城市资源的配置较为密集,尤其是对城市的土地资源的配置较为集约,注重对城市空间高密度开发、混合式土地利用,并优先发展公共交通。缺点是可能导致城市拥堵、土地价格高涨、人均物资匮乏、生活成本上涨。

### （三）功能型城市资源配置理念

属于功能型城市资源配置理念的有海绵城市、低碳城市、边缘城市，注重解决城市某一问题，实现某种功能。海绵城市主要是为了解决城市雨水收集，减缓城市内涝的破坏作用。低碳城市主要是为了减少城市$CO_2$排放的问题。边缘城市的提出主要是为了促进那些远离中心城市的小城市的发展。

可以看到，这些城市资源配置理念不是对常规的资源配置，而是针对一些具有特殊属性的资源的配置。

## 第五节 城市新区资源配置的公平与效率

### 一、公平与效率的关系

#### （一）公平

虽然"公平"是社会问题，而"效率"是经济问题，但是在整个社会进行资源配置的过程中，必须考虑公平与效率的问题。党的十八大以来，习近平总书记就多次指出要坚持和维护社会的公平正义。城市新区在进行资源配置时，同样需要考虑公平与效率的问题。"公平"原本是一种社会问题，体现的是一种机会均等的思想，需要社会各界获得这种资源的机会是一样的。例如对于教育资源、医疗资源，需要每位周边市民均能享受到这些资源。有些城市新区由于扩张过快，人口增长也过快，而教育资源的供给有限，出现了上学难、入托难的现象，这是一种不公平的表现，因此，城市新区需要在资源配置中尽量避免不公平的问题。

#### （二）效率

"效率"是经济问题。经济活动总是逐利的，总是希望尽可能降低投入,提高产出,这样就能最大限度地提高效率。对于不同的资源或经济活动来说,其效率的界定有所不同。例如教育资源和交通资源,其投入和产出指标需要分别设定。

(三)我国对公平与效率的解决方案

公平与效率问题是一个永恒的话题,不同的社会体制,对公平与效率的处理方案是不同的。我国是社会主义国家,对于公平与效率的问题,提出了自己的解决方案。党的十三大提出"在促进效率提高的前提下体现社会公平",十四大提出"要兼顾效率与公平",十五大提出"效率优先,兼顾公平",十六大提出"初次分配要注重效率,再分配要注重公平",十七大提出"初次分配和再分配都要处理好效率和公平的关系,再分配更加注重公平",十八大则提出"初次分配和再分配都要兼顾效率和公平"。虽然这些关于效率与公平的论述主要是针对社会收入分配问题的,但是对于其他社会资源分配同样适用。

## 二、城市新区资源配置处理公平与效率的措施

(一)效率优先,兼顾公平

2005年,时任浙江省委书记的习近平在《浙江日报》发表《坚持效率优先兼顾公平》一文,对效率与公平的问题作了详细而又科学的论述,指出坚持"效率优先、兼顾公平"是一个长期的方针,同时提出,以市场这一"看不见的手"来促进效率,以政府指导来保证公平。这一措施可以适用于城市新区的各种产业资源的配置,如金融资源、产业布局等。

(二)公平优先,兼顾效率

这一原则可以理解为在保证公平的前提下,尽量提高效率。一些基础性的资源,如交通资源、教育资源、医疗资源、土地资源等,与民众的生活息息相关,一旦配置出现不公平的现象,容易引发社会问题,因此,在配置过程中,需要以公平为前提,然后取得帕累托最优解。

## （三）制度保证公平，竞争促进效率

由于资源在配置过程中的天然逐利性，因此必须对其配置制定相应的制度，以保证其公平公正。如土地资源在配置中，不能完全以拍卖的方式进行，必须配置一定比例的土地用于没有太多经济产出的公园绿地、文化场馆、教育用地。在对各地块的用途明确后，就可以采用竞争的方式来进行利用了，如一块教育用地，可以由中心城区的几家优质中小学进行竞争办分校；同一块企业用地，可以由多家投资商进行竞争，选择最有利于城市新区可持续发展的企业入驻。

# 第六节　城市新区资源要素配置的分析方法

## 一、DEA 模型（数据包络分析方法）

数据包络分析方法是用于测量经济指标运行效率的最有用的模型之一。

DEA 方法是一种非参数技术效率分析方法，用于测评一组具有多投入、多产出的决策单元之间的相对效率，只适用于评价同类决策单元的相对有效性。

DEA 是以资源的利用所实现其职能的效益为标准来评价其 DMU（决策单元）的相对效率，其效率值等于 1，可认为该决策单元相对有效；若效率值小于 1，则认为该决策单元相对无效；同时，还可评价各决策单元投入规模的适宜程度，并给出各决策单元调整其投入规模的方向与程度。马占新、王小万、刘丽杭对 DEA 相关研究涉及的相关概念如决策单元、效率、技术效率、纯技术效率、规模效率进行了详细阐述，对相关模型如 CCR-DEA 模型、BCC-DEA 模型及其相应的投入导向模式与产出导向模式进行了详细解释。

## 二、多元线性回归分析

回归分析是统计学最基本的方法之一,也是运用最广泛的计量方法之一,回归分析可以计算出各自变量对因变量的影响大小。

研究城市新区的资源要素配置的影响因子,可以采用多元线性回归分析的方法。

多元线性回归分析首先需要分析自变量和因变量之间的经济关系,找到它们之间的因果关系,如果因果关系都弄反了,即使回归方程拟合非常好,也会得出错误结论。所以,建立多元线性回归模型,首先需要建立经济模型。

最典型的生产函数是柯布-道格拉斯生产函数,其公式为

$$Y = A(t)L^{\alpha}K^{\beta}\mu \tag{2-1}$$

这个生产函数原本用于分析区域生产总值的增长因素,$Y$ 为生产总值,$A$ 为技术水平,会随着时间的变化而发生变化,$L$ 为劳动力投入,$K$ 为资本投入,$\alpha$ 为劳动的弹性系数,$\beta$ 为资本的弹性系数,$\mu$ 为随机干扰项。

该生产函数常常用来进行多元回归分析。将该公式进行变形,两边同时取对数,可以得到变形后的公式:

$$\ln Y = \ln A(t) + \alpha \ln L + \beta \ln K + \ln \mu \tag{2-2}$$

这样变形后,就变成了类似于多元线性回归模型的结构形式,可以进行回归分析。

在城市新区资源配置过程中,投入的资源有资本,也有人力资源,而产出则可以用各产业的总产出来表示,这样,就可以采用回归分析的方法分析城市新区各产业资源的投入弹性系数,也就是效率。

## 三、比较分析法

由于城市新区依托母城发展,如果假设技术不变,则母城的效率可以作为对照的样本,那么城市新区资源配置的效率评价可以采用与

母城比较的方法,公式如下:

$$E=\frac{\text{Output}_n/\text{Output}_m}{\text{Input}_n/\text{Input}_m}\qquad(2\text{-}3)$$

式中,$E$ 表示资源利用效率,$\text{Output}_n$ 表示城市新区的产出,$\text{Output}_m$ 表示母城的产出,$\text{Input}_n$ 表示城市新区的投入,$\text{Input}_m$ 表示母城的投入。

# 第三章 我国城市新区的资源要素配置现状

由于各城市新区在级别、面积、人口、区位等方面有较大差异,因此它们的资源要素配置也存在较大差异。城市新区包括经济技术开发区、高新技术产业开发区、各级政府设立的综合性城市新区等各种形式,在此分别予以探讨。

## 第一节 我国国家级经济技术开发区资源要素配置现状

### 一、国家级经开区在各省的分布数量

根据《中国商务年鉴2018》的统计数据显示,我国共有219家国家级经济技术开发区,其中东部107家,中部63家,西部49家。国家级经济技术开发区在中东部分布较为密集,其中江苏、浙江的国家级经济技术开发区均超过20家,这与我国各区域经济发展水平是密切相关的。而我国经济发展较为滞后的西藏、海南、宁夏、贵州这些省份的国家级经济技术开发区数量都只有一家或两家,在发展经济方面还需要国家予以扶持。

### 二、经开区经济发展状况

设立经济技术开发区(简称"经开区")有一个非常重要的作用,就

是拉动地区经济的发展,使开发区成为经济发展的引擎,这必然要求开发区自身的经济发展状况良好。可以用GDP总量指标衡量经济发展状况。

根据《中国商务年鉴2018》数据,绘制出2017年我国219家国家级经济技术开发区的GDP分布图(图3-1)。

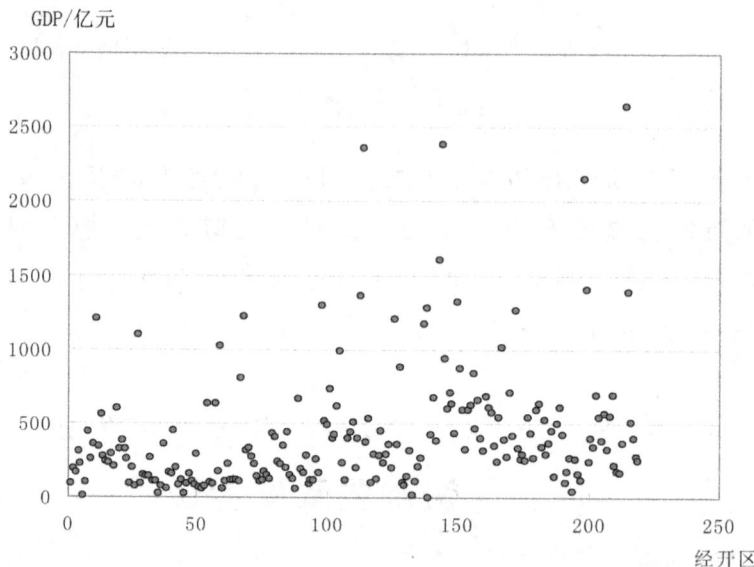

图3-1 2017年219家国家级经济技术开发区GDP散点图

从图3-1可以看出,219家国家级经济技术开发区的GDP分布是不均匀的,GDP低于500亿元的有159家,占到了72.6%,低于1000亿元的有200家,高于1500亿元的只有5家,分别是昆山经济技术开发区(1600.5亿元)、青岛经济技术开发区(2154.55亿元)、天津经济技术开发区(2358.99亿元)、苏州工业园区(2388.11亿元)、广州经济技术开发区(2639.45亿元),这说明我国绝大多数的经济技术开发区尚有极大的发展空间。

### 三、经开区产业布局现状

(一)第二产业

第二产业包含各种对初级产品进行再加工的行业,在目前我国经济发展阶段,第二产业的地位非常重要,因为该产业除了能够带来大量的就业,还是区域经济发展的引擎,城市新区要获得大的发展,必须大力发展第二产业。

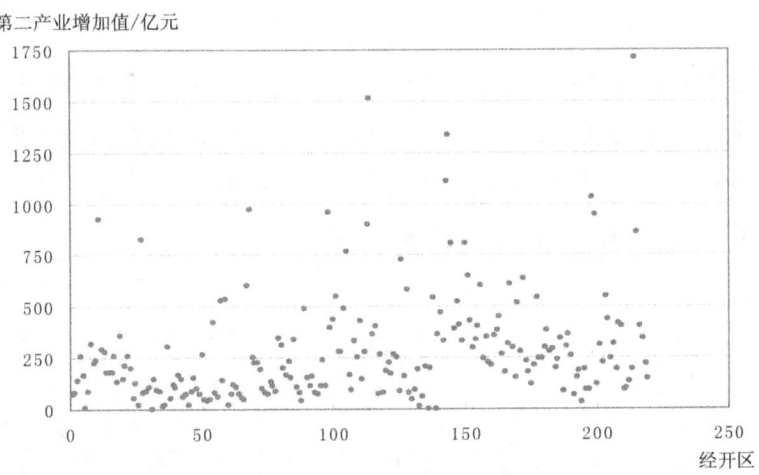

图 3-2　2017 年 219 家国家级经济技术开发区第二产业增加值分布图

第二产业可以说是一种产业资源,其布局往往需要政府加以引导,根据《中国商务年鉴 2018》数据,制作出 2017 年我国国家级经济技术开发区的第二产业增加值散点图(图 3-2)。可以看到,我国绝大多数国家级经济技术开发区的第二产业增加值都比较低,低于 500 亿元的有 189 家,占到 86.3%,低于 750 亿元的有 204 家,占 93.2%;第二产业增加值高于 750 亿元的只有 15 家,包括长沙经济技术开发区(768.43 亿元)、南京经济技术开发区(808.12 亿元)、江宁经济技术开发区(808.78 亿元)、西安经济技术开发区(825.56 亿元)、广州南沙经济技术开发区(855.87 亿元)、北京经济技术开发区(898.61 亿元)、成都经济技术开发区(926.8 亿元)、烟台经济技术开发区(946.72 亿元)、武汉经济技术开发区(954.33 亿元)、合肥经济技术开发区(969.58 亿元)、青岛经济技术开发区(1029.91 亿元)、昆山经济技术开发区(1107.52 亿元)、苏州工业园区(1336.08 亿元)、天津经济技术开发区(1512.29 亿元)、广州经济技术开发区(1711.88 亿元),这些经济技术开发区所在城市均是我国经济发展水平较高的城市。可见,经济技术开发区的第二产业发展状况与所在城市的经济发展水平有着密切联系。因此,在城市新区投入产业资源时,也需要考虑所在区域的经济发展状况,其经济效率与整体经济发展有关。

(二)第三产业

第三产业包括各种服务业,既包括政府提供的公共服务产品,也包括各种私人提供的服务产品,反映出了城市新区的生活便捷程度,同时也反映出了经济发展的活力。第三产业越发达,反映出该区域的经济发展越是充满活力,生活也越便利。

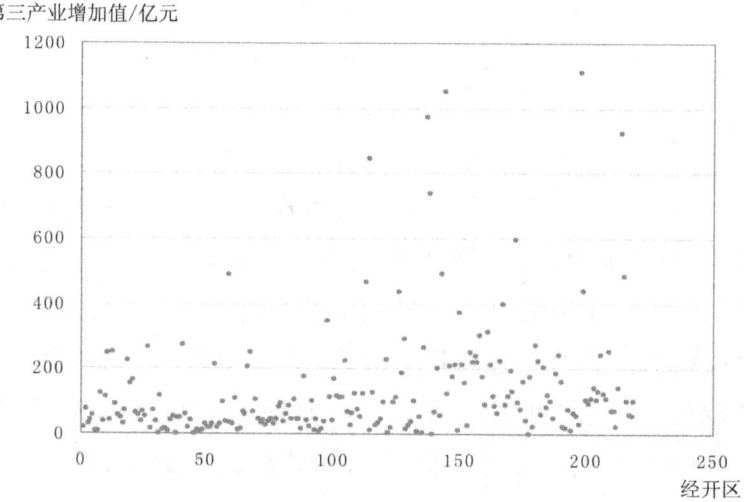

图 3-3  2017 年 219 家国家级经济技术开发区第三产业增加值分布图

分析 2017 年我国 219 家国家级经济技术开发区的第三产业增加值分布图(图 3-3),可以看到国家级经济技术开发区的第三产业增加值呈现出低值密集趋势,越是低值区间,分布越密集。绝大多数经开区的第三产业增加值低于 400 亿元。低于 100 亿元的有 129 家,占 219 家国家级经开区的 58.9%;低于 200 亿元的有 173 家,占国家级经开区的 79%。高于 400 亿元的只有 13 家,包括大连经济技术开发区(434.62 亿元)、烟台经济技术开发区(440.51 亿元)、北京经济技术开发区(466.57 亿元)、广州南沙经济技术开发区(483.53 亿元)、哈尔滨经济技术开发区(489.45亿元)、昆山经济技术开发区(490.48亿元)、嘉兴经济技术开发区(596.66亿元)、上海金桥经济技术开发区(737.09亿元)、天津经济技术开发区(846.7亿元)、广州经济技术开发区(923.71亿元)、漕河泾新兴技术开发区(972.97亿元)、苏州工业园区(1050.77亿元)、青岛经济技术开发区(1110.63亿元)。可以看到,这13家第三产业增加值高于400亿元的经开区均位于我国东部,中部、西部没有一家,这说明中部地区、西部地区的经开区在提升经济活力、提高生活便利程度方面还需要做更多的努力。

### 四、经开区财政收入现状

财政收入对区域经济的重要性不言而喻,财政收入的高低决定了该城市新区可以投入再生产的资金总量。城市新区的财政收入越高,能投入基础设施建设的资金量越充裕。根据《中国商务年鉴2018》数据,制作出我国219家国家级经开区2017年的财政收入散点图,如图3-4所示。

可以看出,我国国家级经开区的财政收入状况呈现出金字塔状,绝大多数国家级经开区的财政收入偏低,越往高值区间,分布数量越少。共有174家国家级经开区2017年的财政收入低于100亿元,占到79.5%。219家国家级经开区的平均财政收入为81.32亿元,中位值为41.31亿元。财政收入高于400亿元的只有天津经济技术开发区(589.62亿元)、广州南沙经济技术开发区(628.52亿元)、苏州工业园区(731.92亿元)、广州经济技术开发区(753.81亿元)、北京经济技术开发区(806.38亿元)共5家,分析这5家国家级经开区,可以看到它们所在城市均为我国一线或二线城市,经济发展水平较高,可以投入到开发区的资源也相对较为丰富。

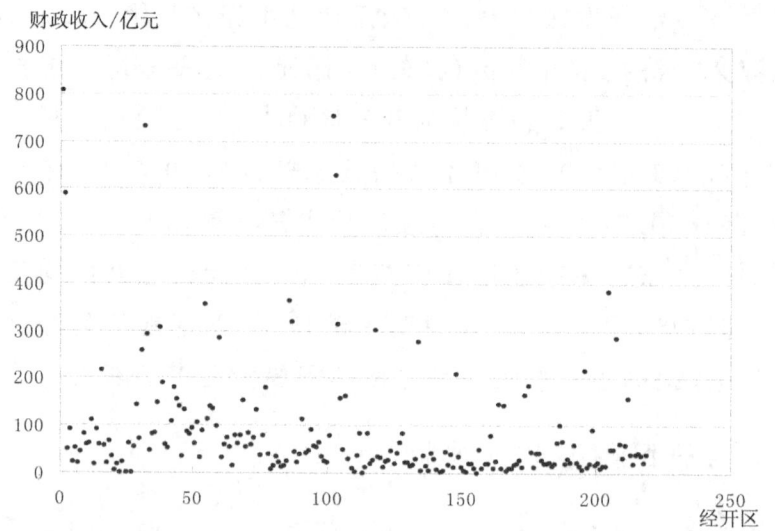

图 3-4 我国 219 家国家级经开区 2017 年财政收入散点图

## 五、经开区进出口现状

进出口能够反映出城市新区的国际化程度,也能反映出该城市新区在国际上的地位。进口总额高,说明该地区在积极主动融入世界经济,同时,有利于积极提升居民的消费结构,有利于在全球背景下配置消费、生产资源,在目前中美贸易摩擦加剧的情况下,扩大进口有着重要的意义。进口总额高也说明该区域市场开放程度高,营商环境较好。出口总额高,说明该地区国际化程度高。同时,在目前贸易战背景下,积极扩大出口对于提高城市新区的产业地位、扩大市场开放、提升国际地位和知名度均有着重要意义。

根据《中国商务年鉴2018》数据,制作出我国219家国家级经开区2017年的进口总额和出口总额散点图,如图3-5及3-6所示。

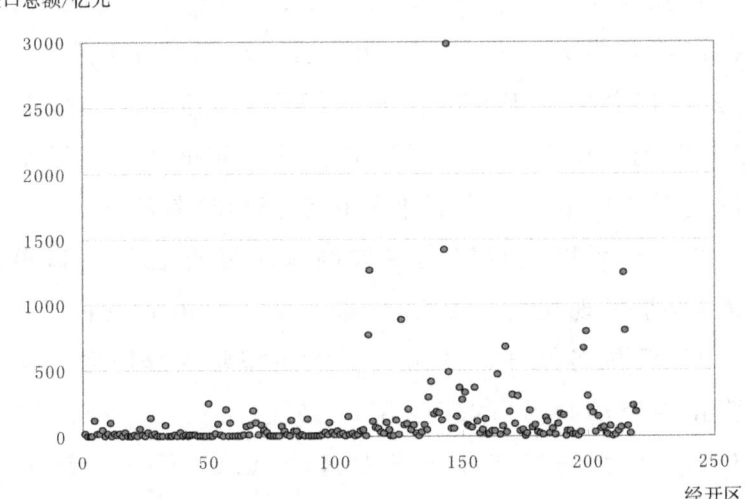

图 3-5 我国 219 家国家级经开区 2017 年进口总额散点图

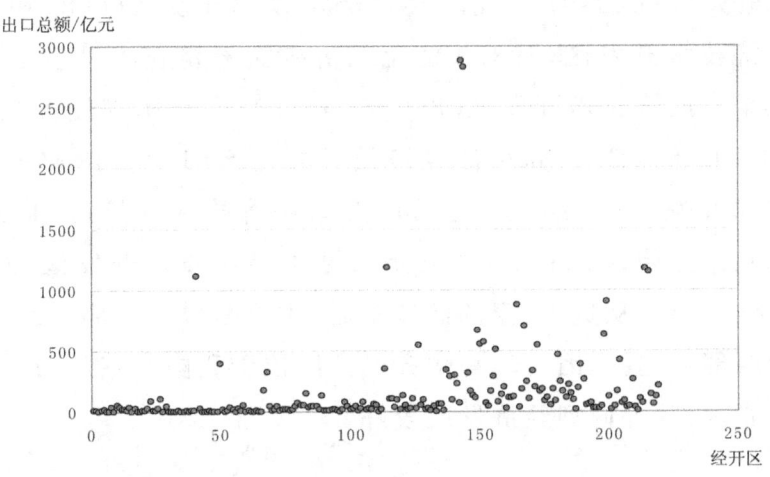

图 3-6 我国 219 家国家级经开区 2017 年出口总额散点图

分析图 3-5,可以看到绝大多数国家级经开区的进口总额在 500 亿元以内,呈现出金字塔形分布。其中,低于 100 亿元的有 166 家,占到 75.8%,高于 500 亿元的只有青岛经济技术开发区(669.34 亿元)、宁波经济技术开发区(670.42 亿元)、北京经济技术开发区(770.1 亿元)、烟台经济技术开发区(796.41 亿元)、广州南沙经济技术开发区(803.27 亿元)、大连经济技术开发区(887.17 亿元)、广州经济技术开发区(1240.74亿元)、天津经济技术开发区(1254.86亿元)、昆山经济技术开发区(1413.09亿元)、苏州工业园区(2982.84亿元)。从进口总额高于500亿元的经开区的区位来看,都位于我国东部,中西部地区没有一家经开区的进口总额超过500亿元,可见,进口总额的高低与区域经济发展水平也是密切相关的。

分析图3-6,可以发现绝大多数国家级经开区的出口总额在500亿元以内,也是呈现出金字塔形分布。低于100亿元的有151家,占68.9%,说明我国各经开区的出口工作还需要继续加强。高于500亿元的有张家港经济技术开发区(510.17亿元)、嘉兴经济技术开发区(541.29亿元)、大连经济技术开发区(545.68亿元)、江宁经济技术开发区(547.43亿元)、常熟经济技术开发区(572.05亿元)、青岛经济技术开发区(628.97亿元)、吴江经济技术开发区(668.69亿元)、宁波经济技术开发区(698.1亿元)、浒墅关经济技术开发区(878.9亿元)、烟台经济技术开发区(899.64亿元)、乌鲁木齐经济技术开发区(1107.12亿元)、广州南沙经济技术开发区(1148.48亿元)、广州经济技术开发区(1170.74亿元)、天津经济技术开发区(1182.2亿元)、苏州工业园区(2822.43亿元)、昆山经济技术开发区(2878.12亿元)这16家。从这16家的区位来看,主要是位于东部地区,也有一家位于西部,主要是因为乌鲁木齐经开区位于我国"一带一路"的桥头堡和核心区,其外向型经济发展较好。

## 六、经开区直接利用外资现状

城市新区直接利用外资的高低反映出了国际资本对该新区的认可度的高低,同时反映出了国际资本是否看好该城市新区未来发展,可以在一定程度上反映出城市新区经济发展活力的高低。

根据《中国商务年鉴2018》数据,制作出我国219家国家级经开区2017年的直接利用外资总额散点图,如图3-7所示。

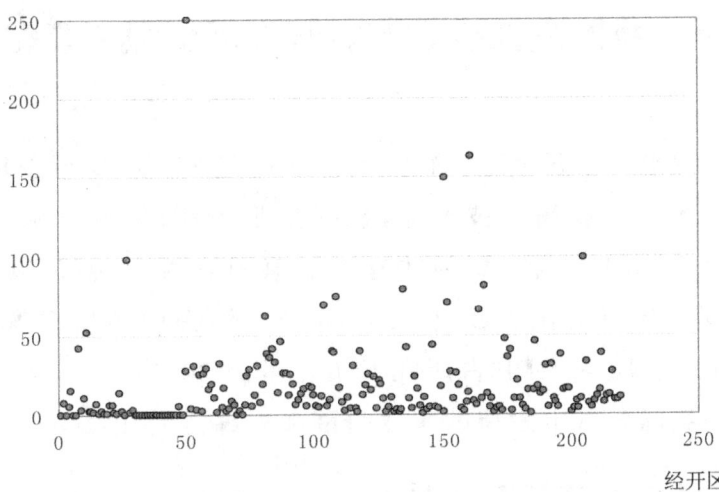

图 3-7 我国 219 家国家级经开区 2017 年直接利用外资总额散点图

从图 3-7 可以看到,我国绝大多数国家级经开区直接利用外资总额不高,有 206 家国家级经开区直接利用外资总额不到 50 亿元,占总数的 94.1%。高于 50 亿元的只有 13 家,分别是成都经济技术开发区(52.13 亿元)、苏州工业园区(62.5 亿元)、长春汽车经济技术开发区(66.11 亿元)、宁波经济技术开发区(68.99 亿元)、广州南沙经济技术开发区(70.37 亿元)、嘉兴经济技术开发区(74.28 亿元)、青岛经济技术开发区(78.86 亿元)、哈尔滨经济技术开发区(81.34 亿元)、西安经济技术开发区(97.9 亿元)、武汉经济技术开发区(98.83 亿元)、广州经济技术开发区(149.24 亿元)、长春经济技术开发区(163.12 亿元)、天津经济技术开发区(249.66 亿元)。从这 13 家经开区的区位来看,华东地区有 4 家,东北地区有 3 家,华南地区有 2 家,华北、华中、西南、西北各只有 1 家,而且这些经开区基本上都是位于经济比较发达的城市。可见,城市新区的直接利用外资状况与所在的区位、城市有直接联系。

## 第二节　我国高新技术产业开发区资源要素配置现状

高新技术产业开发区（简称"高新区"）是另一种城市新区，其设立的目标是大力发展高科技产业，包括生物医药、信息技术、电子等产业。截至 2018 年年底，我国共有 169 家国家级高新区，其中有 7 家 GDP 占所在城市的比重超过 50%，有 21 家 GDP 占所在城市比重的 30% 以上，有 42 家 GDP 占所在城市比重的 20% 以上。可见，高新区已经成为我国各城市发展的重要引擎和支撑力量。

### 一、国家级高新区分布

分析我国 169 家国家级高新区在各省、市、自治区的分布数量情况，江苏省拥有的国家级高新区数量远超其他省份，同时，我国国家级高新区主要分布在我国东部及中部，而西部拥有的国家级高新区数量较少。尤其是西藏自治区的国家级高新区数量为 0，青海省的国家级高新区数量只有 1 家。也有东部的北京、天津的国家级高新区数量各只有 1 家，上海只有 2 家，主要原因是区域范围太小，能建设成高新区的数量有限。

### 二、国家级高新区的经济发展总体状况

根据《2018 中国火炬统计年鉴》的数据，制作出我国国家级高新区历年企业总数、从业人员、营业收入、工业总产值、净利润这 5 个指标的发展状况曲线图（图 3-8）。

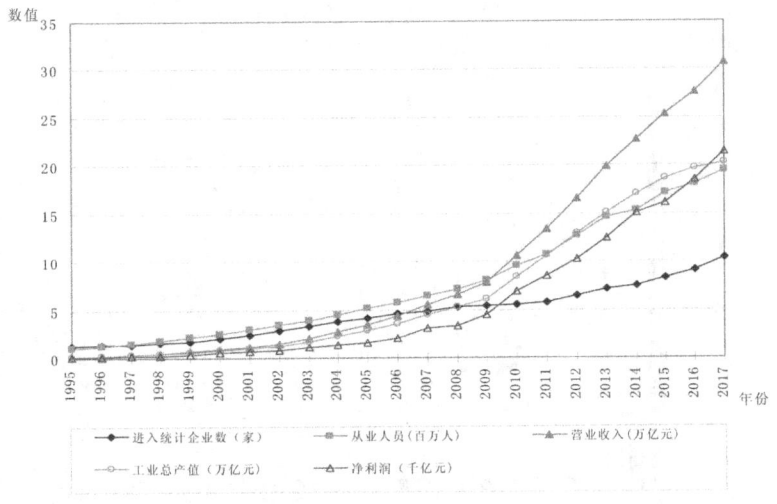

图 3-8 我国国家级高新区 2017 年总体发展状况

分析图 3-8,可以发现我国国家级高新区这 5 项指标的折线图在 2008 年之前发展较为平缓,自 2009 年前后开始出现了陡升,说明各项指标发展速度均出现了大幅提升。其中发展速度最快的是营业收入指标,从 2002 年开始增长发力,于 2009 年增长速度再次发力,其发展曲线斜率最高。从业人员、工业总产值、净利润这三个指标的发展曲线斜率相当,发展速度也相当。发展最慢的是企业数量,这主要是因为高新区的土地面积有限,只能容纳有限的企业,因此,其发展速度相对较慢。总体而言,我国国家级高新区在发展上发挥了带动作用。

## 三、各省的国家级高新区发展状况

(一)各省高新区入驻企业数

由于各省、市、自治区的国家级高新区数量不一样,因此,先计算出平均每个高新区的企业数(以纳入统计的企业数计算,不以注册企业数计算),然后进行省际比较。数据来源于《2018 中国火炬统计年鉴》,制作出各省区均企业数比较图(图 3-9)。

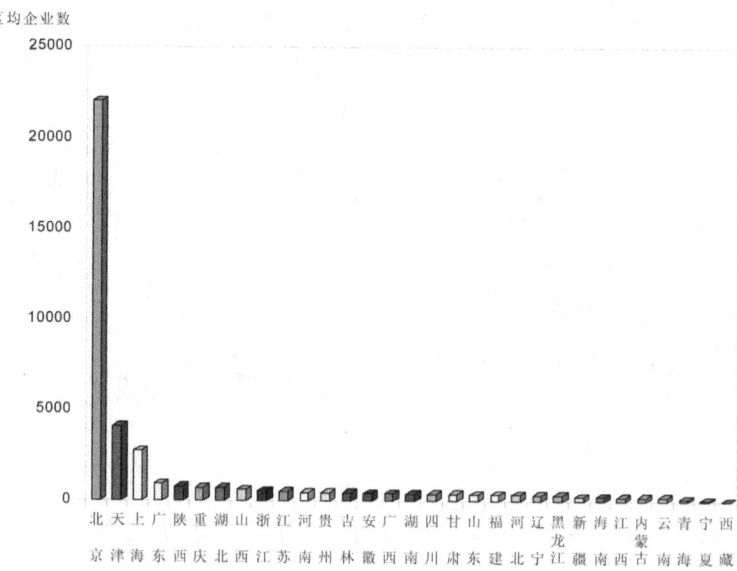

图 3-9 各省国家级高新区 2017 年区均企业数比较图

从图 3-9 可以看出,北京市作为首都,其高新区入驻的企业数量最多,远远超出其他省份的高新区,说明北京市的高新区(北京中关村)在吸引投资者方面吸引力最强,吸引了最多的投资者。天津和上海紧随北京,区均企业数同样远超其他省份,说明它们对投资者的吸引力同样较大。天津作为直辖市,距离首都非常近,因此对投资者的吸引力同样较大;上海作为我国经济最发达的城市,对投资者的吸引力也是非常大的。而宁夏、青海、云南等排名靠后的省份,由于经济发展水平不太高,对投资者的吸引力也比较小。

(二)各省高新区入驻高技术企业数

同样先计算出平均每个高新区的高技术企业数,然后进行省际比较。数据来源于《2018 中国火炬统计年鉴》,制作出各省区均高技术企业数比较图(图 3-10)。

分析图 3-10,可以看到与图 3-9 比较相似,北京一家独大,远超其他省份,是第二名上海的 6.93 倍,说明北京的高技术企业较为集中。究其原因,入驻的高技术企业数同样也与高新区所在城市的政治地位、经济发展水平密切相关。因此,北京、上海、天津的国家级高新区在吸引高技术企业入驻方面最有优势,而经济发展水平较低的宁夏、内蒙古、青海等省份,在对高技术企业吸引力方面差强人意。

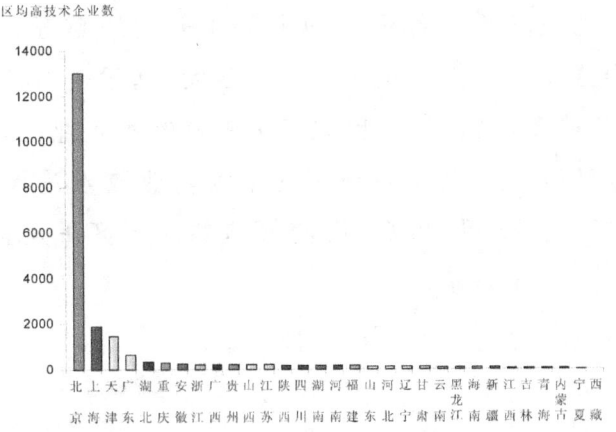

图 3-10 各省国家级高新区 2017 年区均高技术企业数比较图

(三)各省高新区工业总产值

工业总产值反映出了高新区的工业总体规模,是一个重要的经济指标。从图 3-11 显示的各省的情况来看,仍然是北京最强,是第二名上海的近两倍,这与北京中关村的开办时间早、所处地理位置佳都有密切联系。而上海又远超第三名,是第三名天津的两倍多,其他各省份的区均工业总产值则相差不大。宁夏、青海、新疆仍旧表现不佳,排名靠后。

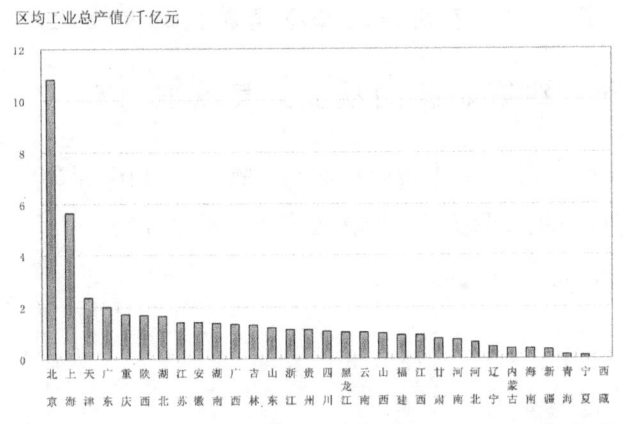

图 3-11 各省平均每个高新区的工业总产值

## （四）区均营业收入

高新区的营业收入同样反映出该区域的经济活动的频繁程度，营业收入越高，则该高新区各企业的主营业务发展越好。从图3-12可以看到，区均营业收入仍然是北京一地独大，远远超出其他省份，是第二名上海的5倍多，这也反映出北京中关村的各企业主营业务运营状况较好，业务量较大。上海高新区的平均营业收入是天津的2倍多，同样表现较好。而宁夏、青海、海南等地的高新区平均营业收入则相形见绌，需要进一步加强。

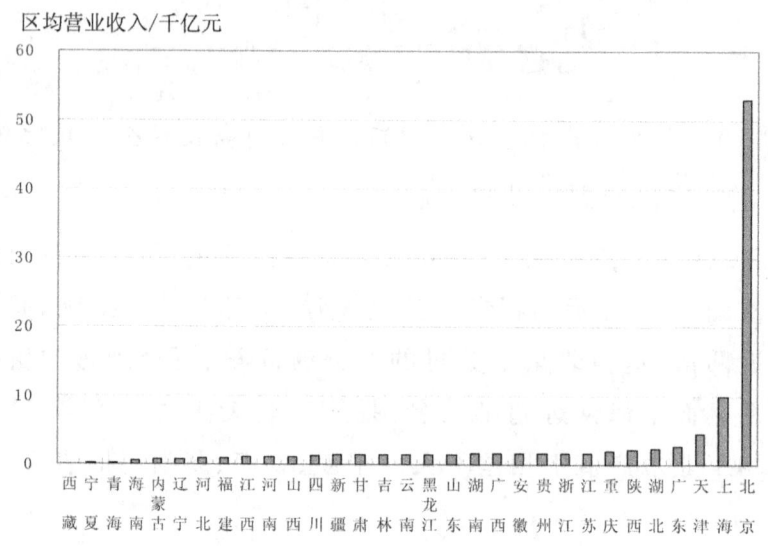

图 3-12　各省平均每个高新区的营业收入

## 四、各国家级高新区的从业人员状况

根据《2018中国火炬统计年鉴》的数据，制作出2017年我国156家国家级高新区的从业人员数量散点图（图3-13）。

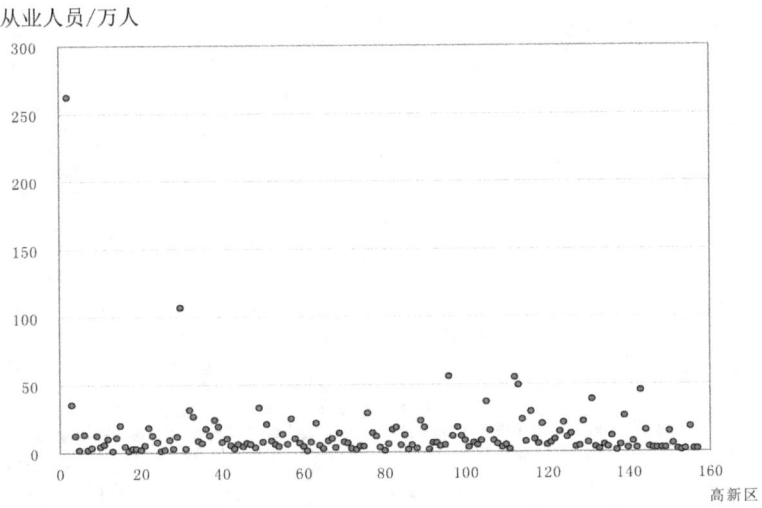

图 3-13　2017 年我国 156 家国家级高新区从业人员数散点图

分析图 3-13,可以看到有两家高新区的从业人员数远超其他高新区,分别是北京中关村以及上海张江高新区。究其原因,一方面是北京、上海作为我国经济最发达的两个城市,在我国有着极其特殊的地位,因此对从业人员的吸引力较大;另一方面是这两个高新区的入驻企业数较多,能提供较多的就业岗位。刨掉这两个高新区后,其他高新区的从业人员数分布在 0.5 万～60 万,呈金字塔状分布。绝大多数高新区的从业人员数在 10 万以下,共有 102 家,占总数的 65.4%,可见,我国绝大多数高新区提供的就业岗位不足,还需要加强。

### 五、各国家级高新区的出口状况

根据《2018 中国火炬统计年鉴》的数据,制作出 2017 年我国 156 家国家级高新区的出口总额散点图(图 3-14)。

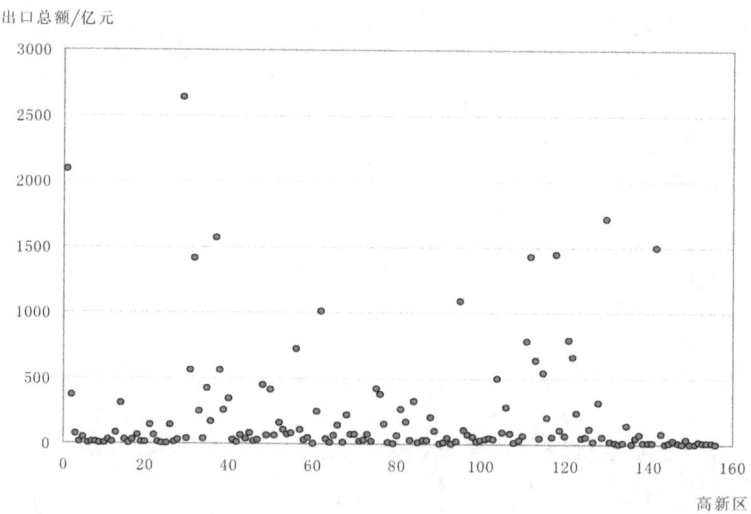

图 3-14  2017 年我国 156 家国家级高新区出口总额散点图

从出口总额来看,我国绝大多数高新区的数值偏低,最低的只有 808 万元,低于 100 亿元的有 105 家,占总数的 67.3%;高于 1000 亿元的只有 10 家,分别是厦门高新区(1010.431 亿元)、武汉高新区(1091.071 亿元)、无锡高新区(1408.957 亿元)、深圳高新区(1425.093 亿元)、惠州高新区(1445.031 亿元)、西安高新区(1498.206 亿元)、苏州高新区(1565.825 亿元)、成都高新区(1711.74 亿元)、北京中关村(2084.351 亿元)、上海张江高新区(2631.137 亿元),这些高新区所在的城市基本上都是经济发展水平较高、涉外经济活动较为频繁的城市,因此这些城市的高新区也发挥了母城的优势,出口经济活动较为频繁。

## 第三节  我国综合性城市新区资源要素配置现状

经开区、高新区的功能单一,不是完全意义上的城市新区,与功能全面的城市新区有一定的区别,目前我国各省都在积极发展综合性较强的"城市新区"。我国综合性城市新区有国家级、省级、市级等不同级别,目前国家级城市新区有 19 个,而省级城市新区则有 200 多个,基本上每个地级市均设立了一个省级城市新区,如河南省政府出台文件指导新区建设方案的有郑东新区、洛阳新区、焦作新区、郑汴新区、安阳新区、商丘新区、许昌新区、平原新区、南阳新区、鹤壁新区、濮阳新区、驻马店新区、平顶山新区、漯河新区、周口新区等 15 个,这些城市新区的级别均为副厅级,由省级政府指导建设。而我国市级新区则有 2000 多个,绝大多数的县或县级市均设立了市级的城市新区。

## 一、我国国家级城市新区的布局

从已经批准的 19 个国家级城市新区来看,绝大多数布局在省会或直辖市,如浦东新区、滨海新区、两江新区均在直辖市,而兰州新区、南沙新区、湘江新区、江北新区、福州新区、滇中新区、哈尔滨新区、长春新区这 8 个国家级新区均是在省会城市,贵安新区、西咸新区、天府新区、赣江新区这 4 个是由省会及附近的地级市共同设立,西海岸新区、金普新区则设立在副省级城市,只有雄安新区、舟山群岛新区设立在地级市。雄安新区虽然开设在保定这个地级市,但是其级别高于保定市,是副省级管辖区。舟山群岛新区位于杭州湾,具有天然的地理区位优势,另外有着浙江这个经济强省作为依托,也具有较强的发展潜力。

从这些国家级城市新区的布局来看,与国家级经济技术开发区、国家级高新技术产业开发区的全面开花不同,国家在批准设立国家级城市新区时是非常慎重的,对设立国家级城市新区的城市要求较高,对这些城市新区将要发挥的作用是充满期待的,这些城市新区需要承担重大的国家发展战略。如雄安新区就被国家领导人寄予厚望,要作为城市建设的新样板;舟山群岛新区要拉动整个长江经济带的经济发展。

## 二、国家级城市新区的经济发展

根据各国家级城市新区的 2018 年度公报,2017 年各国家级城市新区的 GDP 数据如图 3-15 所示。

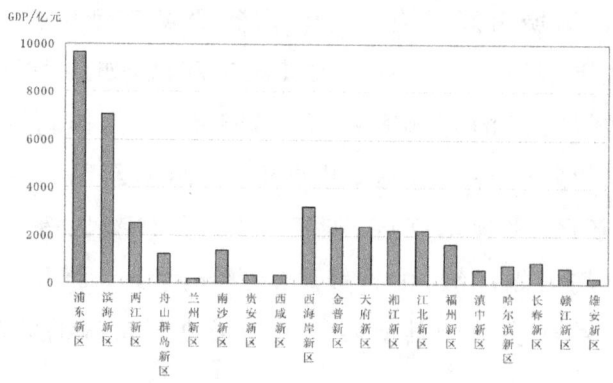

图 3-15　国家级城市新区 2017 年 GDP 状况

从 GDP 数据来看，我国国家级城市新区的 GDP 差距较大，GDP 最高的浦东新区是最低的兰州新区的 55.14 倍，之所以差距较大，除了与城市新区开设的时间早晚有一定的关系，还与城市新区所依托的城市经济发展水平有密切联系。GDP 总量排名前五的城市，均是经济实力较强的城市，浦东新区依托于上海，滨海新区依托于天津，西海岸新区依托于青岛，两江新区依托于重庆，天府新区依托于成都，这几个城市的经济总量在我国城市经济发展中排名靠前。

## 三、国家级城市新区的人口状况

根据各国家级城市新区的 2018 年度公报，2017 年各国家级城市新区的常住人口如图 3-16 所示。

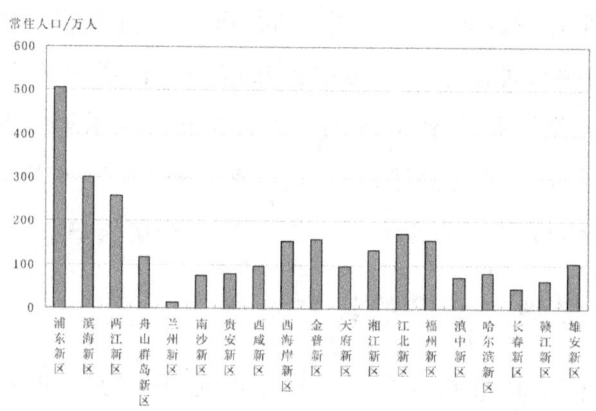

图 3-16　国家级城市新区 2017 年常住人口

从常住人口数据来看,差距虽然没有 GDP 那么大,但是也有一定的差距,常住人口最少的兰州新区只有浦东新区常住人口的 2.83%。按照我国对城市人口的分级,常住人口达到 50 万以上,就已经达到了中等城市的规模,因此,城市新区的常住人口达到 50 万以上,就已经具有了城市的规模和框架。观察 19 个国家级城市新区,只有兰州新区、长春新区的常住人口规模较小,需要增强其人口集聚能力,尤其是兰州新区,人口规模离中等城市尚有较大差距。

人口密度也是城市新区发展的重要指标,计算各国家级城市新区的人口密度,并制作成图(图 3-17)。

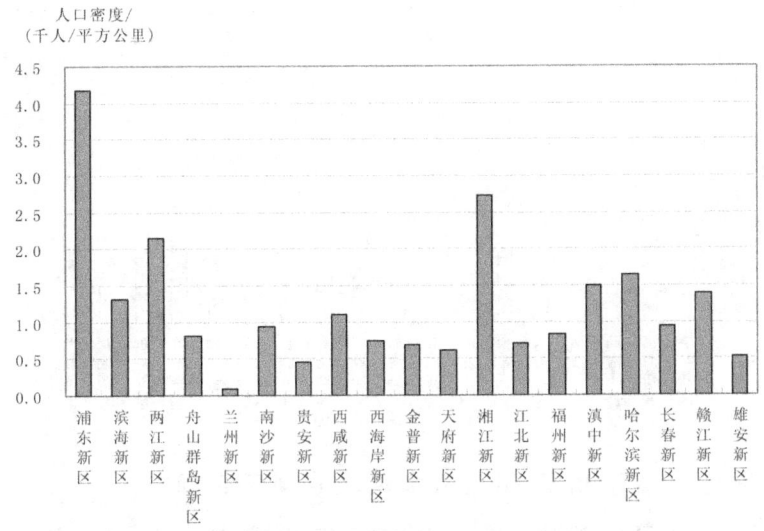

图 3-17 国家级城市新区 2017 年人口密度

从图 3-17 可以看出,人口密度达 1000 人/平方公里的只有 8 个,分别是浦东新区、滨海新区、两江新区、西咸新区、湘江新区、滇中新区、哈尔滨新区、赣江新区,而其他 11 个国家级城市新区的人口密度则低于 1000 人/平方公里。虽然对于理想的人口密度没有统一的标准,但是人口密度过低会导致诸多问题,首先是使得城市商业难以发展,然后会使得城市公用设施闲置浪费,使得资源配置效率降低。因此,这 11 个国家级城市新区需要采取有力措施,提高城市新区的人口集聚能力,这样才能提高资源配置的效率。

## 四、国家级城市新区的区位

城市新区的位置对其经济发展、人口增长都有很大的影响,城市新区只有依托较高级别的城市,才能充分共享依托城市的技术、信息、资金等各种资源。高级别城市应该是省会或副省级以上城市,本书以批准的国家级城市新区距离最近的省会或副省级以上城市的距离来衡量各国家级城市新区的区位,数据来源于地图测量,数据精度比较粗糙。各国家级城市新区的区位如图 3-18 所示。

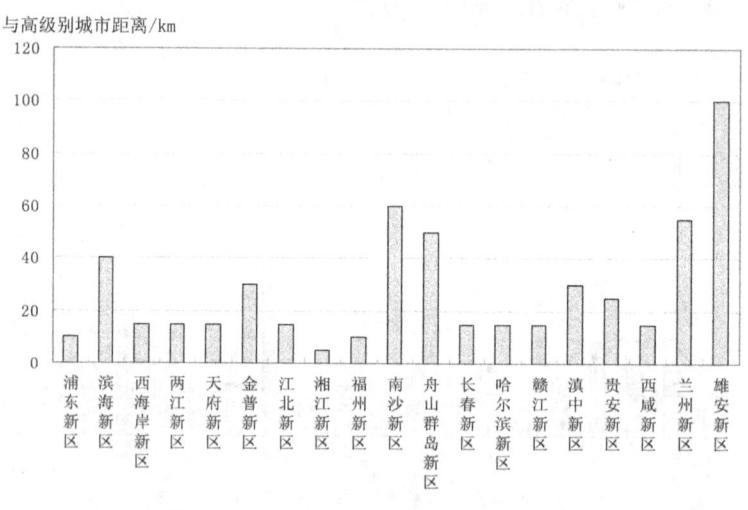

图 3-18 国家级城市新区区位

从图 3-18 可以看出,绝大多数国家级城市新区与高级别城市的距离在 20 km 以下,只有 8 个距离在 20 km 以上。城市新区与中心城市距离在 20 km 是比较合适的,距离太近,发展的空间有限,距离太远,则会难以集聚人气。只有雄安新区、南沙新区、兰州新区、舟山群岛新区距离中心城区 50 km 以上,典型的如兰州新区,虽然政府推动将一些机构迁往新区,也有一些企业入驻兰州新区,但是由于距离兰州市中心过远,市民形成了候鸟式行为模式,有很多人工作日留在新区,周末回市区与家人团聚,产生了新的社会问题,因此距离兰州市中心过远,成了兰州新区常住人口过低的主要原因。浦东新区距离上海市区非常近,也因此发展非常顺畅,现在已经与上海市区融为一体。虽然雄安新区、舟山群岛新区、南沙新区距离中心城市也较远,但是雄安新区是国家大事、千年大计,作为疏解北京的非首都功能的集中承载地,其发展前景非常光明;舟山群岛新区作为唯一一个群岛类新区,生态环境非常优美,也具有较好的发展前景;南沙新区位于广州、深圳、香港、澳门的中间,位置也极其优越,也具有较好的发展前景。

### 五、国家级城市新区固定资产投入状况

国家级城市新区是所依托的城市的当政者最重视的区域,集中了各种优势资源,但是其中最重要的资源是资金投入,各城市新区的固定资产投资额度为城市新区的经济发展注入了活力。固定资产投资的增长对于城市新区扩大再生产、拓展生活生产空间、提高产业基础具有非常重要的作用,因此,固定资产投资是城市新区经济发展最重要的驱动力量之一。将各国家级城市新区 2017 年的固定资产投资进行统计(数据来源于各城市新区的公报),结果如图 3-19 所示。

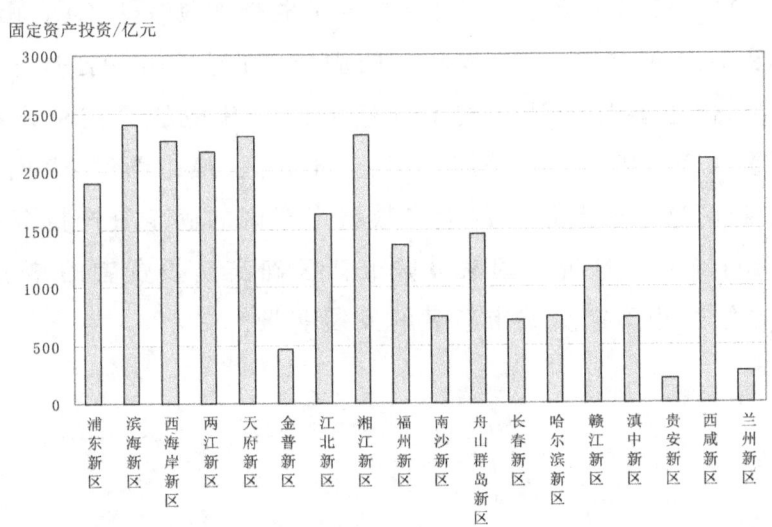

图 3-19 国家级城市新区 2017 年固定资产投资

从图 3-19 可以看到,绝大多数国家级城市新区的固定资产投资高于 1000 亿元,说明投资者都比较看好这些城市新区的发展。虽然

有7个城市新区的固定资产投资低于1000亿元,甚至贵安新区、兰州新区的固定资产投资总额低于500亿元,主要原因是这几个城市新区的依托城市经济发展水平较低,难以提供更多的资金支持,这几个城市新区对投资者的吸引力也有限。但是从另外一个角度来分析,这些城市新区的固定资产投资占GDP比重非常高(图3-20)。

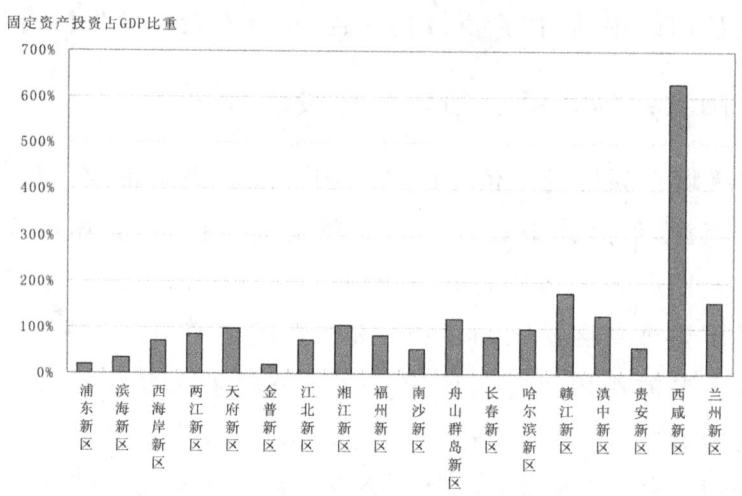

图3-20　国家级城市新区2017年固定资产投资占GDP比重

从图3-20可以看出,西咸新区的固定资产投资占GDP比重高得有些离谱,这主要是统计方式不同造成的。其他的固定资产投资占GDP比重大于100%的有赣江新区、兰州新区、滇中新区、舟山群岛新区、湘江新区这五个新区。绝大多数城市新区的固定资产投资占GDP比重都高于50%,这说明国家级城市新区确实是投资者的热土,各方都比较看好这些国家级城市新区的发展前景。

# 第四章　城市新区产业资源配置效率评价及分析

产业资源是城市新区的一项重要资源,产业布局决定了城市新区的发展方向,也决定了城市新区的发展是否可持续,因此,在城市新区进行产业布局时,需要慎重规划,着眼于长远。但是城市新区在建设初期,由于各种配套资源不健全,产业引入机制不健全,可以选择的产业并不太多,有时候存在急功近利的思想,为了促使产业尽快落地,可能会在产业的结构、产业的规模等方面放松限制。

## 第一节　城市新区产业结构分析

在城市新区建设过程中,其三次产业的比例会不断变化。

对产业结构的分析,常用的方法是比较农业、工业及服务业这三次产业在GDP中的比重。克拉克于1941年实证并归纳得到了一个区域产业结构演变与社会所处阶段的关系(图4-1)。

随着时间的推移,区域第一产业所占比重会逐渐下降,第二产业和第三产业的比重会逐渐增加,区域社会从农业化社会步入工业化初级阶段;当第二产业所占比重增加到最高时,区域社会步入了工业化后期阶段;当第二产业所占比重开始逐渐降低,第三产业所占比重进一步提高,并开始超出第二产业所占比重时,区域社会步入了现代化阶段。H.钱纳里研究了根据产业结构的发展变化判断区域所处的阶段(表4-1)。

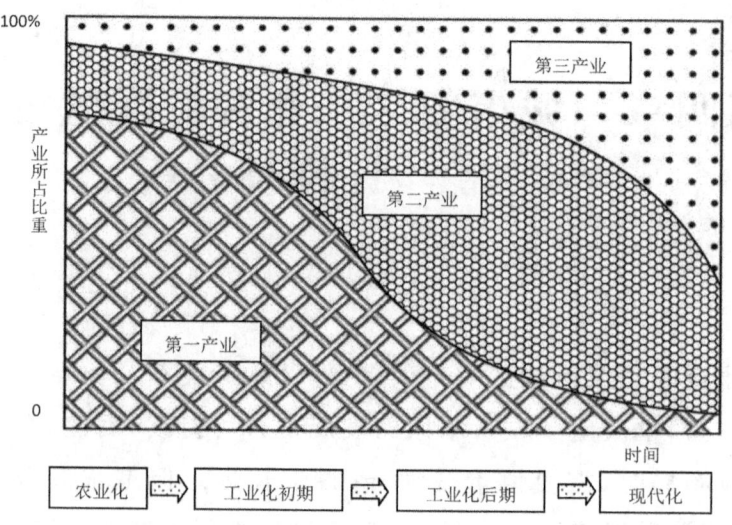

图 4-1 产业结构与社会所处阶段的关系

表 4-1 基于产业结构的阶段的分类

| 所处阶段 | 农业所占比重 | 工业所占比重 | 服务业所占比重 |
|---|---|---|---|
| 农业化后期 | >20% | <40% | <40% |
| 工业化前期 | — | >40% | <40% |
| 工业化中期 | — | >50% | <40% |
| 工业化后期 | — | <50% | >40% |
| 现代化阶段 | <5% | <40% | >50% |

根据钱纳里的工业化阶段理论,采用《国际统计年鉴》《上海浦东新区统计年鉴》《天津滨海新区统计年鉴》《郑州统计年鉴》相关数据,可以得到浦东新区、滨海新区、郑东新区及代表性发达国家三次产业的 GDP 结构表(表 4-2)。

表 4-2　三次产业的 GDP 结构表　　　　　　单位:%

| 区域 | 2005年 | | | 2010年 | | | 2015年 | | | 所处阶段 |
| --- | --- | --- | --- | --- | --- | --- | --- | --- | --- | --- |
| | 农业 | 工业 | 服务业 | 农业 | 工业 | 服务业 | 农业 | 工业 | 服务业 | |
| 浦东新区 | 0.29 | 50.79 | 48.93 | 0.67 | 43.26 | 56.07 | 0.34 | 27.68 | 71.98 | 现代化 |
| 滨海新区 | 0.44 | 66.87 | 32.70 | 0.16 | 68.25 | 31.59 | 0.12 | 62.52 | 37.36 | 工业化前期 |
| 郑东新区 | — | — | — | 1.56 | 6.67 | 91.77 | 1.71 | 19.04 | 79.26 | 现代化 |
| 全国平均 | 12.1 | 47.4 | 40.5 | 9.5 | 44.6 | 45.9 | 9.0 | 40.5 | 50.5 | 工业化后期 |
| 韩国 | 3.3 | 37.7 | 59 | 2.6 | 39.3 | 58.2 | 2.3 | 38 | 59.7 | 现代化 |
| 日本 | 1.7 | 30.2 | 68.1 | 1.2 | 27.4 | 71.5 | 1.1 | 28.9 | 70 | 现代化 |
| 美国 | 1.3 | 22 | 76.7 | 1.2 | 20 | 78.8 | 1.1 | 20 | 78.9 | 现代化 |

可以看出,浦东新区目前处于现代化阶段,其服务业资源配置较为丰富。滨海新区目前仍处于工业化前期阶段,其产业结构调整仍在继续,工业占 GDP 比重在不断缩小,服务业在 GDP 中的比重越来越大,但与全国平均水平相比,仍有差距,说明滨海新区的服务业资源配置较少,需要加强。郑东新区自 2002 年开始建设以来,没有经历工业化阶段,直接跨入了现代化阶段,在 2010 年三次产业结构的比例已经达到了发达国家水平,但是其经济总量较小,主要是郑东新区在建设初期,其产业规划就是以金融、会展等产业为主,工业资源配置较少。

可见,各城市新区的产业资源配置有着较大的差异,与各城市新区的产业规划有密切联系。浦东新区在建设之初就是以大而全的产业进行规划,其产业结构更接近日本水平,达到了发达国家水平。滨海新区规划了大量的化工类企业、制造业企业,因此其工业总产值占GDP比重较高。而郑东新区则希望避免建设大量的工业企业,以金融业、商贸业、会展酒店业等为主,服务业总产值占GDP比重自然就比较高。

## 第二节 城市新区产业配置效率分析

在产业资源配置中,人力资源是最活跃也是最重要的资源。人力资源的配置往往能反映出资本的配置,而人力资源在配置中,创造的产值是有区别的。因此,本书的产业资源配置以各行业从业人员人均所创造的产业增加值来进行衡量。人均产值越高,说明该行业的人力资源配置效率越高。公式如下:

$$产业人员效率 = \frac{产业总产值}{产业从业人员} \quad (4-1)$$

另外,还需要分析城市新区各产业的资源配置状况,以判断城市新区的资源配置是否充足。由于在资源配置中,人力资源是最重要的一项资源,也是流动性最强的资源,因此,可以用人力资源的配备比例来衡量资源配置状况。公式如下:

$$人员配置比例 = \frac{产业从业人员}{区域常住人口} \quad (4-2)$$

### 一、工业资源配置效率及配置比例

工业包括采矿、制造、电力、燃气及水的供应。其中采矿业与自然资源条件有关,无法配置更多的资源;电力、燃气、水的供应一方面供应给企业,另一方面也关系到市民生产生活,因此,其配置如果过低,则会影响市民生活。而制造业是工业部门中最重要的,一方面能够带来最大的就业量,另一方面可以为区域带来经济效益,因此,城市新区可以在工业尤其是制造业上增加资源配置,鼓励就业及资金流向实体经济。

(一)工业资源配置效率

对城市新区工业资源配置效率进行测量,以浦东新区和滨海新区为例(滨海新区只有2008—2015年数据),测算结果如图4-2所示。

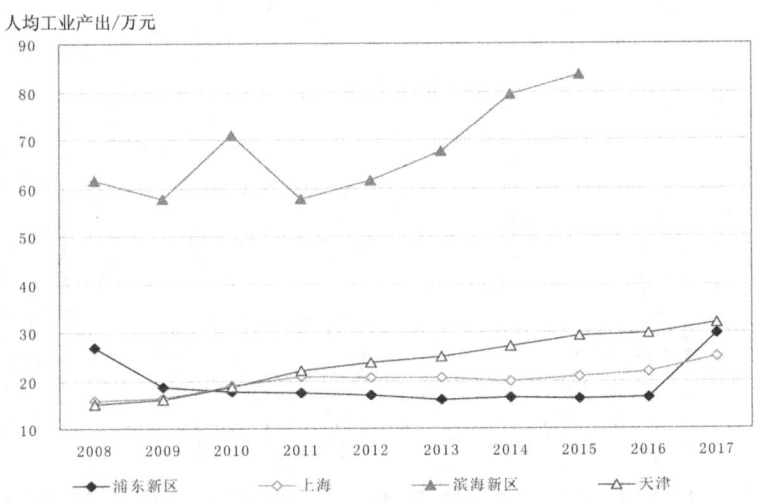

图 4-2  工业资源配置效率

从图4-2可以看出,近十年来,滨海新区的工业资源配置效率远远高于天津市区,也远远高于上海及浦东新区,可见,滨海新区在发展工业,尤其是制造业方面,效率比较高。浦东新区人均工业产出则不仅低于滨海新区,还在2010—2016年均低于上海市区,说明浦东新区投入的工业资源效率较低,而且浦东新区的工业效率自2008—2016年一直呈现出下降的趋势,到2017年才有所提高。而对它们的母城上海和天津进行比较,可以看到天津的工业效率一直呈现出上升的趋势,而上海则较为平缓地下降。可见,城市新区的工业效率与母城的工业效率有些关联,母城的工业效率提升,也能带动城市新区的工业效率提升。

## (二)工业资源配置比例

以各新区及母城的工业从业人口除以该区域的常住人口来进行衡量,反映出的是每万人常住人口从事该行业的人口数,这一比例基本上能反映出该产业在区域的重要程度。以浦东新区和滨海新区为例,测算工业人力资源的配置比例,结果如图 4-3 所示。

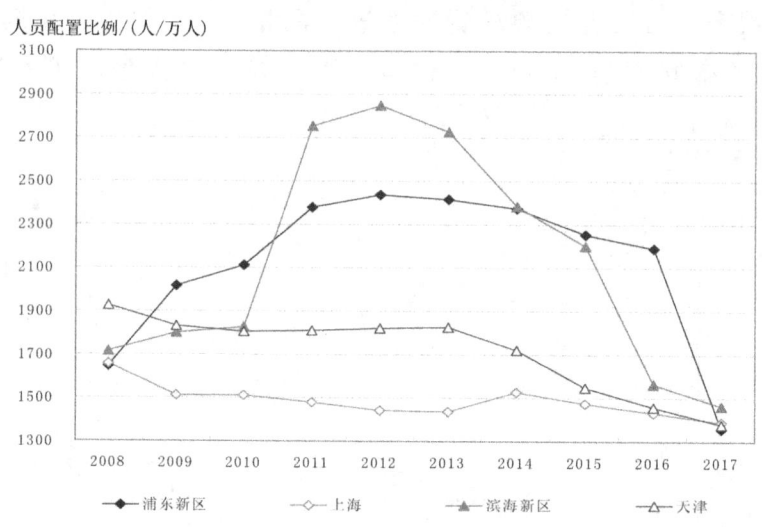

图 4-3  工业人员配置比例

从图 4-3 可以看出,浦东新区和滨海新区的工业人员配置比例都呈现出抛物线的变化态势,都是先升高,而且都是在 2012 年达到最高,然后呈现出下降的趋势。另外,浦东新区和滨海新区的工业人员配置比例均高于母城上海及天津,这说明这两个城市新区在发展过程中,比较重视工业的发展,在工业发展上投入了较多的人力资源。

## (三)工业资源配置综合分析

综合工业资源配置效率及配置比例,可以看到,滨海新区的工业无论是在人力资源投入比例上,还是在人员产出效率上,均高出母城天津。而浦东新区的工业产业在人力资源配备上高出母城上海,但是在人员产出效率上却低于上海,说明浦东新区引入的工业企业效益没有上海高。

## 二、建筑业资源配置效率及配置比例

建筑业的发展状况反映出了城市新区的建筑物的建造、安装施工这些物质生产的发展程度,建筑业发展越迅猛,说明城市新区的建筑工地越多,发展越有活力。

### (一)建筑业资源配置效率

对城市新区建筑业资源配置效率进行测量,以浦东新区和滨海新区为例,测算结果如图 4-4 所示。

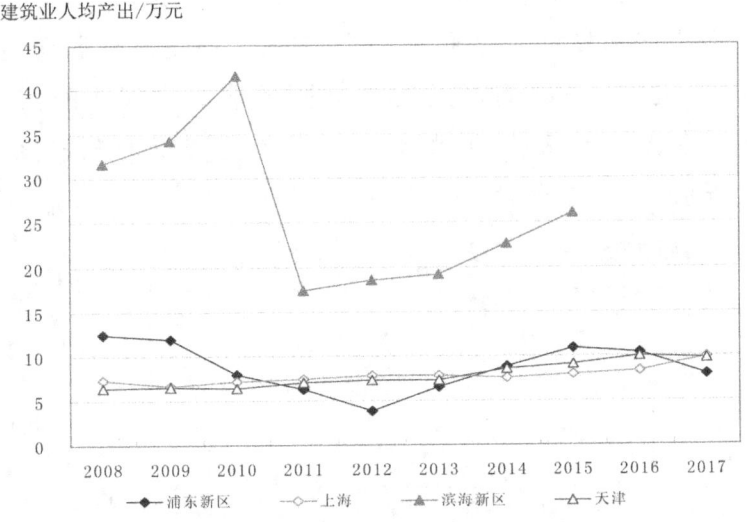

图 4-4  建筑业资源配置效率

从图 4-4 可以看出,滨海新区建筑业资源配置效率远远高于天津市区、上海市区、浦东新区,最高时达到了其他地区的 5 倍以上。但是滨海新区的建筑业资源配置效率呈现出较大的起伏,2008—2010 年效率上升,2011 年出现急剧下降,然后 2012 年后又上升。这说明滨海新区的建筑行业处于较好的发展势头,但是不太稳定。

浦东新区的建筑业资源配置效率也呈现出之字形变化,变化幅度小于滨海新区。2008—2012 年呈现出下降的趋势,2012—2015 年呈现出上升的态势,2015—2017 年又出现下降的态势;而且与上海市区比较,有些年份高于上海市区,有些年份又低于上海市区,在 2012 年最低的时候,建筑业从业人员人均产出只有 3.86 万元,说明浦东新区的建筑行业还在调整之中,发展不太稳定。

与之对照的上海市区及天津市区,建筑业人均产出一直比较平稳,介于 6 万元至 10 万元之间,而且均呈现出缓慢增长的态势,说明上海及天津的建筑业发展已经比较成熟稳定。

(二)建筑业资源配置比例

以各新区及母城的建筑业从业人口除以该区域的常住人口来进行衡量,反映出的是每万人常住人口从事建筑业的人口数。由于建筑业不像工业生产那样可以无限制生产,它的人员配置受限于该区域的建筑需求,因此,这一比例可以反映出该区域对建筑业的需求程度。以浦东新区和滨海新区为例,测算建筑业人力资源的配置比例,结果如图 4-5 所示。

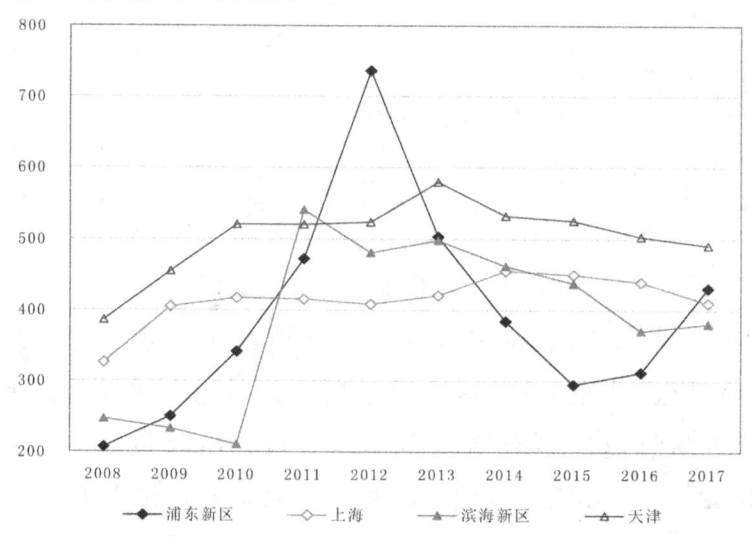

图 4-5　建筑业人力资源配置比例

从图 4-5 可以看出,上海及天津建筑业人员配置比例比较平稳,变化幅度不大,而且两个城市变化趋势近似,都是先上升后下降。而滨海新区和浦东新区的建筑业人员配置比例则变动较为剧烈,尤其是浦东新区,建筑业人员配置比例最高点是最低点的3.56倍;滨海新区的变化也较为剧烈,2011年的人员配置比例是2010年的2.56倍。由此可见,老城区的建筑业发展已经比较稳定,而城市新区的建筑行业可能会出现大起大落的状况。

(三)建筑业资源配置综合分析

综合分析城市新区的建筑业资源配置效率及配置比例,可以发现城市新区的建筑业资源配置效率及配置量都不太稳定,容易出现大起大落的状况,这种状况是不利于城市新区的健康发展的,因此,城市新区在配置建筑业资源时,需要促进人均产出及人员配置比例的稳定。

### 三、批发零售业资源配置效率及配置比例

批发零售业也就是俗称的商业,其发展状态可以体现出城市新区的繁华程度及人气,也可以反映出城市新区的发展活力。批发零售业的发展态势好坏也会决定该区域的消费状况及繁荣程度,商业繁荣也是城市繁荣的表现。

(一)批发零售业资源配置效率

对城市新区批发零售业资源配置效率进行评价,以浦东新区和滨海新区为例,测算结果如图4-6所示。

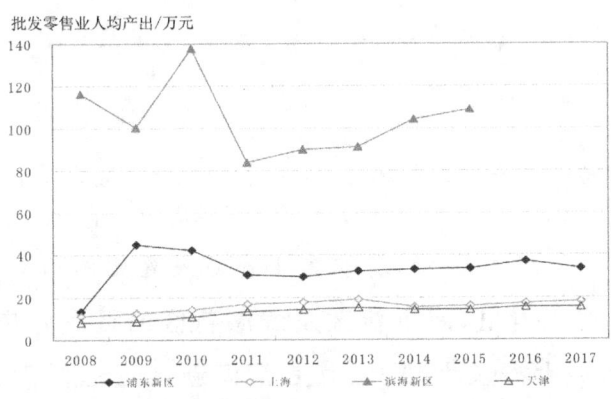

图4-6 批发零售业资源配置效率

从图4-6可以看出,滨海新区的批发零售业人均产出远远高于天

津,也比上海市区、浦东新区要高出很多,说明滨海新区的批发零售业资源的效率较高,商业氛围较浓,但同时也说明了滨海新区的批发零售业资源投入不足,需要加强投入。浦东新区的批发零售业人均产出也一直高于上海市区,除了在2009—2011年有下降态势,2011—2016年呈现出略微上扬的态势。而对比天津和上海,可以发现两个城市的批发零售业的效率差别不大,而且一直保持平稳发展的态势,说明老城区的商业发展已经比较成熟稳定。

综合滨海新区及浦东新区的批发零售业状况,可以发现它们均高于母城,说明城市新区在批发零售业的资源效率方面较高,原因可能是城市新区的商业发展不像中心城区那样比较成熟,商业供应量不足,而需求量高于供应量,使得人均产出较高。

## (二) 批发零售业资源配置比例

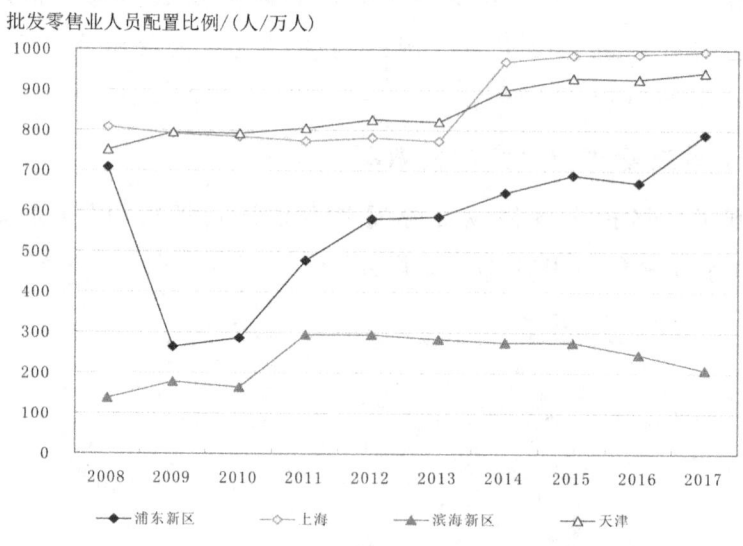

图 4-7 批发零售业资源配置比例

从图 4-7 可以看出,浦东新区及滨海新区的批发零售业人员配置比例均低于母城上海及天津,尤其是滨海新区远远低于天津市区,最低时只有天津的 18.5%。这说明浦东新区及滨海新区从事批发零售业的人员比例较低,批发零售业发展不如老城区。其原因可能是城市新区的批发零售企业较少,而企业少的原因则是商业氛围没有培养起来,老城区经过多年发展,已经形成了成熟的商圈,而城市新区则难以在短短十几年的时间里形成大的商圈。

(三)批发零售业资源配置综合分析

综合分析浦东新区及滨海新区的批发零售业的资源配置效率及配置比例,可以发现城市新区的批发零售业人员配置比例偏低,而资源配置效率则偏高,说明城市新区的居民购买力与老城区的居民购买力相当,但是由于批发零售业的企业量较少,使得从业人员比例偏低,这也使得人均产出较高。因此,城市新区在建设发展过程中,在批发零售业资源配置方面,可以通过引导的方式增加商业业态的入驻,在商业繁荣后才能形成商业氛围。

## 四、交通运输业资源配置效率及配置比例

交通运输业的发展状况对于城市新区来说非常重要,因为新区的各项事业的发展,都离不开交通业的支撑。城市新区每天都有大量的人流、物流,都需要交通业的连接,因此,城市新区需要重视交通业的资源配置。

(一)交通运输业资源配置效率

以浦东新区、滨海新区为例,采用公式(4-1),对这两个新区的交通运输业资源配置效率进行测量,结果如图4-8所示。

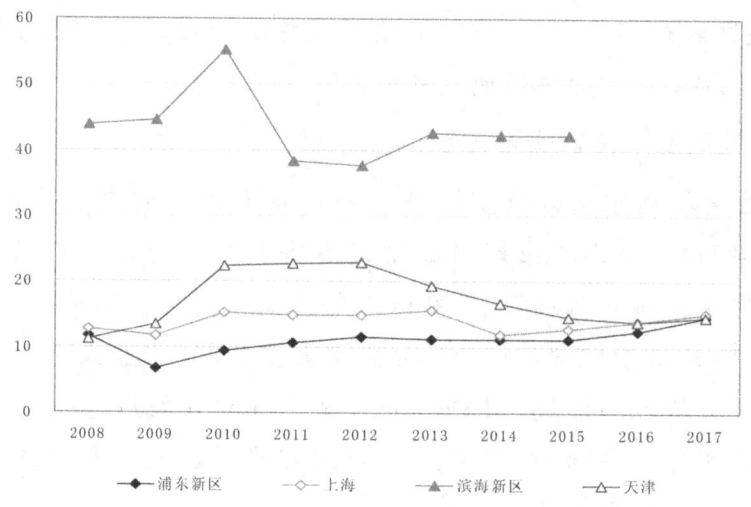

图 4-8 交通运输业资源配置效率

分析图 4-8,可以发现滨海新区交通运输业资源配置效率远高于浦东新区、天津及上海,而且总体呈现下降趋势。而浦东新区的交通运输业的配置效率则一直低于上海,比天津及滨海新区也都低。浦东新区、天津、上海三个区域的交通运输业的资源配置效率从 2008 年开始出现差异,但是到 2017 年又回归一致。这说明比较成熟的区域,其交通运输业的资源配置效率是大体一致的,因为交通运输业的资源是充分流动的,当一个区域的资源配置效率较高时,其他区域的资源会流动过来,最后各区域趋于一致。城市新区的交通运输业资源配置效率与其发展成熟度有较大关系,滨海新区由于成立时间晚于浦东新区,因此发展上没有浦东新区成熟,其交通资源配置效率仍处于高位。

(二)交通运输业资源配置比例

以浦东新区、滨海新区为例,采用公式(4-2),对这两个新区及上海、天津的交通运输业资源配置比例进行测量,结果如图 4-9 所示。

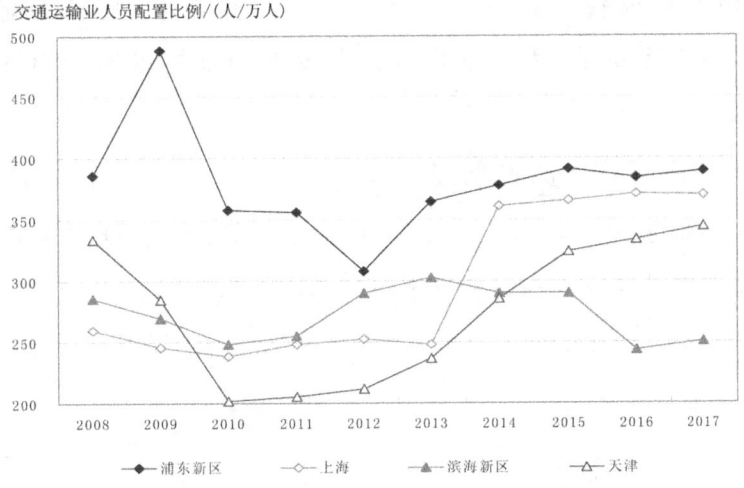

图 4-9　交通运输业资源配置比例

从图 4-9 可以看出，浦东新区、滨海新区、上海及天津的交通运输业资源配置比例均呈现出波动起伏变化，除浦东新区稍高于其他区域外，其他几个区域波动范围差别不大，属于正常波动范围。交通运输业的从业人员配置比例与该区域的人流量、物流量大小有着直接关系，说明浦东新区的人流、物流比例稍高于其他区域。

（三）交通运输业资源配置综合分析

城市新区的交通运输业资源在配置过程中，既有政府的调控，又有市场的力量，政府通过建设交通设施、完善公交系统来提高交通资源投入，市场则通过增减物流公司、客运公司等方式来调节资源配置的效率。

城市新区的交通资源配置是一个动态完善的过程，不可能一蹴而就，在城市新区建设初期，其交通资源效率可能会出现较高的态势，主要是因为交通资源的供给量过少，随着市场的成熟和完善，其交通资源配置效率及配置比例都会回归正常。

## 五、住宿餐饮业资源配置效率及配置比例

住宿餐饮业的发展取决于城市新区的旅游、会展、会议等产业发

展状况,由于住宿餐饮业的投资基本上是民间资本,其资源配置更多的是由市场进行调节,因此住宿餐饮业发展的好坏也反映出区域经济的发展状况。

(一)住宿餐饮业资源配置效率

以浦东新区为例,采用公式(4-1),以上海、天津的住宿餐饮业资源配置效率作为对照,测量结果如图 4-10 所示。

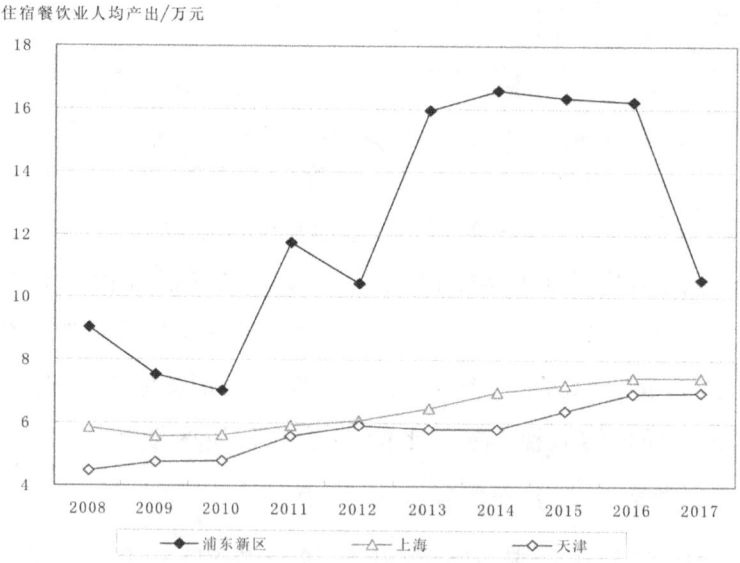

图 4-10 住宿餐饮业资源配置效率

从图 4-10 可以看到,浦东新区住宿餐饮业的资源配置效率有两个特点:一是始终高出母城上海,在 2013—2016 年达到最高,比上海及天津高出近两倍;二是变动幅度较大,而作为对照的上海与天津市区的住宿餐饮业资源配置效率基本一致。这说明上海与天津的住宿餐饮业发展比较成熟,其人均产出已经趋于平稳,只是随着时间的推移、物价的上涨,人均产出略有上涨;而浦东新区的住宿餐饮业发展尚未成熟,需要市场进一步进行调节。

(二)住宿餐饮业资源配置比例

以浦东新区、滨海新区为例,采用公式(4-2),以上海、天津的住宿餐饮业配置比例作为对照,测量结果如图 4-11 所示。

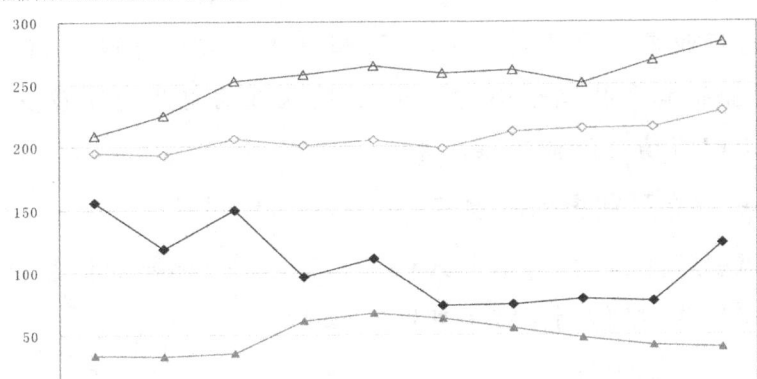

图 4-11 住宿餐饮业资源配置比例

从图 4-11 可以看出,城市新区住宿餐饮业资源配置比例低于中心城区,滨海新区的住宿餐饮业配置比例为每万人常住人口有从业人员 30～70 人,浦东新区的人员配置比例稍高于滨海新区,每万人常住人口配置了 70～160 人,上海与天津的人员配置比例则介于 190 人到 270 人之间。这说明城市新区住宿餐饮业尚未成熟,需要进一步增强。另外,浦东新区的从业人员配置比例变化幅度较大,变动较为剧烈,说明住宿餐饮业不太稳定;而滨海新区的住宿餐饮业始终在低位运行,人员配置比例比较低,说明住宿餐饮业投资者较少。

(三)住宿餐饮业资源配置综合分析

从上面住宿餐饮业资源配置效率及配置比例的分析可以看出,城市新区住宿餐饮业的发展往往比较缓慢,入驻城市新区的住宿餐饮企业、从业人员往往较少,如果单纯依靠市场培育,发展进程往往比较缓慢。浦东新区从 1992 年成立,到现在已经 20 多年,其住宿餐饮业发展仍然滞后于上海市区很多。因此,要想促进城市新区住宿餐饮业的发展,需要政府出台政策,鼓励投资者加大在住宿餐饮业的投资力度。

## 六、信息产业资源配置效率及配置比例

信息产业是一个新兴产业,在我国发展壮大只有短短 20 多年,因此,其产业布局在我国是不均衡的,有些区域信息产业比较发达,有些城市则未能将信息产业发展起来。

### (一) 信息产业资源配置效率

以浦东新区为例,采用公式(4-1),以上海、天津的信息产业资源配置效率作为对照,测量结果如图 4-12 所示。

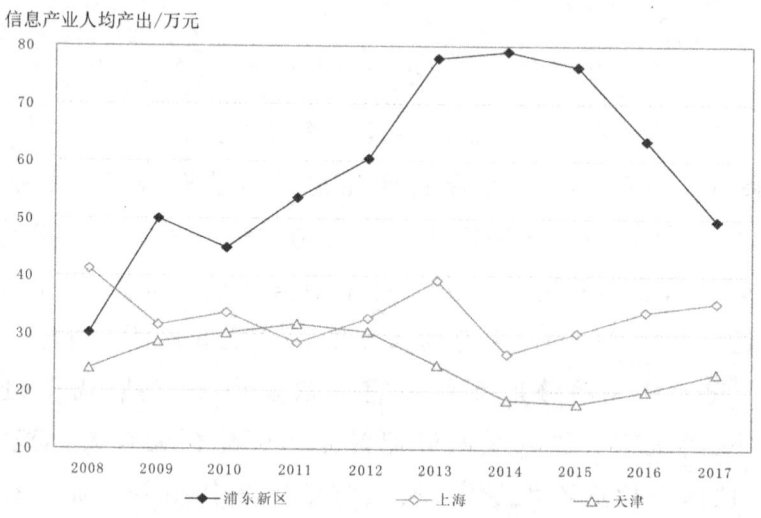

图 4-12　信息产业资源配置效率

从图 4-12 可以看出,从 2009 年开始一直到 2017 年,浦东新区的信息产业的产出效率高于上海市区,同时也高于天津市区,说明浦东新区布局的信息产业质量较高,但是从 2014 年开始又呈现出下降的态势,与之相反的是上海市区自 2014 年开始产出效率在逐年提高,说明浦东新区的信息产业的发展不太稳定,存在大起大落的现象,波动起伏较为明显。

### (二) 信息产业资源配置比例

以浦东新区、滨海新区为例,采用公式(4-2),以上海、天津作为对

照,对这些区域的信息产业配置比例进行测量,结果如图 4-13 所示。

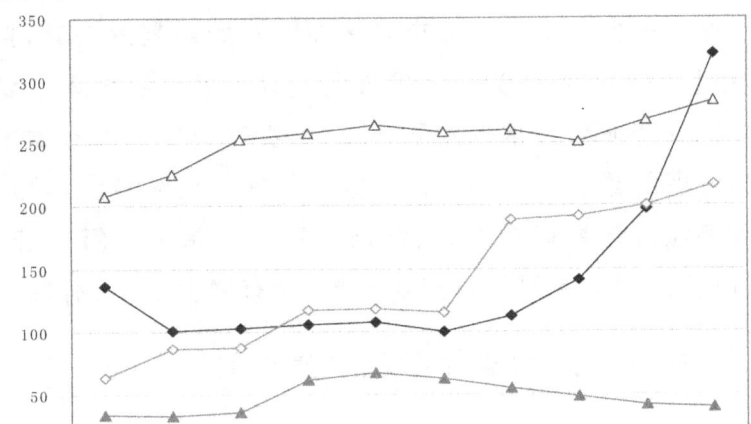

图 4-13　信息产业资源配置比例

从图 4-13 可以看出,滨海新区和天津的信息产业人员配置比例均发展较为平稳,滨海新区的信息产业人员配置比例远远低于天津,差距最大的是 2017 年,天津的配置比例是滨海新区配置比例的 7.2 倍,差距最小的 2012 年也有 3.92 倍,这说明滨海新区的产业布局没有将信息产业作为重点产业加以发展。

浦东新区的信息产业人员配置比例与上海基本一致,都是从 2013 年开始大幅度增加,尤其是浦东新区的人员配置增加幅度非常大,从 2013 年的每万人常住人口 100 人增加到 2017 年的 321 人,说明这几年浦东新区的信息产业发展迅猛,资源配置较多。

（三）信息产业资源配置综合分析

综合信息产业资源配置的效率和人员配比,可以发现浦东新区在信息产业发展上较为迅猛,人力资源投入较多,虽然增加的人员使得人均产出有所下降,但是仍然高于上海及天津。浦东新区也正是靠着人均产出的迅速增加,吸引了大量的信息方面的人才进入。滨海新区的信息产业发展状况始终是不温不火,近些年还有些衰退。

对于城市新区来说，布局信息产业、促进信息产业的发展是必不可少的，信息产业的发达程度影响了该城市的创新能力、科技能力，进而影响了城市的发展潜力。城市新区在刚开始规划发展时，拥有后发优势，可以将信息产业作为优先发展的主导产业。我国多个城市新区都已经将信息产业列为重点发展产业，如贵安新区以大数据电子信息产业作为发展的重点，西海岸新区重点支撑互联网经济，两江新区重点布局数字经济和智能产业，长春新区重点支持人工智能和大数据。可见，城市新区增加布局信息产业资源，既有必要性，又有现实意义。

### 七、金融业资源配置效率及配置比例

金融业属于高端服务业，可以集聚资金，为区域经济发展起到推动作用，同时，金融业又属于基础设施的范畴，不可或缺。金融体系的效率及资源配置量是促进区域经济发展、推动区域产业结构调整的必要前提，因此有必要对城市新区的金融业资源配置效率及配置比例进行分析。

#### （一）金融业资源配置效率

以浦东新区、滨海新区为例，采用公式(4-1)，以上海、天津的金融业资源配置效率作为对照，测量结果如图 4-14 所示。

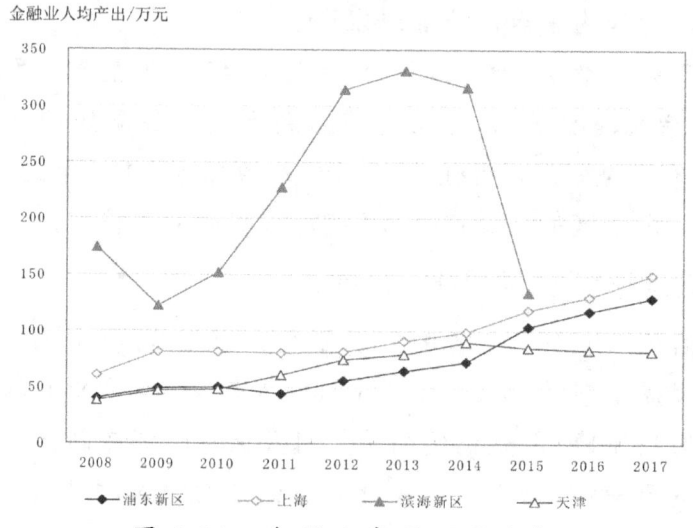

图 4-14　金融业资源配置效率

从图 4-14 可以看出,滨海新区的金融业资源配置效率变化比较明显,变动幅度较大,从 2009 年的人均产出 122.7 万元增长到 2013 年的 331.8 万元,然后又下降到 2015 年的 133.9 万元,这么剧烈的变动说明滨海新区的金融业发展不太稳定。

浦东新区的金融业资源配置效率与上海市、天津市基本一致,而且发展态势非常平稳,变动幅度较小。

(二) 金融业资源配置比例

以浦东新区、滨海新区为例,采用公式(4-2),以上海、天津的金融业人员配置比例作为对照,测量结果如图 4-15 所示。

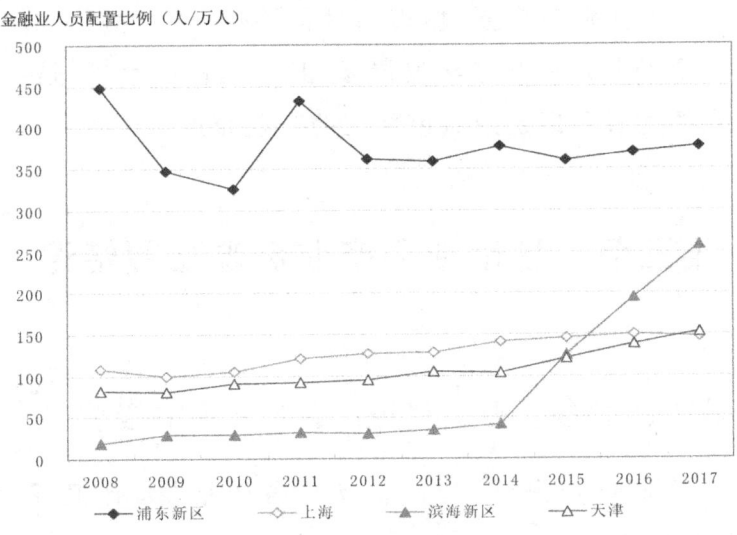

图 4-15　金融业资源配置比例

从图 4-15 可以看出,浦东新区的金融业人员配置比例远远高于上海、天津,最高时是上海的 4.13 倍,差距最小时也有 2.46 倍。滨海新区的金融业人员配置比例则在 2008—2014 年低于天津市,2014—2017 年出现了猛增,高于天津市。这说明滨海新区的金融业在 2014 年之前发展较为缓慢,资源配置不足,但是 2014 年开始吸引了大量的金融业人才,使得金融业人员配置比例迅速增加。

### (三) 金融业资源配置综合分析

综合分析城市新区金融业资源配置效率及配置比例,可以发现金融业的发展状况与城市产业定位、新区发展年限都有关系。上海市是我国金融中心,金融产业较为发达,因此,在发展浦东新区时,投入了较多的金融人才,使得浦东新区的金融业从业人员比例较高。而滨海新区的依托城市天津的主导产业是先进制造业,因此在发展金融产业时,难以投入更多的人力资源。另外,2008年时,滨海新区刚刚成立两年,金融产业远远没有发展成熟,而浦东新区已经发展了十多年,金融产业已基本发展成熟。

对于金融产业资源配置,城市新区需要以长远的眼光进行布局,超前发展。金融业发展与经济发展是相互促进、共生共融的关系,增加金融业资源配置可以加速城市新区的产业布局。

## 第三节 城市新区产业资源配置结论

### 一、城市新区各产业的资源配置效率存在差异

计算浦东新区、滨海新区、上海、天津各产业人均产值近十年的平均值,见表4-3。

表4-3 各产业人均产值近十年平均值　　　　　　　单位:万元

| 区域 | 工业 | 建筑业 | 批发零售业 | 交通业 | 住宿餐饮业 | 信息业 | 金融业 |
|---|---|---|---|---|---|---|---|
| 浦东新区 | 19.29 | 8.68 | 33.15 | 11.08 | 12.15 | 58.52 | 72.88 |
| 滨海新区 | 64.40 | 26.10 | 101.04 | 42.99 | — | — | 204.67 |
| 上海 | 20.02 | 7.76 | 15.84 | 13.88 | 6.46 | 33.31 | 97.50 |
| 天津 | 23.90 | 7.84 | 13.00 | 17.16 | 5.75 | 24.91 | 68.85 |

从表4-3可以看出,无论是浦东新区、滨海新区,还是上海、天津,

都是金融业的人均产值最高,其次是信息业,而人均产值较低的是住宿餐饮业、建筑业、交通业。由此可见,金融业、信息业属于高端服务业,可以创造更多的价值。而住宿餐饮业、交通业均属于低端服务业,但又是老百姓最需要的服务业。因此,在进行资源配置时,必须考虑满足居民的需求。

## 二、城市新区各产业的资源配置比例差异较大

将浦东新区、滨海新区、上海、天津各产业从业人员配置比例近十年的平均值计算出来,见表4-4。

表4-4　各产业人员配置比例近十年平均值　　单位:人/万人

| 区域 | 工业 | 建筑业 | 批发零售业 | 交通业 | 住宿餐饮业 | 信息业 | 金融业 |
|---|---|---|---|---|---|---|---|
| 浦东新区 | 2118 | 393 | 570 | 380 | 106 | 142 | 376 |
| 滨海新区 | 2127 | 386 | 236 | 272 | 48 | 100 | 79 |
| 上海 | 1486 | 414 | 865 | 296 | 207 | 138 | 127 |
| 天津 | 1712 | 503 | 849 | 276 | 253 | 69 | 106 |

从表4-4可以发现,浦东新区、滨海新区及上海、天津的工业人员配置比例远远高于其他产业,这说明工业提供了最多的就业岗位,因此,城市新区在引入产业时,应该优先引入工业,尤其是先进制造业,是应该优先配备的产业。因为一方面制造业是城市新区发展的根基,缺乏制造业,其他产业的发展就成了无水之源。制造业生产的商品可以为本区域带来财富的增加,而服务业只是将财富在区域内进行二次分配。另一方面,制造业为城市新区带来的大量就业机会,也为城市新区带来大量的常住人口。

虽然信息业、金融业带来的就业机会不是太多,但是它们可以为城市新区带来其他的利益,信息业的发展可以带来先进科技、高效信息流,金融业可以带来资金集聚,因此也需要大力扶持。

批发零售业也为城市新区带来了大量的就业机会,还能够带来商业繁荣,因此也需要予以扶持。

建筑业、交通业、住宿餐饮业属于满足居民基本需求的产业,在进行资源配置时,要符合实际需要,不能出现供不应求的状况,使居民出现住房难、出门难、就餐难等问题。

# 第五章　城市新区教育资源配置效率评价与分析

## 第一节　引言

百年大计,教育为本。教育是民族振兴、社会进步的基石,是提高国民素质、促进人的全面发展的根本途径,寄托着亿万家庭对美好生活的期盼。在我国整个基础教育体系中,义务教育具有基础性、先导性和全局性地位(阮成武,2013)。伴随着义务教育的全面普及,在更大范围内促进义务教育资源有效配置,实现义务教育均衡发展已经成为党和政府在"后义务教育"阶段的重要任务(李玲 等,2015)。党的十八大报告将"均衡发展义务教育"作为全面建成小康社会进程中义务教育的战略性任务,党的十九大报告也提出"推动城乡义务教育一体化发展,高度重视农村义务教育,办好学前教育、特殊教育和网络教育,普及高中阶段教育,努力让每个孩子都能享有公平而有质量的教育"。统筹推动城乡义务教育一体化发展、缩小城乡教育差距,对于促进教育公平、提高教育质量、实现义务教育事业发展水平、显著提升群众满意度具有重大的理论意义和现实意义。

焦作市新城区位于焦作市主城区南部,辖李万街道、文苑街道、文昌街道、宁郭镇、阳庙镇、苏家作乡6个乡镇(街道)104个村,人口25万,面积210平方公里,是体现城乡一体、产业融合、统筹发展的复合型功能性区域。新城区部分小学和中学是由原村镇小学和中学改建、扩建而来,教育经费缺乏,校舍、设备等基础设施薄弱,师资力量亟须加强,众多学生和家长急盼教学水平有较大的提高。主城区许多小学和中学经过焦作市政府多年的资源投入和精心建设,校舍、体育场等设备设施完备,师资力量强大,教学水平稳定提高。近年来,为促进包括主城区和新城区在内的义务教育迅速发展,焦作市政府投入了大量的人力、财力和物力资源,改建、扩建了多所小学和中学,建成了基本完整的义务教育体系。但这些巨量投入的义务教育资源利用效率如何,新城区和主城区义务教育资源配置效率是否存在差异,以及这些资源配置效率是否有改进的空间以及如何改进,成为焦作市政府热切关注的问题。因此,就需要对新城区、主城区义务教育资源配置效率进行科学的评价,为焦作市政府提供改进建议和决策参考,这对于进一步提高义务教育资源配置效率、缩小城乡义务教育差距、满足适龄儿童接受优质义务教育的迫切要求具有重要的现实意义。

本章采用数据包络分析(Data Envelopment Analysis,DEA)方法,对焦作市2017年新城区和主城区义务教育资源配置效率进行评价与分析,寻找低效原因,探讨优化方案,为焦作市新城区和主城区统筹义务教育资源配置决策提供参考。

## 第二节 教育资源配置效率研究现状

### 一、文献综述

我国国民教育体系是由义务教育、基础教育、高等教育、职业教育和成人教育等五方面教育以及国民教育经费保障机制、国民教育教师保障机制和国民享受教育权利保障机制等三项保障机制构成的现代教育事业总体。其中义务教育是我国国民教育体系中的特殊阶段,是国家依法统一实施、所有适龄儿童少年必须接受的教育,是教育工作的重中之重。

(一) 义务教育

我国目前实施的是九年制义务教育,凡年满六周岁的儿童,其父母或其他法定监护人应当送其入学接受并完成义务教育。义务教育产品在消费上具有特殊性,有直接消费与间接消费之分。直接消费指学校提供的义务教育服务的消费,主要从学生学习过程分析。从直接消费来看,义务教育具有准公共产品属性。一方面,由于教育资源有限,使得多分配给每一学生的边际成本不为零,只要地区间、校际间教育水平差异客观存在,义务教育就具有一定竞争性。另一方面,学校规模和班级数等也受到教育自身条件限制,通过收费及考试等措施将部分人排除在受教育之外,因此义务教育消费具有一定排他性。从间接消费来看,义务教育属于公共产品。由于义务教育是由法律规定的,必须要保证适龄儿童及青少年接受一定年限的教育的权利,具有强制性。这一特点使得义务教育必须由法律规定,而非市场供给所决定,因此具有非排他性。

(二) 义务教育特征

义务教育是国民教育体系中的特殊阶段,与基础教育、高等教育、职业教育和成人教育等相比较,具有强制性、普及性、免费性、基础性的基本特征。

1. 强制性

义务教育是根据法律规定,适龄儿童和青少年都必须接受,国家、社会、家庭必须予以保证的国民教育,其实质是国家依照法律的规定对适龄儿童和青少年实施的一定年限的强迫教育的制度。与其他阶段教育的自愿性相比较,强制性是义务教育最根本、最显著的特点。

2. 普及性

全体适龄儿童、青少年,除依法律、法规规定办理缓学或免学手续的以外,都必须入学完成规定年限的义务教育。我国义务教育属全民教育，在各级各类教育中普及程度最高，覆盖到全体公民。义务教育公平是实现教育公平，进而确保社会公平的前提。因而实行义务教育制度的国家政府有责任为社会提供健全、均衡发展的基础教育体系，保证每个孩子平等享有作为现代国家公民的底线教育水平。

3. 免费性

所有接受义务教育的适龄儿童及青少年的学费都由国家负担，只收取一定数额的学杂费，这实际上免除了接受义务教育学生的大部分费用。

4. 基础性

义务教育的基础性一方面指适龄儿童接受的教育是各级教育中最基础的教育，其不论从教育形式还是教育内容来说，都是属于最基础的部分。另一方面，义务教育的基础性还体现在它是对每一个公民最基本的素质要求，是现代社会中人们所需具备的最基本教育程度（谭俊，2014）。

我国九年制义务教育从1994年9月1日开始实施，到目前为止已经基本普及，我国义务教育发展的战略重点已经历史性地转移到促进义务教育均衡发展上来。《国家中长期教育改革和发展规划纲要（2010—2020年）》提出，到2020年基本实现区域内义务教育均衡发展的目标，明确指出"推进义务教育均衡发展，均衡发展是义务教育的战略性任务"。为此，《中华人民共和国义务教育法（2015年修正）》明确要求"国务院和县级以上地方人民政府应当合理配置教育资源，促进义务教育均衡发展，改善薄弱学校的办学条件，并采取措施，保障农村地区、民族地区实施义务教育，保障家庭经济困难的和残疾的适龄儿童、少年接受义务教育"。

（三）义务教育的公平与效率

义务教育属于纯公共产品，投入主要应该由政府提供，并且遵循公平与效率的统一原则。这里的公平是指相对公平而非绝对公平，是指适龄儿童接受义务教育的机会是公平的，地区、性别等差异造成的义务教育不公平现象必须由政府进行调节和修正；这里的效率是指在义务教育进行中,必须考虑到投入的成本与教育所产生的一系列包括个人、社会等产出之间的均衡。义务教育作为一种特殊的活动,带来的影响深远广泛,不仅仅有经济上的收益,还有更为广泛的社会、政治、文化等方面的非经济收益。义务教育的公平与效率的统一要求义务教育资源均衡配置。通过对义务教育资源配置效率进行评价,发现教育资源利用中的问题,有助于教育管理者改善管理,实现义务教育均衡发展。对义务教育资源配置效率的评价实质上就是对开展义务教育的学校的评价,但学校是一个多投入多产出的非营利性机构,研究表明用非参数的数据包络分析方法评价非营利性机构比使用其他一些参数方法得出的结果更可靠(谭俊,2014)。

（四）义务教育资源配置

资源投入与配置是维持教育活动有效开展的基本条件。教育资源可以分为有形资源和无形资源。有形资源是指投入到教育活动中,能够直接利用或通过简单加工发掘其潜在价值的资源,包含人力资源、物资资源和财政资源等。无形资源是指在教育开展阶段教育单位在对人力、物力和财力等有形资源的加工与利用过程中所表现出的价值与使用价值,主要包含技术管理资源、声誉资源等,也可被称为无形资产。

教育资源配置就是将所投入的有限教育资源进行合理分配与利用,以最优组合的方式获得最大产出成果。教育资源配置包含三个层面,首先对教育资源进行科学合理分配,其次在分配和使用过程中减少浪费,最后尽力提高资源利用效率。其中关键是如何使教育活动中各种资源投入达到最优组合,以最优投入获得最大效益(谭俊,2014)。

（五）义务教育资源配置效率

义务教育资源配置效率是指为了最大限度地实现义务教育的目标,依据义务教育对各种教育资源在质与量及其他属性等方面的需求,以及义务教育资源本身的性质特点及其相互关系,在学校之间和学校内部进行分配与利用,目标是实现教育资源的优化配置,获得教育产出的最大化。义务教育资源配置效率经过配置、生产两个核心环节产生,分别形成配置效率和生产效率。目前的研究大多用投入义务教育中的教育资源要素的组合与生产出的教育产品组合的比率测评义务教育资源配置效率(张亚丽等,2016)。

义务教育资源配置效率反映的是义务教育资源占用量和教育劳动消耗量与其培养出来的学生质量和数量之间的关系。义务教育资源投入主要包括人力资源、物力资源、财力资源三个部分。人力资源指师资力量与生源状况,它是义务教育资源配置的核心,主要包括教师、在校生等。物力资源指学校固定资产,它是义务教育的物质基础和保障,主要包括校舍设施、仪器设备、图书资料等(岳晶晶,2011)。财力资源指政府为发展教育事业而进行的财政支出即教育事业经费投入。

### (六)义务教育资源配置效率研究方法

关于义务教育资源配置效率的研究方法,主要有主成分分析法、生产函数法、数据包络分析(DEA)法、比例分析法、成本-效益分析法、绩效指标评价法、层次分析法等(谭俊,2014;岳晶晶,2011),这些方法各有优劣。教育作为一个特殊的行业,投入和产出不能完全对应,具有多投入、多产出的特性,教育的产出有直接产出和间接产出,有些产出无法用数量来衡量。因此,DEA方法的优势是可以测算这种多投入多产出没有量纲要求的对象,采用DEA方法评价教育效率,使评估结果更加合理。义务教育阶段的学校是多项投入、多项产出的教育系统,且投入指标、产出指标间的单位不同,适合运用DEA方法研究投入产出效率评价问题(王薇,2012)。采用DEA方法对义务教育资源效率进行研究是非常成熟且有效的(朱健等,2018)。

义务教育作为一种特殊的多投入、多产出过程,投入产出关系复杂,难以用数学模型精确描述。而DEA方法作为近年来发展起来的非参数效率评价方法,在评价多投入、多产出过程效率方面具有独特的优势,可以科学有效地评价义务教育资源配置相对效率,进而能够较准确地发现影响相对效率的原因和因素,为义务教育资源管理决策者提供量化和科学建设性的意见和建议。

DEA方法与其他评价方法相比,优势表现在:①可以同时处理多项投入和多项产出指标,无须设权重;②DEA是求前沿效率,而不是平均值,结果是一个综合指标,可以评价不同环境下决策单元的效率;③根据模型中的效率值和变量,可以了解评价对象资源使用状况,为决策者提供参考;④投入产出加权值由数据规划产生,不受人为主观因素影响;⑤是一种非参数的统计估计方法,不同输入输出单位不要求一致;⑥可以同时处理定性与定量因素;⑦可以提供无效率指标投入不足或是产出过多的信息。DEA方法具有这几个方面的优势,因此用来评价义务教育资源配置效率更具有可信性和可行性(岳晶晶 等,2010)。

运用DEA方法评价义务教育资源配置效率,优势表现在:①学校投入产出指标大多相互交叉难以分离,DEA方法不要求评价指标的独立性;②学校投入产出指标多样,难以预先估计指标权重,DEA方法以相对效率值为目标函数,在线性规划过程中产生指标权重,不必预先估计,减少了优先确定权重的人为主观因素;③运用DEA方法能够得到一个量化的投入产出效率值,且该结果以100%为最大值,便于包括学校在内的有关各方理解其含义;④DEA方法提供的是在一定范围内的相对评价,学校既可以自身为参照系,使用个体内差异评价标准,以学校个体的历史数据为依据进行纵向评价,对比出学校自身投入产出效率的变化,也可以同类学校为参照系,使用相对评价标准,以同类学校数据为依据进行横向评价,揭示学校投入产出效率在群体中的相对位置(王薇,2012)。

## 二、模型与方法

### (一)基本概念

DEA是以资源的利用所实现其职能的效益为标准来评价同类型决策单元(Decision Making Unit,DMU)的相对效率。相对有效(Relative Efficiency)与相对无效(Relative Inefficiency)是指某决策单元如果落在其生产前沿面上,其投入-产出组合相对于其他的决策单元是有效的,其效率值等于1,可认为该决策单元相对有效;若效率值小于1,则认为该决策单元相对无效;同时,还可评价各决策单元投入规模的适宜程度,并给出各决策单元调整其投入规模的方向与程度。DEA涉及的相关概念(王小万 等,2015b)如下。

1. 决策单元

决策单元是指使用相同或类似的投入要素,产出相同或类似结果的组织单元,其目标、任务、所处外部环境和类型均相同,具有多投入、多产出指标的"单位"或"部门"。

2. 效率(Efficiency)

效率是指在技术、规模和外部环境一定的条件下,某决策单元生产活动的产出-投入之比,比值越大其效率越高,反之则越低。

3. 技术效率(Technical Efficiency,TE)

技术效率指在现有资源约束条件下产出的最大能力,或在给定产出条件下的投入最小能力。若其值等于1,表示在现有技术水平和生产规模下,该决策单元整体的投入-产出相对而言实现了最优状态;若其值小于1,表示技术无效率,这可能是生产要素投入太多,无法有效利用而增加了生产成本。技术效率是对决策单元的资源配置、使用效率等多种能力的综合评价。

4. 纯技术效率(Pure Technical Efficiency,PTE)

纯技术效率代表该决策单元受管理与技术条件等因素影响后的生产效率,反映决策单元在一定时期(最优规模时)投入要素的生产效率。若其值等于1,表示在现有技术水平下处于最优生产状态,其投入要素或资源的利用是有效的,未能实现有效状态的原因在于其规模无效。

5. 规模效率(Scale Efficiency,SE)

规模效率是指实际规模与最优生产规模之距离,反映其生产规模的有效程度。若其值等于1,表示处在固定规模报酬状态,是指决策单元在现有生产规模下处于最优收益状态;若其值小于1,表示处于规模报酬递增或递减的状态;资源投入量与产出量成等比增长时,即具有规模效率。因此,基于规模效率值,可以决定是否应该扩大或缩小其生产规模。

(二)基本模型

传统 DEA 模型包括 CCR-DEA 模型和 BCC-DEA 模型(王小万 等,2015b)。

1. CCR-DEA 模型

CCR-DEA 模型基于固定规模报酬(Constant Return to Scale,CRS)假设,运用线性规划技术,将各个投入-产出变量构建为不同的线性组合,以两个线性组合的比值来评价其决策单元的效率。也就是说,每个决策单元的效率只与其自身状况有关,并被定义为自身的产出权重与投入权重之比,每个决策单元通过求解各自的线性规划问题,来确定一组最优投入-产出权重,以实现其效率最大化。

CCR-DEA 模型又可分为投入导向(Input-Oriented Approach)与产出导向(Output-Oriented Approach)两种模式。投入导向模式是分析决策单元是否以投入最小化来从事生产,产出导向模式是分析决策单元是否以产出最大化来投入资源。同时,CCR-DEA 模型还可采用投影方法来判断决策单元非 DEA 有效或弱 DEA 有效的原因,及其效率可以改进的方向与程度。由于 CCR-DEA 模型的假设是固定规模报酬条件,因此采用两种模式求出的效率值是相同的。在实践中,CCR-DEA 模型主要用于评价决策单元的技术效率,其效率值在 0 和 1 之间。若其值等于 1,可认为该决策单元技术效率有效;若其值小于 1,则认为该决策单元技术效率无效;其值越接近于 1,则认为其效率的有效程度越高。

2. BCC-DEA 模型

CCR-DEA 模型基于 CRS 假设来评价决策单元的相对效率。在实践中,决策单元可能处于规模报酬递增或递减的状态。因此,如果某决策单元处在无效状态,除了可能是其投入-产出配置不合理外,也可能是受其规模因素的影响。如果能了解各决策单元所处的规模报酬状态,将有助于关注其规模问题,进而通过调整规模来改善其效率。因此,在传统 CCR-DEA 模型的基础上,加入凸性假设 $\sum \lambda_j = 1$ 的约束条件,将 CRS 条件拓展为可变规模报酬(Variable Returns to Scale, VRS)条件,从而构建了 BCC-DEA 模型。在计算过程中,将决策单元的技术效率值(TE)分解为纯技术效率值(PTE)和规模效率值(SE)两部分,且 TE=PTE×SE。由此,BCC-DEA 模型将造成技术无效的两个原因——规模和生产技术(包括管理与技术要素)分离,以获得纯技术效率,评价在 VRS 条件下决策单元的生产技术是否处于最优状态。由于在 VRS 条件下,BCC-DEA 模型能更好地包容其投入-产出的变量及数据,计算出的技术效率值一般大于或等于在 CRS 条件下 CCR-DEA 模型计算出的技术效率值,因此更能准确地反映决策单元的运行状况与管理水平。根据 CCR-DEA 模型的特点,BCC-DEA 模型也可分为投入导向模式与产出导向模式。

在实践中,BCC-DEA 模型可评价决策单元的技术效率 TE、纯技术效率 PTE、规模效率 SE 以及规模收益状态,其效率值在 0 到 1 之间,若等于 1 为有效,若小于 1 为无效。在技术效率有效时,纯技术效率和规模效率均有效;在技术效率无效时,可能是纯技术效率无效或规模效率无效或两者均无效所致。在规模效率有效时,决策单元处于固定规模收益阶段;在规模效率无效时,决策单元可能处于规模收益递增或递减阶段。

CCR-DEA 模型评价的是技术效率 TE,BCC-DEA 模型评价的是纯技术效率 PTE。由于 CCR-DEA 模型的假设前提是 CRS,因此不管决策单元的规模大小,衡量标准都相同,无法将决策单元的差异清楚描述出来。BCC-DEA 模型的假设前提是 VRS,但无法计算出决策单元是否具有技术效率。因此,在实践中,通常将 CCR-DEA 与 BCC-DEA 两种模型相结合,彼此互补以分析决策单元的技术效率、纯技术效率与规模效率。由此,传统的 CCR-DEA 与 BCC-DEA 模型成为数据包络分析的经典模型。

与其他参数效率评价模型及方法相比，传统的 CCR-DEA 与 BCC-DEA 模型的优点体现在三个方面：①无须估计生产函数，避免因采取不适宜的函数模型而得出错误的结论，也不需知道各投入要素的价格；②不必事先确定权重，以决策单元各投入-产出的权重为变量，从最有利于决策单元的角度进行评价，排除了很多主观的因素；③不必明确其决策单元各投入-产出变量之间的复杂关系就可获得其相关效率的数量指标。模型客观简单，误差较小，特别适用于对多投入-多产出决策单元的效率评价（陈岳堂 等，2018a）。DEA 模型的缺点是容易受到极端值的影响，且效率值对投入、产出变量的选取较为敏感（宋慧勇 等，2014）。

（三）基本应用

1. 技术效率

技术效率是指学校在一定的投入下获得最大产出的能力，也可以指一定产出下的最小投入，可以用来衡量学校的总体效率状况。DEA 评价得分在 0～1 区间内，效率值越接近于 1 表示有效程度越高，越接近于 0 则有效程度越低。技术效率值达到 1，表明学校相对其他评价学校有效率，代表该决策单元的投入产出是有效的，同时技术和规模均有效。技术效率值小于 1，表明学校相对其他评价学校无效率。

技术效率是纯技术效率和规模效率的乘积，这表明技术效率是由纯技术效率和规模效率这两个方面共同影响的。纯技术效率低下导致的技术效率低下可以通过优化管理方式等方法短期调整得到改善，而规模效率无效所引起的部分需要通过增加固定资产的投入等长期的调整来加以改善。

2. 纯技术效率

通过纯技术效率可以看出义务教育资源配置多大程度上是由纯粹的技术无效造成的，纯技术效率反映了在学校投入资源既定的前提下，教育资源运行的效率、学校管理水平和教师教学能力的高低等。纯技术效率值越大说明投入资源的使用效率越高，越小说明投入资源的使用效率越低。纯技术效率为 1 表示在当前技术水平上,投入资源的使用效率达到最优。既然规模既定,那么义务教育资源的浪费可以通过优化管理、改变教学理念、提高教师教学能力等方法在短期内减少。

3. 规模效率

规模效率表示义务教育资源投入既定条件下,技术效率的生产边界产出量与最优规模下的产出量的比值,表示由学校规模因素影响的生产效率。规模效率越大,表示该学校的生产规模越接近最优生产规模。可变规模报酬的 DEA 模型通过约束条件的变化判断目标学校规模报酬的类型,规模报酬可分为规模报酬递增(Increasing Returns to Scale,IRS)、规模报酬不变(Constant Returns to Scale,CRS)、规模报酬递减(Decreasing Return to Scale,DRS)三种。IRS 表明该生产单元(学校)通过继续扩大学校办学规模可以提高生产效率,DRS 表明需要缩小学校办学规模以提高生产效率,CRS 表明学校目前投入和产出配置良好。

(四)指标体系

1. 指标选取的原则

运用 DEA 方法评价义务教育资源配置效率时,关键是针对研究的目标构建合理的投入-产出评价指标体系,并且评价指标要为评价的最终目标服务,要与评价目标保持一致。指标选取的原则有以下 5 条。①科学性,指所选取的指标要有科学的理论依据及指导,可以准确、客观地反映实际情况;②可行性,指评价指标的体系要有明确的目标和对象,可以测量,评价结果可以比较;③独立性,指指标体系中各个评价指标间相互独立,每个指标代表不同含义,不存在交叉和重复;④整体性,指每一个指标的选择都是为反映整体事物,单个指标和反映的事物是部分与整体的关系;⑤精简性,选择评价指标时首先要在全面的基础上尽量进行精简,选择最能说明问题的指标,避免出现意义相近的多个指标(岳晶晶,2011)。

关于义务教育资源配置效率研究中 DMU 个数 $k$ 与投入指标数 $m$、产出指标数 $n$ 的数量之间的关系，决策单元的数目应至少是投入、产出指标数目的两倍（岳晶晶，2011）。在其他如医疗资源配置效率研究中，张玥（2018）指出多数研究并未提及两者的关系，有研究采用 $k$ 大于 $m$ 与 $n$ 之和的 2 倍、3 倍和介于 2 倍至 3 倍之间，还有研究采用 $2(m \times n) \leqslant k$。李静等（2018）认为指标太多，会影响评价的有效性，明确一般要求 $k$ 与 $m$ 及 $n$ 之间应满足 $2(m+n) \leqslant k$。刘娟、张连生（2018）指出在实际运用中，收集到的 DMU 的数目 $k$ 是有限的，纳入的指标过多则影响评价结果的科学性；纳入指标过少，包含的信息有限，则评价不全面。王小万、刘丽杭（2015b）认为在利用 DEA 模型时，随着投入-产出变量的增加可能会影响模型区分决策单元效率高低的能力，为确保其效率评价的准确性，要求在分析过程中应满足 $3(m+n) \leqslant k$。

2. 投入指标分析

义务教育投入是义务教育事业维持与发展的物质基础，是基本的生产要素支撑。这些投入可以分为人力资源、财力资源和物力资源三类。

（1）人力资源

义务教育资源投入中人力资源主要是指教师与学生，教师与学生是义务教育中不可或缺的两类重要主体与核心。衡量义务教育人力资源投入的指标主要有教师职称结构、教职工比、生师比、专任教师数、教师学历合格率、入学率、升学率、在校生数等。

教师是学校教书育人的核心，是学校教学活动的主体，师资力量直接决定学校的教学质量。因此，教师人力资源是义务教育资源配置中非常重要的指标。义务教育学校的教师是指专门从事教学工作的人员和服务于教学工作的人员总和，一般包括专任教师、行政管理人员等，专任教师是指专门从事教学、科研的教师人员。

随着我国计划生育、义务教育制度的实施，义务教育的学生来源比较稳定，尤其是小学学生毛入学率为 100%，初级中学学生入学时学业水平也基本一致。因此,基本可以认为学生在小学和初级中学入学时的学业成绩是没有差异的。但不可否认九年义务教育阶段结束时,初级中学学生毕业学业水平等方面是存在差异的,当然原因是多方面的。

义务教育人力资源投入中一个重要的指标是生师比。生师比过高或过低都不利于教学质量的提升,生师比过高说明每个教师指导的学生过多,不利于教学质量的提高,而生师比过低则导致教师资源的浪费。学生和老师组合达到最佳比例时,教学质量与效率才能达到最佳。

（2）财力资源

义务教育资源投入中财力资源是指政府对教育的经费投入。教育经费投入一般用义务教育财政拨款占当年财政一般预算支出的比、生均公用经费、生均建设性支出、生均教育经费支出、生均预算内教育事业费支出等指标表示。

义务教育经费分为预算内和预算外两种,预算内教育经费主要是政府在本年度内对教育的资金投入安排。通过分析预算内教育支出占一般预算支出的比例,可以判断政府当年对教育的规划以及关注程度。预算内教育支出占一般预算支出比＝小学（初中）的预算内教育经费支出/财政内一般预算支出。预算内教育支出占一般预算支出比是义务教育财力资源投入的一项重要指标。

（3）物力资源

义务教育资源投入中物力资源是指各中小学校固定资产的投入,一般包括校舍、仪器设备、图书资料等。物力资源是学校进行教育、教学活动的物质基础,反映了学校的规模。物力资源投入是改善办学条件、提供良好的教学环境、提升教学质量的重要指标。

生均校舍面积、生均固定资产总值、生均图书册数、生均教学仪器总值、生均计算机数是衡量义务教育物力资源投入的常用指标。

校舍是进行教育、教学活动的首要物质基础,它提供和影响着学生的学习和生活环境,在当前基本普及义务教育的条件下,众多小学和初级中学教学的基本条件已得到极大改善和满足,生均校舍面积已差异不大。生均固定资产总值是指义务教育阶段的学校按在校生人数平均享受的物质教育资源的数量。书籍对于提高教学质量尤为重要,生均图书册数虽然能够反映义务教育阶段学校的投入水平,但在当今信息业高度发达的时代,这个指标稍显落伍。计算机作为现代化的多媒体教学工具,其数量反映学校的物力资源水平。

3. 产出指标分析

义务教育资源产出包括数量和质量两个方面,或直接产出和产出效果两个方面。

我国九年制义务教育具有强制性、普及性、免费性、基础性的特点,基本职能是培养合格的中小学毕业生以提高全民素质,为高一级学校输送合格新生。从我国多年来九年制义务教育实施效果来看,经过多年努力,义务教育有了很大的发展,取得了显著的成效,包括农村在内的大部分地区所有适龄儿童都能进入小学接受教育,小学毕业后都能升入初级中学继续学业,初级中学学生都能够完成学业按时毕业。所以,从义务教育产出数量上来看,小学、初级中学的入学率和毕业率可以认为达到100%。从义务教育产出质量上看,我国九年制义务教育的小学和初级中学学生都能够完成小学和初中的学业要求而达到毕业条件,可以认为小学和初中阶段毕业的学生都是合格的。

从相关义务教育资源配置研究文献上看,出现的直接产出指标有在校生数、毕业生数、小学毕业生人数、初中毕业生人数、农村小学毕业生数、农村初中毕业生数等。其中在校生数作为直接产出指标,能够衡量义务教育的学生规模以及普及情况。

效果指标有初中升学率、小学升学率、升学率、文盲率、巩固率、数学均分、语文均分、语文及格率、数学及格率、学生转入比例、区县教育工作满意度、校均数学标准化测试成绩、学生毕业平均成绩、学生体质健康合格率、学生综合素质发展满意度、每万人在校生数、学生毕业平均成绩、国家学生体质健康标准测试学生数等。升学率作为产出效果类指标,能够在一定程度上衡量教学的质量与水平。也有一些义务教育资源配置研究文献出现直接产出指标、效果指标混用的情况,但不排除一些特殊的研究目的。

此外,依据《国家中长期教育改革和发展规划纲要(2010—2020年)》"要均衡配置教师、设备、图书和校舍等资源"的要求,确定县域义务教育均衡发展资源配置量化评估指标。义务教育均衡发展的评估指标主要包括人、财、物三个方面,"人"主要是指教师队伍,"财"是指教育经费,"物"是指校舍、设备和图书等。根据"敏感性、独立性、可获得性"的筛选原则,建议县域内校际间义务教育均衡发展评估的八项指标是师生比、生均高于规定学历教师数、生均中级及以上专业技术职务教师数、生均教学仪器设备值、每百名学生拥有计算机台数、生均图书册数、生均教学及辅助用房面积、生均体育运动场(馆)面积。由于学校是义务教育的基本单位,这些指标不仅可以用于对县域内校际差距的评估,也可以用于对城乡间和区域间均衡水平的评估。

### 三、相关文献分析

为便于对近期义务教育资源配置效率的相关研究评价模型、投入与产出指标进行分析,对2011—2018年16篇相关文献进行汇总,具体见表5-1。

表5-1 2011—2018年16篇相关文献采用的评价模型、投入与产出指标

| 文献 | 研究对象 | 研究模型 | 投入指标 | 产出指标 |
| --- | --- | --- | --- | --- |
| 陈岳堂等,2018b | 中部地区39个县(市)中小学 | BCC+SFA + BCC三阶段模型 | 专任教师数、教育经费投入、校舍建筑面积、固定资产总值、计算机数、图书册数 | 毕业生数、当地文盲率 |
| 陈岳堂等,2018a | 2016年湖南省39个县中小学 | BCC+SFA + BCC三阶段模型 | 专任教师数、教育经费总额、校舍建筑面积、固定资产总额、计算机数 | 毕业生数、升学率 |

续表

| 文献 | 研究对象 | 研究模型 | 投入指标 | 产出指标 |
|---|---|---|---|---|
| 杨倩茹等,2016 | 30个省中小学 | CCR+BCC+Tobit模型 | 教师数量、公共财政预算教育事业费、公共财政预算教育公用经费、校舍建筑面积、图书(册)教学仪器设备资产值、计算机数量 | 毕业生人数、升学率 |
| 王薇,2012 | 北京市10所初级中学 | CCR+BCC模型 | 师生比、生均教育事业费、教学仪器设备生均值、图书册数达标率 | 毕业率、学生毕业平均成绩、学生体质健康合格率、学生综合素质发展满意度 |
| 李刚等,2016 | 31个省中小学 | CCR+BCC+Tobit模型 | 专任教师数、高职称教师数、高学历教师数、教育经费投入、校舍面积、计算机设备、图书资料册数、固定资产价值 | 小学毕业生人数和初中毕业生人数、文盲率 |
| 李玲等,2015 | 31个省中小学 | CCR+BCC+Tobit模型 | 专任教师数、高学历教师数、高职称教师数、教育经费投入、校舍面积、固定资产值、计算机台数、图书册数 | 毕业生数、文盲率 |
| 郭俞宏等,2011 | 2006年东部、中部两省183所学校 | CCR+BCC+Tobit模型 | 专任教师生师比、专任教师具有高级职称所占比、生均人员经费支出、生均校园面积、生均图书册数、生均设备设施价值 | 在校学生数、校均数学标准化测试成绩 |
| 赵琦,2015 | 东部某市独立设置的1019所小学 | CCR+BCC模型 | 专任教师数、专任教师具有高级职称比例、专任教师中研究生学历比例、骨干教师比例、教师进修培训比例、班级平均规模、生均占地面积、生均固定资产总值、区县GDP占比 | 在校生数、国家学生体质健康标准测试学生数、学生转入比例、区县教育工作满意度 |

续表

| 文献 | 研究对象 | 研究模型 | 投入指标 | 产出指标 |
|---|---|---|---|---|
| 马萍,2017 | 2002—2013年某省小学和初级中学 | CCR+BCC模型 | 生师比、教师学历合格率、生均公共财政预算教育事业费支出、公用经费支出、生均仪器设备价值、生均校舍面积、生均图书册数、生均计算机台数 | 在校生数、毕业生数、学生的质量 |
| 朱健等,2018 | 30个省中小学 | CCR+BCC+Tobit模型 | 专任教师数、高学历教师数、生师比、农村义务教育经费投入总额、固定资产总值、每百人计算机拥有数、生均图书册数 | 农村小学毕业生数、农村初中毕业生数、文盲率 |
| 张亚丽等,2018 | 毕节市122所小学 | CCR+BCC模型 | 师生比、小学高级和小学一级教师比例之和、未定职称比例、专科学历和本科学历的比例之和、生均占地面积、生均运动场地面积、生均图书、每百名学生拥有计算机数、生均固定资产总值、生均教学仪器设备资产值、生均教学以及辅助用房 | 在校生数、语文均分、语文及格率、数学均分、数学及格率 |
| 贾婷月,2017 | 2004—2012年30个省中小学 | CCR+Malmquist指数 | 专任教师数、学校数、固定资产总值、财政预算内教育事业费、基本建设支出实际值 | 在校生数、巩固率、实际GDP增长率 |
| 单涛,2016 | 2003—2014年中部地区六省中小学 | CCR+BCC+Malmquist指数 | 师生比、本科以上学历专任教师比、高级职称专任教师比、生均教育经费收入、每百人拥有计算机数、生均藏书量、生均固定资产值 | 升学率、每万人在校生数、识字率 |

续表

| 文献 | 研究对象 | 研究模型 | 投入指标 | 产出指标 |
|---|---|---|---|---|
| 官爱兰,2015 | 1998—2011年29个省中小学 | CCR+BCC+Tobit模型 | 专任教师总数、固定资产总额、教育经费总额 | 农村初中合格毕业生数、农村小学合格毕业生数、文盲率 |
| 谭俊,2014 | 2001—2010年我国31个省中小学 | CCR+BCC+Tobit模型 | 生师比、预算内教育经费支出占一般预算支出比、生均校舍面积、生均图书册数、生均计算机数 | 在校生数、升学率 |
| 岳晶晶,2011 | 我国31个省310个小学和初级中学 | CCR+BCC模型 | 生均财政预算内教育经费、小学生均财政预算内教育经费、初中财政预算内教育经费占教育经费总计、小学财政预算内教育经费占教育经费总计、初中财政预算内教育经费占财政支出、小学财政预算内教育经费占财政支出、初中生师比、小学生师比 | 初中生均固定资产、小学生均固定资产、初中升学率、小学升学率 |

（一）评价模型分析

基于数据包络分析方法，包括 CCR+BCC 模型、CCR+BCC+Tobit 模型、BCC+SFA+BCC 三阶段模型、CCR+BCC+Malmquist 指数模型等，在对义务教育资源配置效率评价模型方面，2011—2018 年 16 篇相关文献中 CCR+BCC+Tobit 模型采用最多，后续两位分别是 CCR+BCC 模型、BCC+SFA+BCC 三阶段模型，详见表 5-2。当然，采用这三类评价模型的出发点和目的各不相同。

表 5-2　评价模型及频次

| 评价模型 | 频次 |
| --- | --- |
| CCR＋BCC＋Tobit 模型 | 7 |
| CCR＋BCC 模型 | 5 |
| BCC＋SFA＋BCC 三阶段模型 | 2 |
| CCR＋Malmquist 指数 | 1 |
| CCR＋BCC＋Malmquist 指数 | 1 |

（二）投入指标分析

在人力资源投入方面，2011—2018 年 16 篇相关文献中有 9 篇文献采用了专任教师数这一绝对数指标，其次是师生比这一相对数指标，详见表 5-3。此外，也有一些文献从教师职称、学历等方面进行了考察。值得注意的是，教师数量这一指标采用得较少。

表 5-3　人力资源投入指标及频次

| 指标 | 频次 |
| --- | --- |
| 专任教师数 | 9 |
| 师生比 | 7 |
| 高级职称专任教师比 | 3 |
| 高学历教师数 | 3 |
| 高职称教师数 | 2 |
| 教师数量 | 1 |
| 专任教师中研究生学历比例 | 1 |
| 本科以上学历专任教师比 | 1 |
| 专科学历和本科学历的比例之和 | 1 |
| 教师学历合格率 | 1 |
| 未定职称比例 | 1 |
| 骨干教师比例 | 1 |
| 教师进修培训比例 | 1 |

在财力资源投入方面，2011—2018 年 16 篇相关文献中有 6 篇文献采用了教育经费总额这一相对数指标，但没有具体说明教育经费的分类。其次是生均财政预算内教育经费，其他指标依次是教育经费占

财政支出、财政预算内教育事业费,详见表5-4。当然,研究目的不同选用的指标是不同的。

表5-4 财力资源投入指标及频次

| 指标 | 频次 |
| --- | --- |
| 教育经费总额 | 6 |
| 生均财政预算内教育经费 | 3 |
| 教育经费占财政支出 | 3 |
| 财政预算内教育事业费 | 3 |

在物力资源投入方面,主要包括固定资产、学校面积、计算机、图书,每一个方面采用最多的指标分别是固定资产价值、校舍面积、计算机数、生均图书。其中固定资产价值这一绝对指标采用最多,详见表5-5。值得注意的是,固定资产价值、校舍面积这两个指标对于一个学校来说,在较长一段时间变动的可能性不大。因此,选用固定资产价值、校舍面积作为物力资源投入指标比较适宜。

表5-5 物力资源投入指标及频次

| 指标 | 频次 |
| --- | --- |
| 固定资产价值 | 7 |
| 生均固定资产值 | 3 |
| 生均仪器设备价值 | 3 |
| 生均设备设施价值 | 1 |
| 仪器设备资产值 | 1 |
| 校舍面积 | 5 |
| 生均校园面积 | 3 |
| 生均校舍面积 | 2 |
| 生均教学以及辅助用房 | 1 |
| 生均运动场地面积 | 1 |
| 计算机数 | 5 |
| 每百人计算机拥有数 | 3 |
| 生均图书 | 6 |
| 图书册数 | 4 |
| 图书册数达标率 | 1 |
| 学校数 | 1 |
| 区县GDP占比 | 1 |
| 班级平均规模 | 1 |

## （三）产出指标分析

义务教育资源产出包括数量和质量两个方面，或直接产出和产出效果两个方面。从表5-6、表5-7可以看到，文献研究采用的产出数量指标最多的依次是毕业生数、在校生数，产出质量指标最多的依次是升学率、文盲率。

表5-6　产出数量指标及频次

| 指标 | 频次 |
| --- | --- |
| 毕业生数 | 8 |
| 在校生数 | 6 |

表5-7　产出质量指标及频次

| 指标 | 频次 |
| --- | --- |
| 升学率（小学、中学） | 5 |
| 文盲率 | 5 |
| 毕业率 | 1 |
| 每万人在校生数 | 1 |
| 学生毕业平均成绩 | 1 |
| 校均数学标准化测试成绩 | 1 |
| 语文均分 | 1 |
| 数学均分 | 1 |
| 语文及格率 | 1 |
| 数学及格率 | 1 |
| 识字率 | 1 |
| 巩固率 | 1 |
| 学生体质健康合格率 | 1 |
| 学生综合素质发展满意度 | 1 |
| 区县教育工作满意度 | 1 |

# 第三节 评价目的、指标体系与评价模型

## 一、评价目的

本章评价目的在于考察焦作市新城区和主城区义务教育资源配置效率,投入是否冗余、产出是否不足,为焦作市义务教育资源合理配置提供理论依据,促使新城区与主城区在义务教育资源配置方面协调、有序发展,在公平、效率之间达到平衡,为人民群众提供满意的义务教育服务。

## 二、指标体系

焦作市新城区和主城区义务教育资源配置效率评价指标体系中,投入指标围绕人力资源、财力资源、物力资源构建,产出指标围绕产出数量构建。

人力资源投入包括专职教师、员工和管理人员等,学历差异较大。经过多年的努力与调整,以及优胜劣汰、转岗分流等手段,焦作市新城区和主城区义务教育学校的专职教师都达到了中专、大专以及本科学历的要求,取得了相应的教师资格证。尽管这些学校管理人员管理效果存在不同,专职教师教学水平有所差异,但都符合相关要求,可以认为都是合格的。同时,这些学校的除专职教师、管理人员以外的各类员工也是学校教学活动不可缺少的辅助人员,对学校的义务教育活动起重要的支持作用。这些专职教师、管理人员和各类员工均属行政事业编制,其工资等收入全部来源于财政经费,所以选择教工总数作为人力资源投入指标。

财力资源投入主要指教育经费,包括教育事业费和公用经费等,这些经费构成了义务教育学校正常运转的必须经费。此外,教育经费

还包括基建支出等,而大的基建支出不是每年都发生,因此不再单独列出而包含在教育经费内。焦作市新城区和主城区义务教育经费全部来源于政府财政拨款,没有其他经费来源。

  物力资源投入方面,经过多年的建设与发展,目前焦作市已经普及九年制义务教育,九年制义务教育各学校校舍、图书、仪器设备、计算机多媒体、体育活动场所等均已达到或超过相关标准规定。但由于焦作市主城区经过多年开发与建设,多数九年制义务教育学校受到历史、区域、位置等各种因素影响,校园尤其是校舍面积差异较大,校舍新建、改建或扩建空间已经十分有限。而新城区九年制义务教育学校位于城郊接合部,部分学校位于原乡镇所在地,由原村镇学校新建、改建或扩建而来,校舍面积狭小,但新建、改建或扩建空间非常充裕。焦作市新城区和主城区九年制义务教育各学校教学用图书、仪器设备、计算机多媒体、体育活动场所等差异已经不大,区别主要在学校规模的大小方面,体现在校舍面积指标上。所以,本章选择校舍面积这一指标来衡量物力资源投入。

  从产出数量、产出效果来看,由于我国九年制义务教育的基本职能是培养合格的中小学毕业生以提高全民素质,除极个别特殊学生外,其余学生均能达到小学和中学的毕业学业成绩而按时毕业,可以认为焦作市新城区和主城区九年制义务教育小学和中学的毕业学生全部是合格的,产出效果是一致的。因此,本章不考虑焦作市新城区和主城区九年制义务教育的产出效果。但焦作市新城区和主城区九年制义务教育各个小学和中学在校学生数量不同,为方便起见,本章以在校学生数量作为各个学校的产出数量。

  鉴于以上分析,结合文献荟萃,并进行专家咨询,根据投入、产出指标数据的可得性、完整性和准确性,遴选出教工总数、教育经费、校舍面积三项指标作为人力资源、财力资源、物力资源投入要素,遴选出在校生数指标作为产出数量要素。本章构建的用于评价焦作市新城区和主城区九年制义务教育资源配置效率的投入产出指标体系如表

5-8 所示。

表 5-8 焦作市新城区和主城区义务教育资源配置效率评价投入产出指标体系

| 一级指标 | 二级指标 | 三级指标 | 单位 |
|---|---|---|---|
| 投入指标 | 人力资源投入 | 教工总数 | 人 |
| | 财力资源投入 | 教育经费 | 万元 |
| | 物力资源投入 | 校舍面积 | 平方米 |
| 产出指标 | 产出数量 | 在校生数 | 人 |

### 三、评价模型

本章采用 DEA 方法的 CCR 模型和 BCC 模型研究焦作市新城区和主城区义务教育资源配置效率。其中,CCR 模型用来评价焦作市新城区和主城区义务教育资源配置的技术效率(TE),该指标可以判断焦作市新城区和主城区义务教育资源配置是否同时具备技术有效和规模有效。同时,考虑到焦作市新城区和主城区义务教育学校资源配置可能存在规模收益递减或递增的情形,或可能存在义务教育资源投入或产出比例不协调而导致 DEA 无效的情形,因此,有必要进一步引入 DEA 方法的 BCC 模型测算焦作市新城区和主城区义务教育学校资源配置的规模收益状态。BCC 模型可以分解为纯技术效率(PTE)和规模效率(SE),将 CCR 模型计算出的技术效率值(TE)除以 BCC 模型计算出的纯技术效率值(PTE),可以得到焦作市新城区和主城区义务教育资源配置的规模效率值(SE),且 TE=PTE×SE,据此判断焦作市新城区和主城区义务教育资源配置的有效性。

### 四、评价数据

基于研究目的,选择焦作市 2017 年新城区和主城区各 6 所义务教育学校作为研究样本。其中,JZ1～JZ6、XC1～XC6 分别表示新城区和主城区的 6 所义务教育学校。相关数据来源于 2017 年焦作市新城区和主城区各 6 所义务教育学校各类报表和现场调研,详见表 5-9。

表 5-9 焦作市新城区和主城区义务教育资源配置效率评价数据

| 区域 | 学校 | 教工总数 | 教育经费 | 校舍面积 | 在校生数 |
|---|---|---|---|---|---|
| 新城区 | JZ1 | 166 | 273 | 26698 | 2010 |
| | JZ2 | 103 | 158 | 13334 | 4150 |
| | JZ3 | 21 | 39 | 6666 | 118 |
| | JZ4 | 113 | 260 | 8000 | 3000 |
| | JZ5 | 823 | 1034 | 113391 | 10919 |
| | JZ6 | 777 | 963 | 110430 | 10594 |
| 主城区 | XC1 | 380 | 634 | 38156 | 4707 |
| | XC2 | 288 | 488 | 34069 | 3027 |
| | XC3 | 166 | 386 | 26698 | 2010 |
| | XC4 | 162 | 287 | 13308 | 1596 |
| | XC5 | 144 | 269 | 8881 | 1511 |
| | XC6 | 288 | 472 | 34069 | 3027 |

注：教工总数、教育经费、校舍面积、在校生数计量单位分别是人、万元、平方米、人；为简单起见，所有数据均四舍五入，保留到个位数。

## 五、评价方法

采用 DEAP2.1 软件，计算基于投入导向的 CCR-DEA 和 BCC-DEA 模型下焦作市 2017 年新城区和主城区各 6 所义务教育学校的技术效率、纯技术效率、规模效率值，以及规模报酬和 3 项投入、1 项产出的松弛变量值。

# 第四节 计算结果与分析

## 一、计算结果

对焦作市 2017 年新城区和主城区 12 所学校义务教育资源配置

效率进行 DEA 计算,结果见表 5-10。

表 5-10 新城区和主城区 12 所学校义务教育资源配置效率 DEA 效率值和松弛变量

| 区域 | 学校 | crste | vrste | scale | 规模报酬 | 相对有效性 | S1− | S2− | S3− | S1+ |
|---|---|---|---|---|---|---|---|---|---|---|
| 新城区 | JZ1 | 0.301 | 0.364 | 0.827 | irs | 无效 | 0 | 0.868 | 0 | 0 |
| | JZ2 | 1.000 | 1.000 | 1.000 | — | 有效 | 0 | 0 | 0 | 0 |
| | JZ3 | 0.139 | 1.000 | 0.139 | irs | 弱有效 | 0 | 0 | 0 | 0 |
| | JZ4 | 1.000 | 1.000 | 1.000 | — | 有效 | 0 | 0 | 0 | 0 |
| | JZ5 | 0.402 | 1.000 | 0.402 | drs | 弱有效 | 0 | 0 | 0 | 0 |
| | JZ6 | 0.419 | 1.000 | 0.419 | irs | 弱有效 | 0 | 0 | 0 | 0 |
| | 平均值 | 0.544 | 0.894 | 0.631 | | 无效 | 0 | 0.145 | | |
| 主城区 | XC1 | 0.378 | 0.565 | 0.670 | drs | 无效 | 52.545 | 128.280 | 0 | 0 |
| | XC2 | 0.279 | 0.315 | 0.885 | irs | 无效 | 3.529 | 0 | 0 | 0 |
| | XC3 | 0.301 | 0.364 | 0.827 | irs | 无效 | 0 | 41.948 | 0 | 0 |
| | XC4 | 0.351 | 0.552 | 0.636 | irs | 无效 | 21.293 | 6.175 | 0 | 0 |
| | XC5 | 0.462 | 0.823 | 0.561 | irs | 无效 | 53.072 | 75.620 | 0 | 0 |
| | XC6 | 0.280 | 0.318 | 0.880 | irs | 无效 | 5.245 | 0 | 0 | 0 |
| | 平均值 | 0.342 | 0.490 | 0.743 | | 无效 | 22.614 | 42.004 | | |
| 平均值 | | 0.443 | 0.692 | 0.687 | | 无效 | 11.307 | 21.075 | 0 | 0 |

注:crste = technical efficiency from CRS DEA,表示基于固定规模报酬(Constant Return to Scale,CRS)假设由 DEA 计算的技术效率值,即 TE;vrste = technical efficiency from VRS DEA,表示基于可变规模报酬(Variable Returns to Scale,VRS)假设由 DEA 计算的纯技术效率值,即 PTE;scale = scale efficiency = crste/vrste,表示规模效率值,即 SE = TE/PTE;irs = 规模报酬递增(Increasing Returns to Scale,IRS);drs = 规模报酬递减(Decreasing Return to Scale,DRS);—— = 规模报酬不变(Constant Returns to Scale,CRS)。

## 二、新城区义务教育资源配置效率分析

下面对焦作市 2017 年新城区义务教育资源配置效率 DEA 计算结果进行分析。

为清晰展示焦作市 2017 年新城区 6 所学校义务教育资源配置技

术效率、纯技术效率、规模效率情况,将表 5-10 中的计算结果可视化,如图 5-1 所示。

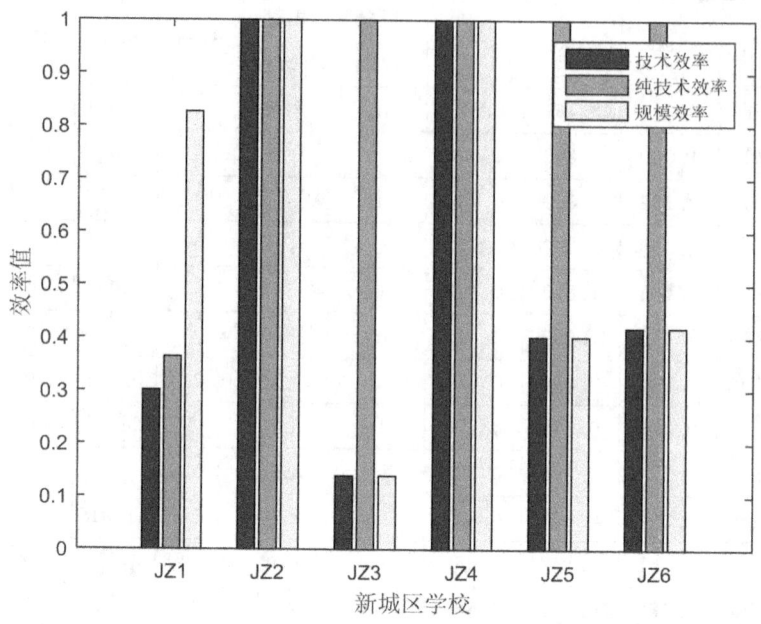

图 5-1　新城区 6 所学校义务教育资源配置 DEA 效率值

从图 5-1 可知,2017 年新城区义务教育资源配置效率有效的学校有 2 所,分别是 JZ2 和 JZ4,占比 33.33%,其技术效率、纯技术效率、规模效率都为 1。技术效率为 1 表明技术有效,显示学校教职员工、教育经费、校舍面积等投入资源使用效率达到最高,在校学生数量产出效率也处于最高,学校教职员工、教育经费、校舍面积等资源投入与在校学生数量产出处于最佳结合配置状态,处于理想规模;纯技术效率为 1,表明纯技术效率有效,显示在学校教职员工、教育经费、校舍面积等投入资源既定的前提下,教育资源运行效率、学校管理水平和教师教学能力都达到最高,投入资源的使用效率达到最优;规模效率为 1 表明学校规模有效,显示学校处于规模收益不变阶段,学校是以最合适的生产规模进行生产。

义务教育资源配置为弱有效的学校有 3 所,分别是 JZ3、JZ5 和 JZ6,占比 50.00%,其纯技术效率均为 1,规模效率分别为 0.139、

0.402、0.419,技术效率分别为 0.139、0.402、0.419。学校 JZ3、JZ5 和 JZ6 纯技术效率为 1,表明纯技术效率有效,显示在学校教职员工、教育经费、校舍面积等投入资源既定的前提下,教育资源运行效率、学校管理水平和教师教学能力均达到最高;规模效率均小于 1,并且学校 JZ3、JZ5 和 JZ6 分别处于规模报酬递增、规模报酬递减和规模报酬递增阶段,表明教职员工、教育经费、校舍面积等投入资源和在校学生数量产出与学校规模配置非常不合理。学校 JZ3、JZ5 和 JZ6 技术效率均小于 1,纯技术效率均为 1,规模效率均小于 1,表明技术效率无效均是由规模效率导致的。

义务教育资源配置为无效的学校有 1 所,是学校 JZ1,占比 16.67%,其技术效率、纯技术效率、规模效率分别是 0.301、0.364、0.827。纯技术效率小于 1,表明在学校教职员工、教育经费、校舍面积等投入资源既定的前提下,教育资源运行效率、学校管理水平和教师教学能力均未达到最佳;规模效率小于 1,处于规模报酬递增阶段,表明教职员工、教育经费、校舍面积等投入资源和在校学生数量产出与学校规模配置非常不合理,规模过小不足使用导致效率低下,需要扩大规模。技术效率、纯技术效率、规模效率均小于 1,其中纯技术效率更小,表明技术无效是由纯技术效率和规模效率共同导致的,其中纯技术效率低下对技术无效影响更大。

若要优化焦作市 2017 年新城区义务教育资源配置,在校学生数量不变的情况下,学校 JZ1 教育经费可以减少 0.868 万元,其他学校的教职员工、教育经费、校舍面积等投入可以维持不变。

总体上看,焦作市 2017 年新城区义务教育资源配置效率的技术效率、纯技术效率、规模效率分别为 0.544、0.894、0.631,表明技术效率无效、纯技术效率低下、规模配置不合理。其中规模效率更小,表明技术无效是由纯技术效率和规模效率共同导致的,规模效率对技术无效影响更大。

## 三、主城区义务教育资源配置效率分析

下面对焦作市 2017 年主城区义务教育资源配置效率 DEA 计算结果进行分析。

为清晰展示焦作市 2017 年主城区 6 所学校义务教育资源配置技术效率、纯技术效率、规模效率情况,将表 5-10 中的计算结果可视化,如图 5-2 所示。

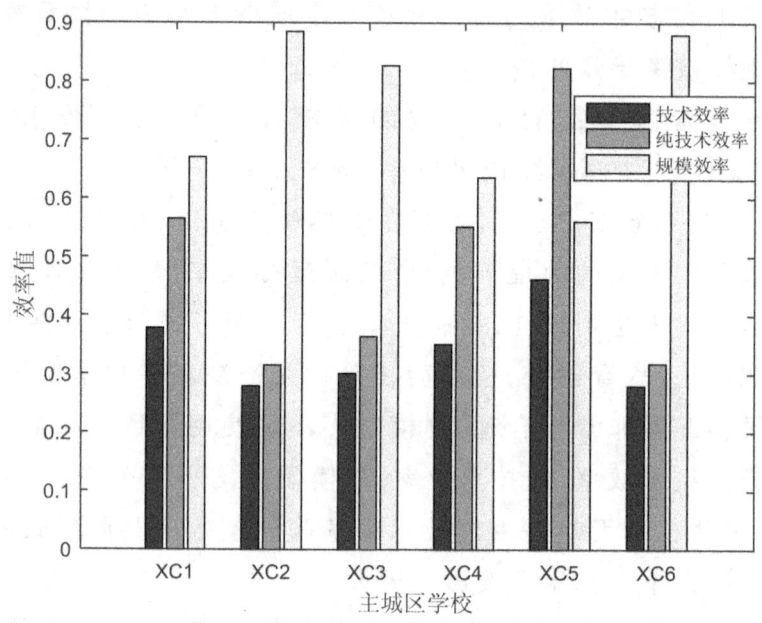

图 5-2　主城区 6 所学校义务教育资源配置 DEA 效率值

从图 5-2 可知,2017 年主城区 6 所学校义务教育资源配置技术效率、纯技术效率、规模效率均小于 1,显示技术无效。技术无效均是由纯技术效率、规模效率共同低下导致的。其中,学校 XC1、XC2、XC3、XC4、XC6 技术无效更多是由技术效率低下导致的,XC5 技术无效更多是由纯技术效率低下导致的。表明主城区 6 所学校在教职员工、教育经费、校舍面积等投入资源既定的前提下,教育资源运行效率、学校管理水平和教师教学能力均需努力提高,同时,教职员工、教育经费、校舍面积等投入资源和在校学生数量产出与学校规模配置非常不合

理,需要调整规模。学校 XC1 需要缩小规模,而学校 XC2、XC3、XC4、XC6 规模过小不足使用导致效率低下,应扩大规模。

若要优化 2017 年主城区义务教育资源配置,在校学生数量不变的情况下,学校 XC1 教职员工可以减少 52.545 人,教育经费可以减少 128.280 万元;学校 XC2 教职员工可以减少 3.529 人;学校 XC3 教育经费可以减少 41.948 万元;学校 XC4 教职员工可以减少 21.293 人,教育经费可以减少 6.175 万元;学校 XC5 教职员工可以减少 53.072 人,教育经费可以减少 75.620 万元;学校 XC6 教职员工可以减少 5.245 人;所有 6 所学校校舍面积可以维持不变。平均每所学校教职员工可以减少 22.614 人,教育经费可以减少 42.004 万元,校舍面积维持不变,均可以达到同样的在校学生数量。

总体上看,焦作市 2017 年主城区义务教育资源配置效率的技术效率、纯技术效率、规模效率分别为 0.342、0.490、0.743,表明技术效率无效、纯技术效率低下、规模配置不合理。其中纯技术效率更小,表明技术无效是由纯技术效率和规模效率共同导致的,规模效率对技术无效影响更大。也就是说,虽然主城区义务教育学校规模配置不合理,但技术效率低下更多是由教育资源运行效率、学校管理水平和教师教学能力等低下共同引起的。

**四、新城区与主城区义务教育资源配置效率对比**

为清晰对比焦作市 2017 年新城区与主城区义务教育资源配置技术效率、纯技术效率、规模效率情况,将表 5-10 中的 DEA 计算结果可视化,如图 5-3 所示。

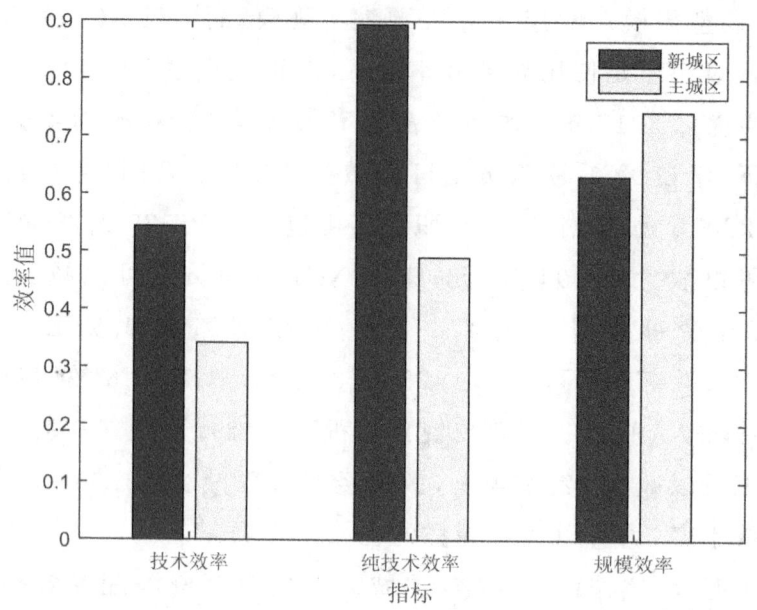

图 5-3 新城区和主城区义务教育资源配置效率

从图 5-3 可知,焦作市 2017 年新城区和主城区义务教育资源配置技术效率、纯技术效率、规模效率均小于 1,显示技术均无效,但新城区技术效率要高于主城区。其中,在纯技术效率方面,新城区高于主城区;在规模效率方面,新城区低于主城区。这表明,虽然新城区和主城区义务教育资源配置技术效率无效是由纯技术效率、规模效率共同低下导致的,但对于新城区来说,规模效率影响更大;而对于主城区来说,纯技术效率影响更大。这也表明,新城区和主城区在致力于提高教育资源运行效率、学校管理水平和教师教学能力以及调整办学规模的同时,工作重点不同,新城区要优先调整办学规模,而主城区要优先提高教育资源运行效率、学校管理水平和教师教学能力等。

## 五、结论和建议

### (一)研究结论

焦作市 2017 年新城区和主城区义务教育资源配置的技术效率、纯技术效率、规模效率均小于 1,表明技术效率无效、纯技术效率低下、规模配置不合理。主城区和新城区义务教育资源配置技术无效是由纯技术效率和规模效率共同导致的,但新城区由规模效率影响更大,而主城区由纯技术效率影响更大。纯技术效率低下是由教育资源运行效率、学校管理水平和教师教学能力等方面共同决定的。

(二)研究建议

鉴于焦作市2017年新城区和主城区义务教育资源配置技术无效是由纯技术效率和规模效率共同导致的,而新城区与主城区首要影响因素各不相同,因此,对于新城区与主城区就要采取问题导向,寻根探源,有的放矢,力求见到实效。

第一,新城区义务教育资源配置规模效率低下对技术无效影响更大,就要紧紧抓住义务教育学校规模这个"牛鼻子"采取措施,根据实际情况,适当调整学校规模,部分学校要扩大规模,部分学校要缩小规模。与此同时,提高教育资源运行效率、学校管理水平和教师教学能力等。

第二,主城区义务教育资源配置纯技术效率低下对技术无效影响更大,表明提高教育资源运行效率、学校管理水平和教师教学能力已迫在眉睫,要采取强有力措施,对症下药。与此同时,要根据实际情况,适当调整学校规模。

第三,焦作市2017年新城区和主城区义务教育人力资源、财力资源、物力资源等投入已经达到了一定水平,已经满足了义务教育的基本需要,后续教育经费等资源应该更多地投入到提高学校管理水平和提升教师教学能力等内涵建设方面。为此,就要加大经费投入,严格学校校长等管理人员的选拔与培训,增强专职教师职业素养与责任心,提高学校管理水平和教学质量。

第四,要运用政策调节手段,对于投入的人力资源、财力资源、物力资源在校际间适当调整,避免教育资源在校际间过度投入或投入不足现象的存在。也就是说,要优化资源配置结构,改善办学条件。

第五,要运用政策激励措施,优化学校内部人力资源、财力资源、物力资源等义务教育资源组成要素的组合,充分发挥这些教育资源的组合效应,努力提高教育资源运行的总体效率。

# 第六章 城市新区医疗资源配置效率评价及分析

## 第一节 引言

健康是促进人的全面发展的必然要求,是经济社会发展的基础条件。实现国民健康长寿,是国家富强、民族振兴的重要标志,也是全国各族人民的共同愿望。中共中央、国务院2016年10月印发了《"健康中国2030"规划纲要》,明确要求到2030年要全面建成体系完整、分工明确、功能互补、密切协作、运行高效的整合型医疗卫生服务体系,推进区域医疗资源共享,基本实现优质医疗卫生资源配置均衡化。《"健康中国2030"规划纲要》为我国医疗卫生资源到2030年的远景配置"整合推进区域医疗资源共享,基本实现优质医疗卫生资源配置均衡化"提出了明确要求。2017年7月14日《国务院办公厅关于建立现代医院管理制度的指导意见》也明确提出要"不断提高医疗服务质量,努力实现社会效益与运行效率的有机统一",为实现此项宏伟的远景目标,就要对医疗卫生资源配置效率进行科学的衡量与评价,对医疗卫生资源进行合理的投入与配置。

卫生资源指在一定时期内存在于卫生领域内部的各种生产要素的总和,其中有两层含义:一是卫生资源的分配,特点是卫生资源的增量分配;二是卫生资源的流动,特点是卫生资源的存量调整。卫生资源包括人力、医疗、财力、信息等资源（赵临 等,2016）。医疗资源是指直接用于治疗疾病所耗费的投入要素之和,主要包括医疗人力、财力、物力以及管理资源。医疗人力资源是指从事各种医疗服务的人员队伍;医疗财力资源是指用于提供医疗卫生服务过程中的人员、物资设备、设施、房屋建设等方面的费用;医疗物力资源主要包括医疗床位和设备等。广义的资源配置需要解决包括效率、公平和稳定三个方面,这也是评价社会活动的三条基本原则;狭义的资源配置主要是指如何利用有限的要素生产出尽可能多的产品,生产什么样的产品更符合人们的偏好,在消费者收入一定的前提下,这些产品应在消费者之间怎样交换才能使他们获得最大限度的满足（赵临 等,2016）。如何有效评价医疗资源配置效率是业界广为关注的研究课题。目前普遍认为我国传统的医疗资源配置评价模式还是属于经验依赖型,存在严重的局限性。数据包络分析（DEA）作为近年来发展起来的非参数效率评价方法,可以科学有效地评价医疗资源配置的相对效率,并能够较准确地发现影响相对效率的原因和因素,为医疗资源管理决策者提供量化和科学建设性的意见和建议（张航 等,2016）。

焦作市新城区位于焦作市主城区南部,辖李万街道、文苑街道、文昌街道、宁郭镇、阳庙镇、苏家作乡6个乡镇（街道）104个村,人口25万,面积210平方公里,是体现城乡一体、产业融合、统筹发展的复合型功能性区域。为提高新城区医疗服务水平,焦作市政府投入了大量的人力、财力、物力资源兴建、改建了多家医院,建成了基本完整的医疗卫生服务体系。但这些投入资源的利用效率如何,效率是否有改进的空间以及如何改进,成为焦作市政府极为关心的问题,这些问题的有效解决对于完善新城区医疗资源配置、增进人民健康福祉具有重要的现实意义。为了对新城区、主城区医疗资源进行合理的投入与配置,达到人尽其才、财尽其利、物尽其用,就需要对新城区、主城区医疗资源配置效率进行科学的衡量与评价,为焦作市政府优化卫生医疗资源配置提供改进建议和决策参考。

本章采用 DEA 方法,对焦作市 2013—2017 年新城区和主城区的医疗资源配置效率进行评价与比较分析,寻找效率低下的原因,探讨优化方案,以期为焦作市新城区和主城区统筹医疗资源配置决策提供参考。

## 第二节 医疗资源配置效率研究现状

医院是医疗服务提供者与患者之间进行资产变换和转移的场所,是一种典型的多投入、多产出系统,主要投入包括卫生技术人员、床位以及设备等固定资产等,主要产出包括门诊人次、出院人次、手术人次及总收入等。这些投入与产出关系复杂,难以用数学模型进行描述和优化决策。因此,医院的效率特征主要表现在医疗技术、服务规模与资源配置等方面,并在与外部环境不断进行能量交换中努力实现效率不断改善的目的(王小万 等,2015a)。

目前,医疗资源配置效率研究方法较多,包括逼近理想排序法、主成分分析法、模糊评价法、比率分析法、多元回归分析、计量经济学回归分析、随机前沿分析(Stochastic Frontier Approach,SFA)和 DEA 等。这些方法可以分为参数法和非参数法两种。参数法主要以 SFA 为代表,该方法在医院成本效率中应用广泛,但 SFA 模型需要构建函数且要求产出为单一变量,不适用于医院的多产出特征。相比之下,DEA 是一种既可用于单一变量,还可用于跨期和多投入-多产出的效率分析非参数方法,是目前国内外公认的评价医院效率较为先进有效的方法之一(董四平 等,2014),因而应用和研究最多。DEA 基本模型包括 CCR 模型、BCC 模型、超效率模型(Super Efficiency DEA,SE-DEA)、成本效率模型(Cost-DEA)、Malmquist 指数模型等(王小万 等,2015b)。在利用 DEA 模型进行相关研究时,一般采用传统的 CCR-DEA 和 BCC-DEA 模型(王小万 等,2015a;董四平 等,2014)。

关于 DEA 的基本概念、基本模型,可以参见前述第五章,本章不再赘述。需要指出的是,在本章研究中,决策单元指某一个医院。

## 一、基本应用

对于医疗资源配置效率评价的研究来说,医院技术效率是指医院总体服务效率,技术效率为 1 表明技术有效,显示医院在有效生产前沿面上,处于理想规模。医院纯技术效率是指在一定的医疗技术水平下的医院投入是否获得最大产出,纯技术效率为 1 表明纯技术效率有效,显示在现有的资源投入前提下,医院实现了最大的产出。医院规模效率是指医院是否以最合适的生产规模进行生产,规模效率为 1 表明医院规模有效,显示医院处于规模收益不变阶段(汤磊 等,2014)。DEA 评价得分在 0~1 区间内,效率值越接近于 1 表示有效程度越高,越接近于 0 表示有效程度越低。

## 二、指标体系

对医疗资源配置效率进行研究,关键是针对研究的目标构建合理的投入-产出评价指标体系(毛燕娜 等,2015)。指标的选择必须满足以下条件。①指标必须满足 DEA 方法的要求。DEA 方法的使用过程中要满足"自由度"的要求,即必须有足够多的 DMU,否则评价结果可信度就会降低。因此,在使用 DEA 方法时,投入或产出变量不宜选择过多,对相关性较强的变量应进行合并,从而减少研究问题的维数,以便更好地进行分析。②指标必须满足研究的目的。医疗资源配置效率涉及多维投入和多维产出,多维投入包含床位数、卫生技术人员数、医疗设备、医疗耗材等,多维产出包含门诊人数、出院人数、平均病床工作日、平均住院天数、病床周转率、病床使用率、治愈率、好转率、病死率等。③数据的可得性。针对医疗资源配置具体情况综合考虑,参考相关的文献、医院管理者以及数据的可获得性(李静 等,2018)。员红艳及刘军(2016)指出构建 DEA 模型的关键在于投入与产出指标的确定,为解决投入产出设定的不一致性及由此引起的效率不可比性,在选择投入、产出指标时,要按照连续性、有限性、绝对指标与相对指标合理搭配以绝对指标为主的原则。

关于医疗资源配置效率研究中DMU个数$k$与投入指标数$m$,产出指标数$n$之间的关系,张玥(2018)指出多数研究并未提及两者的关系,有研究采用$k$大于$m$与$n$之和的2倍、3倍和介于2倍至3倍之间,还有研究采用$2(m×n)<k$。李静等(2018)认为,指标太多会影响评价的有效性,明确一般要求$k$与$m$及$n$之间应满足$2(m+n)\leqslant k$。刘娟、张连生(2018)指出在实际运用中,收集到的DMU的数目$k$是有限的,纳入的指标过多则影响了评价结果的科学性;纳入指标过少,包含的信息有限,则评价不全面。王小万、刘丽杭(2015b)认为在利用DEA模型时,随着投入-产出变量的增加可能会影响模型区分决策单元效率高低的能力,为确保其效率评价的准确性,要求在分析过程中应满足$3(m+n)\leqslant k$,且由于传统的DEA模型是利用非随机线性规划的方式求解确定性生产前沿,为避免效率指标计算受到界外值的影响,一般都利用Wilson等发展出来的界外值认定方法对实证样本进行检测,以尽可能求得一个比较稳定正确的结果。

关于医疗资源配置效率研究中投入、产出指标的选择方法,刘娟、张连生认为主成分分析法能够反映原始指标的大部分信息,消除了评价指标之间的相互影响,减少了指标选择的数量,主成分分析法筛选指标使DEA评价结果更科学,林德南等(2017)就是通过主成分分析法确定投入与产出指标。员红艳、刘军选取文献使用频率高的投入和产出指标做R型聚类分析,结合优选指标和聚类结果筛选出代表性好的投入、产出指标。张桂林、潘习龙(2013)采用因子分析法筛选出投入、产出变量。张晓红(2016)采用离散趋势法结合因子分析法确定投入和产出指标。张玥指出指标变异系数越大,灵敏度越高,结合相关系数分析、主成分分析、因子分析、聚类分析和变异系数分析等统计学方法有助于科学选取投入、产出指标。

关于医疗资源配置效率研究中投入、产出指标的选择,运用DEA

方法的关键就是要选择合适的投入、产出指标(宋慧勇 等,2014),指标的选择直接影响 DEA 效率值的可靠性(董四平 等,2014),并且不同指标组合对 DEA 评价结果存在差异(张玥,2018)。董四平等(2014)将我国公立综合医院投入指标分为床位、人员以及以货币计量的指标等,产出指标分为医院业务以及以货币计量的指标等。赵临、张航(2016)认为卫生资源配置效率常用指标包括卫生机构数、人员数、设施数、费用和服务量5个方面。医院效率评价指标体系中,投入指标主要分为人、财、物、服务收费、服务量、服务质量、服务效率等7类,产出指标主要分为服务量、资金收益、服务收费、服务质量、科研产出、服务效率、效益、满意度、服务可获得性等9类(毛燕娜 等,2015)。投入指标使用最多的前三位指标依次是人力、物力和财力指标,见表6-1。在人力指标中,有10项共性指标,使用次数最多的前三位指标分别是职工数、护理人员数、医生数;在物力指标中,有6项共性指标,使用次数最多的前三位指标分别是床位数、固定资产总值、医疗设备总值;在财力指标中,有8项共性指标,使用次数最多的前三位指标分别是总支出、业务支出、运营支出;在全部共性投入指标中,使用次数最多的3个共性指标依次是床位数、职工数和护理人员数。在产出指标中,使用最多的依次是服务量、资金收益和服务效率指标,见表6-2。在服务量指标中,有19项共性指标,使用次数最多的前三位指标分别是出院人次、门诊人次、门急诊人次;在资金收益指标中,有7项共性指标,使用次数最多的前两位指标分别是业务收入、总收入;在服务效率指标中,有2项共性指标,分别是病床使用率、病床周转次数。以上这些共性指标是医院资源配置效率研究领域能普遍接受的关键性指标。

表 6-1 医院资源配置效率评价指标体系共性投入指标

| 指标类别 | 指标 |
| --- | --- |
| 人力 | 职工数、护理人员数、医生数、其他人员数、技术人员数、医务人员数、行政人员数、后勤人员数、教授数、卫生技术人员占职工总数的比例 |
| 物力 | 床位数、固定资产总值、医疗设备总值、建筑面积、手术室数、医疗设备数 |

续表

| 指标类别 | 指标 |
|---|---|
| 财力 | 总支出、业务支出、运营支出、人员支出、供应支出、医疗支出、药品支出、资金投入 |
| 服务量 | 手术数 |
| 服务质量 | 服务复杂性 |
| 服务收费 | 住院病人总费用 |

表 6-2　医院资源配置效率评价指标体系共性产出指标

| 指标类别 | 指标 |
|---|---|
| 服务量 | 出院人次、门诊人次、门急诊人次、住院人次、手术数、平均住院日、诊疗人次、住院天数、分娩人次、急诊人次、日间护理人次、实际占用床位日、入院人次、病例组合指数、产前检查人次、儿童免疫接种人次、首诊人次、住院床日、住院手术数 |
| 资金收益 | 业务收入、总收入、门诊医疗业务收入、医疗收入、医院收入、住院医疗业务收入、医疗业务收入 |
| 服务效率 | 病床使用率、病床周转次数 |
| 服务质量 | 治愈好转率 |
| 科研产出 | 承担课题数、全日制培训人数 |

毛燕娜等总结出人力、物力和财力指标是纳入最多的投入指标，以服务量、服务质量、服务收费作为间接投入指标的也不少，但涉及的共性指标很少；在共性产出指标方面，服务量指标使用得最多。此外，倾向于把资金收益作为产出的指标主要有总收入、业务收入、医疗收入。以上这些共性指标是医院资源配置效率研究领域能普遍接受的关键性指标。秉承指标筛选所需的可获得性、重要性、可比性、精简性、准确性、相关性和尽量避免重复测量的原则，以及数据收集的完整性要求，毛燕娜等筛选出 15 个备用评价指标，见表 6-3。

表 6-3　医院资源配置效率评价备用指标

| 类别 | 分类 | 指标 |
|---|---|---|
| 投入指标 | 人力 | 职工数、医生数、护理人员数 |
| | 物力 | 床位数、固定资产总值、专业设备总值 |
| | 财力 | 总支出、医疗支出、业务支出、人员支出 |
| 产出指标 | 服务量 | 门急诊人次、出院人次 |
| | 资金收益 | 总收入、业务收入、医疗收入 |

在人力投入方面，尽管医疗服务的提供者是医生和护理人员，但辅助于医疗服务的影像技术人员、检验技术人员以及相关的管理人员也发挥着重要的作用。为了不弱化这一投入要素对医院资源配置效率评价的影响，一般选择医院在职职工数作为人力投入指标。

在物力投入方面，固定资产总值包含了专业设备总值，所以二者可任选其一，但固定资产总值和专业设备总值对单个决策单元来说可能在较长一段时间变动不大，也可能在某一时期因购置大型设备或扩大建筑规模而突然增大，这种跨越式增长且具有长期效应的指标不适宜用于基于"投入-产出"的效率评价方法，因为容易干扰评价结果的合理性。因此，一般选用床位数作为物力投入指标比较适宜。

在财力投入方面，从时间序列资料收集要求口径一致的原则来看，由于相关财务报表及统计数据存在概念定义的变化，难以重新计算，同时，由于人事制度改革和绩效机制的建立，人员支出这一指标的统计口径也发生了变化，因此，考虑数据收集的完整性和准确性，最好不采用业务支出和人员支出指标。而医院的总支出大部分来自于医疗支出，总支出和医疗支出可任选其一作为财力投入指标。

在产出指标方面，门急诊人次和出院人次是医疗服务产出的关键性指标；对应财力投入指标总支出和医疗支出，资金收益指标为总收入和医疗收入。因此，相关产出指标最好选门急诊人次、出院人次、总收入、医疗收入。基于上述情况，毛燕娜等推荐的指标见表 6-4。

表 6-4　推荐的评价指标

| 类别 | 分类 | 指标 |
|---|---|---|
| 投入指标 | 人力 | 职工数 |
| | 物力 | 床位数 |
| | 财力 | 总支出、医疗支出 |
| 产出指标 | 服务量 | 门急诊人次、出院人次 |
| | 资金收益 | 总收入、医疗收入 |

## 三、相关文献分析

本文对 2012—2018 年部分代表性文献采用的评价模型、投入指标和产出指标进行了总结,见表 6-5。

表 6-5　2012—2018 年 31 篇相关文献采用的评价模型、投入与产出指标

| 序号 | 文献 | 研究对象 | 评价模型 | 投入指标 | 产出指标 |
|---|---|---|---|---|---|
| 1 | 胡晓媛等,2012 | 军队 36 家三级综合医院 | CCR＋BCC＋Malmquist 指数 | 床位数、人员数、医疗设备总值 | 总诊疗人次、出院人次、床位利用率、平均住院日、年度业务收入 |
| 2 | 徐雨晨等,2013 | 县级公立医院 | CCR＋BCC＋Malmquist 指数 | 固定资产、实有床位数、职工数、业务支出 | 门急诊人次数、出院人次数、病床使用率、业务收入 |
| 3 | 骆泽深等,2013 | 广东省 13 家市医院 | CCR＋BCC | 卫生技术人员数、床位数 | 床位使用率、总诊疗人次数 |
| 4 | 刘伟等,2014 | 地市级中心医院 | CCR＋BCC | 实际开放床位、工作人员、门诊人均医疗费用、住院人均医疗费用 | 门急诊人次、出院人次、医疗收入、治疗有效率 |
| 5 | 张航等,2014b | 地市级中心医院 | CCR＋BCC | 卫生机构数、卫生人员数、床位数 | 年诊疗人次、病床使用率 |

续表

| 序号 | 文献 | 研究对象 | 评价模型 | 投入指标 | 产出指标 |
|---|---|---|---|---|---|
| 6 | 张航等，2014a | 辽宁省16家省级三甲医院 | CCR+BCC | 职工总数、床位数、固定资产总额、年总支出 | 年出院人次、年业务收入、床位使用率 |
| 7 | 宋慧勇等，2014 | 南通市54家医院 | CCR+BCC | 职工总人数、实际开放总床日数、业务用房面积 | 诊疗总人次、出院人数、医疗收入 |
| 8 | 汤磊等，2014 | 京沪各12家三甲医院 | CCR+BCC | 职工总数、总资产、实际开放床位数、总支出 | 门急诊人次、出院人数、平均住院日、总收入 |
| 9 | 赖溱等，2014 | 重庆市38家区县医院 | CCR+BCC | 医疗机构数、床位数、卫生技术人员数、总支出 | 门急诊人次、出院人次、病床使用率、总收入 |
| 10 | 韩雪梅等，2014 | 甘肃省23家三级医院 | CCR | 卫生技术人员数、实际床位数、固定资产、高价设备 | 年业务收入、全年门诊急诊人次、全年出院人次 |
| 11 | 王怡等，2015 | 山东省卫生资源 | CCR+BCC | 实际开放床位数、卫生技术人员、总支出 | 门诊总人次数、出院病人、病床使用率、总收入 |
| 12 | 张航等，2015 | 省域31家卫生资源 | CCR＋BCC＋Malmquist指数 | 卫生人员数、床位数、总支出、流动资产 | 总收入、总诊疗人次、病床使用率 |
| 13 | 王小万等，2015a | 104家县级医院 | 三阶段DEA模型 | 在职职工数、开放床位数、固定资产 | 门急诊人次、出院人次、住院手术人次、总收入 |
| 14 | 林颖韬等，2015 | 福建46家乡镇卫生院和社区卫生服务中心 | CCR+BCC | 卫技人员数、开放床位数、总支出 | 门急诊人次数、出院人次数、年实际占用床日数、总收入 |

续表

| 序号 | 文献 | 研究对象 | 评价模型 | 投入指标 | 产出指标 |
|---|---|---|---|---|---|
| 15 | 王小万等，2015c | 2006—2012年50家大型公立医院 | CCR＋BCC＋Malmquist指数 | 职工数、床位数 | 门急诊人次、出院人次 |
| 16 | 员红艳等，2016 | 30家团场医院 | CCR＋BCC | 床位数、总支出、固定资产、业务用房数 | 出院人数、诊疗人次数、病床使用率 |
| 17 | 陈聚祥等，2016 | 福建15家三甲医院 | CCR＋BCC | 床位数、卫生技术人员数、固定资产总额 | 总诊疗人次、年业务收入、病床使用率 |
| 18 | 郑万会等，2016 | 重庆市16家市级公立医院 | BCC＋SFA | 财政补助、在职职工数、实际开放床位数 | 门急诊人次、出院人数、占用总床日、业务收入、百元固定资产医疗收入 |
| 19 | 张航等，2016 | 2004—2013年中国卫生资源 | DEA＋SFA | 卫生总费用、医疗机构数、卫生人员数、床位数 | 诊疗人次、入院人数、床位使用率、平均住院日 |
| 20 | 李哲等，2016 | 山东省17家地级市卫生资源 | 泰尔指数＋CCR＋BCC | 注册护士、执业医师、床位 | 出院人数、诊疗人次数、病床工作日 |
| 21 | 张晓红，2016 | 宁夏县级公立医院 | CCR＋BCC＋Malmquist指数 | 床位数、职工数、财政补助收入、固定资产总额 | 总诊疗人次、业务收入、出院人数 |
| 22 | 陈芳等，2017 | 广东省21家地市医院 | BCC | 医疗机构数、床位数、卫生技术人员数 | 年诊疗人次数、年出院人次数 |
| 23 | 黄舒婷等，2017 | 广东省21家城市中医医院 | CCR＋BCC | 床位数、卫生技术人员数 | 总诊疗人次数、床位使用率 |

续表

| 序号 | 文献 | 研究对象 | 评价模型 | 投入指标 | 产出指标 |
|---|---|---|---|---|---|
| 24 | 仇蕾洁等，2017 | 1246家社区卫生服务站 | CCR+BCC | 职工总数、医疗服务支出、建筑面积、基础设备完备情况、日间观察床数 | 年门诊量、医疗收入 |
| 25 | 张瑶等，2017 | 29家省市卫生资源 | Network DEA | 医疗卫生机构数、卫生技术人员数、床位数 | 诊疗人次、入院人数 |
| 26 | 张玥，2018 | 我国31个省卫生服务 | BCC | 卫生总费用、卫生技术人员、床位数 | 医疗收入、门急诊量、出院患者数量、床位使用率 |
| 27 | 刘娟等，2018 | 武汉市39家医院 | 主成分分析+CCR+BCC | 床位数、开放总床日数、出院者占用总床日数、总人数、卫技人员数、医师数、护士数、检验人员数 | 门诊人次、急诊人次、出院人数、住院手术人次、病床周转次数、病床工作日、病床利用率 |
| 28 | 王丹丹等，2018 | 江苏省13家地级市卫生资源 | 集聚度+CCR+BCC | 医疗卫生机构数、床位数、卫技人员数 | 年诊疗人次数、病床使用率 |
| 29 | 鄢错灵等，2018 | 北京市政府办23家中医院 | SE-DEA | 卫生技术人员数、实有床位数、财政补助收入 | 总诊疗人数、出院人次、医疗收入 |
| 30 | 张培林等，2018 | 中国医疗卫生资源配置绩效 | 非期望产出的SBM模型 | 卫生技术人员数、床位数、总支出 | 诊疗人次数、入院人数 |
| 31 | 李静等，2018 | 2016年江苏省某三甲中医院临床科室 | CCR+BCC | 床位数、卫生技术人员数 | 急诊人数、出院人数、平均住院天数、病床使用率 |

表 6-6  2012—2018 年 31 篇相关文献 DEA 模型频数统计

| 模型 | 频数 | 占比/% |
| --- | --- | --- |
| CCR+BCC | 14 | 45.16 |
| CCR+BCC+Malmquist 指数 | 5 | 16.13 |
| BCC | 2 | 6.45 |
| 三阶段 DEA 模型 | 1 | 3.23 |
| 泰尔指数+CCR+BCC | 1 | 3.23 |
| 集聚度+CCR+BCC | 1 | 3.23 |
| DEA+SFA | 1 | 3.23 |
| BCC+SFA | 1 | 3.23 |
| CCR | 1 | 3.23 |
| SE-DEA | 1 | 3.23 |
| Network DEA | 1 | 3.23 |
| 非期望产出的 SBM 模型 | 1 | 3.23 |
| 主成分分析+CCR+BCC | 1 | 3.23 |
| 合计 | 31 | 100 |

2012—2018 年间 31 篇相关文献中，采用的 DEA 模型频数统计见表 6-6。可以看到有 45.16% 的文献采用了 CCR+BCC 模型，有 16.13% 的文献采用了 CCR+BCC+Malmquist 指数模型，包括 BCC、三阶段 DEA 等其他 DEA 模型采用的比例均比较低。

这些文献中 DEA 模型采用的人力、物力、财力投入指标的频数统计见表 6-7、表 6-8、表 6-9。可以看到，在投入指标上，人力投入指标占比前两位的分别是卫生技术人员数、职工数，各占比 51.43%、34.29%；物力投入指标占比前两位的分别是床位数、固定资产，各占比 62.00%、14.00%；财力投入指标占比前两位的分别是总支出、财政补助、卫生总费用，各占比 53.33%、13.33%、13.33%。服务量、资金收益、服务效率产出指标的频数统计见表 6-10、表 6-11、表 6-12。可以看到，在产出指标上，服务量指标占比前两位分别是出院人次、门急诊人次，各占比 40.00%、23.33%；资金收益指标占比前两位分别是业务收入、总收入，各占比 63.16%、31.58%；服务效率指标仅有两个，分别是床位利用率、治疗有效率，各占比 94.12%、5.88%。

表 6-7　2012—2018 年相关文献 DEA 投入指标频数统计（人力）

| 指标 | 频数 | 占比/% |
| --- | --- | --- |
| 卫生技术人员数 | 18 | 51.43 |
| 职工数 | 12 | 34.29 |
| 医师数 | 2 | 5.71 |
| 护士数 | 2 | 5.71 |
| 检验人员 | 1 | 2.86 |
| 小计 | 35 | 100 |

表 6-8　2012—2018 年相关文献 DEA 投入指标频数统计（物力）

| 指标 | 频数 | 占比/% |
| --- | --- | --- |
| 床位数 | 31 | 62.00 |
| 固定资产 | 7 | 14.00 |
| 医疗机构数 | 6 | 12.00 |
| 总资产 | 1 | 2.00 |
| 流动资产 | 1 | 2.00 |
| 医疗设备总值 | 1 | 2.00 |
| 业务用房面积 | 1 | 2.00 |
| 建筑面积 | 1 | 2.00 |
| 高价设备 | 1 | 2.00 |
| 小计 | 50 | 100 |

表 6-9　2012—2018 年相关文献 DEA 投入指标频数统计（财力）

| 指标 | 频数 | 占比/% |
| --- | --- | --- |
| 总支出 | 8 | 53.33 |
| 财政补助 | 2 | 13.33 |
| 卫生总费用 | 2 | 13.33 |
| 业务支出 | 1 | 6.67 |
| 门诊人均医疗费用 | 1 | 6.67 |
| 住院人均医疗费用 | 1 | 6.67 |
| 小计 | 15 | 100 |

表 6-10  2012—2018 年相关文献 DEA 产出指标频数统计（服务量）

| 指标 | 频数 | 占比/% |
| --- | --- | --- |
| 出院人次 | 24 | 40.00 |
| 门急诊人次 | 14 | 23.33 |
| 总诊疗人次 | 11 | 18.33 |
| 平均住院日 | 4 | 6.67 |
| 病床工作日 | 4 | 6.67 |
| 住院手术人次 | 2 | 3.33 |
| 病床周转次数 | 1 | 1.67 |
| 小计 | 60 | 100 |

表 6-11  2012—2018 年相关文献 DEA 产出指标频数统计（资金收益）

| 指标 | 频数 | 占比/% |
| --- | --- | --- |
| 业务收入 | 12 | 63.16 |
| 总收入 | 6 | 31.58 |
| 百元固定资产医疗收入 | 1 | 5.26 |
| 小计 | 19 | 100 |

表 6-12  2012—2018 年相关文献 DEA 产出指标频数统计（服务效率）

| 指标 | 频数 | 占比/% |
| --- | --- | --- |
| 床位利用率 | 16 | 94.12 |
| 治疗有效率 | 1 | 5.88 |
| 小计 | 17 | 100 |

## 第三节  资料与方法

### 一、研究目的与指标选择

本文研究目的在于考察焦作市新城区、主城区医院医疗资源投入是否冗余、产出是否不足，为焦作市医疗资源合理调配提供理论依据，促使新城区与主城区在医疗资源配置方面协调、有序发展，在公平、效率之间达到平衡，为人民群众提供适时、适量的基本医疗服务。新城区 6 所医院中，除 JZ1 属于民营、新建医院外，其余 5 所医院均由原乡镇卫生院改制而来，为居民提供日常门急诊服务和少量住院服务；主城区 6 所医院均属公立医院，均提供门急诊和住院服务。公立医院要坚持公益，就要为普通老百姓提供医疗等公共服务，要坚持非营利的性质。为此，本研究选取的投入、产出指标与已有文献有所不同。在人力投入上，医生、护士、管理等全部人员均属行政事业编制，其工资等收入主要来源于财政补助，所以选择职工总数作为人力投入指标；在财力投入上，除必要的收费以外，财政补助是这些医院的唯一财力来源，故选择财政补助作为财力投入指标；在物力投入上，除床位数以外，医院内外科大楼、仪器设备等各种固定资产也反映了医院规模大小，其来源于焦作市多年投入累积，均属国有资产，故选择固定资产作为物力投入指标。在产出指标上，选择门急诊人次作为服务数量指标，选择业务收入作为服务质量指标。同时，结合上述文献荟萃，也进行了专家咨询，根据投入、产出指标数据的可得性、完整性和准确性，遴选出职工总数、财政补助、固定资产 3 项指标作为人力、财力、物力投入要素，遴选出门急诊人次、业务收入 2 项指标作为数量和质量产出要素，具体指标见表 6-13。

表 6-13　DEA 医疗资源配置效率评价投入、产出指标

| 一级指标 | 二级指标 | 三级指标 | 单位 |
| --- | --- | --- | --- |
| 投入指标 | 人力投入 | 职工总数 | 人 |
| | 财力投入 | 财政补助 | 万元 |
| | 物力投入 | 固定资产 | 万元 |
| 产出指标 | 数量指标 | 门急诊人次 | 人次 |
| | 质量指标 | 业务收入 | 万元 |

## 二、研究数据

基于研究目的,选择焦作市新城区和主城区各 6 家医院作为研究样本。时间跨度选择 2013 年到 2017 年共计 5 年,相关数据来源于现场调查及财务报表资料。其间,JZ1 作为民营医院没有获得焦作市财政补助,为研究方便,选择样本时间周期内其他 11 家医院的最大财政补助作为其财政补助。由于历史原因,XC1 医院 2015 年、2016 年的财政补助、固定资产、门急诊人次、业务收入数据缺失,选择 2014 年的数据代替。另外,由于管理体制与历史等原因,XC5、XC6 医院在册职工总数一直没有变化,XC6 医院在册固定资产也没有变化。JZ1 到 JZ6、XC1 到 XC6 共计 12 家医院的投入、产出评价数据如表 6-14 至表 6-25 所示,各指标单位见表 6-13。

表 6-14  JZ1 医院投入-产出评价数据

| 年份 | 投入指标 | | | 产出指标 | |
| --- | --- | --- | --- | --- | --- |
| | 人力投入 | 财力投入 | 物力投入 | 数量指标 | 质量指标 |
| | 职工总数 | 财政补助 | 固定资产 | 门急诊人次 | 业务收入 |
| 2017 | 353 | 5619 | 5275 | 64626 | 4392 |
| 2016 | 346 | 5848 | 5255 | 42169 | 3657 |
| 2015 | 334 | 4327 | 5285 | 49277 | 3787 |
| 2014 | 353 | 3052 | 5077 | 41208 | 3041 |
| 2013 | 345 | 2930 | 561 | 8724 | 338 |

注:由于 JZ1 医院是民营医院,没有获得焦作市财政补助,故其财政补助均为 0。但为研究方便,选择样本时间周期内其他 11 家医院的最大财政补助作为其财政补助,如表中数字所示。

表 6-15  JZ2 医院投入-产出评价数据

| 年份 | 投入指标 | | | 产出指标 | |
| --- | --- | --- | --- | --- | --- |
| | 人力投入 | 财力投入 | 物力投入 | 数量指标 | 质量指标 |
| | 职工总数 | 财政补助 | 固定资产 | 门急诊人次 | 业务收入 |
| 2017 | 62 | 191 | 262 | 30454 | 169 |
| 2016 | 60 | 216 | 240 | 36931 | 189 |
| 2015 | 52 | 193 | 170 | 34041 | 164 |
| 2014 | 50 | 152 | 127 | 33450 | 162 |
| 2013 | 36 | 101 | 101 | 33398 | 150 |

表 6-16　JZ3 医院投入-产出评价数据

| 年份 | 投入指标 | | | 产出指标 | |
|---|---|---|---|---|---|
| | 人力投入 | 财力投入 | 物力投入 | 数量指标 | 质量指标 |
| | 职工总数 | 财政补助 | 固定资产 | 门急诊人次 | 业务收入 |
| 2017 | 30 | 200 | 445 | 39117 | 432 |
| 2016 | 34 | 207 | 430 | 47790 | 467 |
| 2015 | 34 | 223 | 371 | 51907 | 459 |
| 2014 | 34 | 183 | 318 | 57861 | 428 |
| 2013 | 35 | 291 | 240 | 59008 | 327 |

表 6-17　JZ4 医院投入-产出评价数据

| 年份 | 投入指标 | | | 产出指标 | |
|---|---|---|---|---|---|
| | 人力投入 | 财力投入 | 物力投入 | 数量指标 | 质量指标 |
| | 职工总数 | 财政补助 | 固定资产 | 门急诊人次 | 业务收入 |
| 2017 | 48 | 209 | 475 | 23954 | 969 |
| 2016 | 48 | 617 | 459 | 54373 | 791 |
| 2015 | 47 | 253 | 225 | 35458 | 596 |
| 2014 | 45 | 126 | 218 | 19396 | 555 |
| 2013 | 45 | 379 | 222 | 19510 | 616 |

表 6-18　JZ5 医院投入-产出评价数据

| 年份 | 投入指标 | | | 产出指标 | |
|---|---|---|---|---|---|
| | 人力投入 | 财力投入 | 物力投入 | 数量指标 | 质量指标 |
| | 职工总数 | 财政补助 | 固定资产 | 门急诊人次 | 业务收入 |
| 2017 | 52 | 256 | 400 | 39191 | 378 |
| 2016 | 55 | 245 | 330 | 48882 | 454 |
| 2015 | 52 | 270 | 310 | 47786 | 392 |
| 2014 | 45 | 104 | 231 | 38319 | 334 |
| 2013 | 40 | 342 | 216 | 20655 | 240 |

表 6-19  JZ6 医院投入-产出评价数据

| 年份 | 投入指标 | | | 产出指标 | |
|---|---|---|---|---|---|
| | 人力投入 | 财力投入 | 物力投入 | 数量指标 | 质量指标 |
| | 职工总数 | 财政补助 | 固定资产 | 门急诊人次 | 业务收入 |
| 2017 | 98 | 374 | 1076 | 39188 | 866 |
| 2016 | 104 | 236 | 932 | 62342 | 1092 |
| 2015 | 105 | 206 | 860 | 58966 | 1056 |
| 2014 | 107 | 162 | 833 | 65013 | 1046 |
| 2013 | 107 | 141 | 755 | 65014 | 970 |

表 6-20  XC1 医院投入-产出评价数据

| 年份 | 投入指标 | | | 产出指标 | |
|---|---|---|---|---|---|
| | 人力投入 | 财力投入 | 物力投入 | 数量指标 | 质量指标 |
| | 职工总数 | 财政补助 | 固定资产 | 门急诊人次 | 业务收入 |
| 2017 | 55 | 423 | 32 | 13195 | 423 |
| 2016 | 50 | 135 | 25 | 30236 | 135 |
| 2015 | 50 | 135 | 25 | 30236 | 135 |
| 2014 | 44 | 135 | 25 | 30236 | 135 |
| 2013 | 40 | 49 | 25 | 26940 | 49 |

表 6-21  XC2 医院投入-产出评价数据

| 年份 | 投入指标 | | | 产出指标 | |
|---|---|---|---|---|---|
| | 人力投入 | 财力投入 | 物力投入 | 数量指标 | 质量指标 |
| | 职工总数 | 财政补助 | 固定资产 | 门急诊人次 | 业务收入 |
| 2017 | 199 | 5619 | 12250 | 137299 | 5619 |
| 2016 | 198 | 5848 | 10134 | 151542 | 5848 |
| 2015 | 181 | 4327 | 11322 | 165041 | 4327 |
| 2014 | 156 | 3052 | 9228 | 157705 | 3052 |
| 2013 | 156 | 2930 | 5234 | 153550 | 2930 |

表 6-22　XC3 医院投入-产出评价数据

| 年份 | 投入指标 | | | 产出指标 | |
|---|---|---|---|---|---|
| | 人力投入 | 财力投入 | 物力投入 | 数量指标 | 质量指标 |
| | 职工总数 | 财政补助 | 固定资产 | 门急诊人次 | 业务收入 |
| 2017 | 56 | 1020 | 236 | 121252 | 1020 |
| 2016 | 56 | 811 | 215 | 91950 | 811 |
| 2015 | 55 | 720 | 179 | 78417 | 720 |
| 2014 | 55 | 744 | 155 | 92977 | 744 |
| 2013 | 54 | 581 | 132 | 70985 | 581 |

表 6-23　XC4 医院投入-产出评价数据

| 年份 | 投入指标 | | | 产出指标 | |
|---|---|---|---|---|---|
| | 人力投入 | 财力投入 | 物力投入 | 数量指标 | 质量指标 |
| | 职工总数 | 财政补助 | 固定资产 | 门急诊人次 | 业务收入 |
| 2017 | 72 | 1563 | 430 | 109450 | 1563 |
| 2016 | 72 | 1390 | 408 | 96372 | 1390 |
| 2015 | 72 | 1401 | 392 | 88003 | 1401 |
| 2014 | 67 | 930 | 382 | 90725 | 930 |
| 2013 | 67 | 1186 | 380 | 91250 | 1186 |

表 6-24　XC5 医院投入-产出评价数据

| 年份 | 投入指标 | | | 产出指标 | |
|---|---|---|---|---|---|
| | 人力投入 | 财力投入 | 物力投入 | 数量指标 | 质量指标 |
| | 职工总数 | 财政补助 | 固定资产 | 门急诊人次 | 业务收入 |
| 2017 | 28 | 186 | 211 | 14501 | 186 |
| 2016 | 28 | 196 | 167 | 14421 | 196 |
| 2015 | 28 | 113 | 166 | 14353 | 113 |
| 2014 | 28 | 128 | 166 | 14300 | 128 |
| 2013 | 28 | 103 | 165 | 11200 | 103 |

表 6-25　XC6 医院投入-产出评价数据

| 年份 | 投入指标 | | | 产出指标 | |
|---|---|---|---|---|---|
| | 人力投入 | 财力投入 | 物力投入 | 数量指标 | 质量指标 |
| | 职工总数 | 财政补助 | 固定资产 | 门急诊人次 | 业务收入 |
| 2017 | 47 | 219 | 60 | 6893 | 219 |
| 2016 | 47 | 210 | 60 | 6555 | 210 |
| 2015 | 47 | 217 | 60 | 5976 | 217 |
| 2014 | 47 | 200 | 60 | 5566 | 200 |
| 2013 | 47 | 180 | 60 | 5100 | 180 |

注：职工总数、财政补助、固定资产、门急诊人次、业务收入计量单位分别是人、万元、万元、人次、万元；为简单起见，所有数据均采取四舍五入，保留到个位数；个别数据调研有明显较大误差，而再次纠正有较大困难，采取同类医院、同年数据估算得到。

### 三、研究方法

基于 EXCEL 建立新城区和主城区各 6 家样本医院 2013—2017 年间各 3 项投入、2 项产出的数据库，采用 DEAP2.1 软件，计算基于投入导向的 CCR-DEA 和 BCC-DEA 模型下 12 家样本医院 2013—2017 年间的技术效率、纯技术效率、规模效率值，以及规模报酬和 3 项投入、2 项产出的松弛变量值。

## 第四节　计算结果分析与建议

### 一、一般情况分析

#### （一）新城区一般情况分析

2013 到 2017 年间，新城区和主城区各 6 家医院的职工总数、财政补助、固定资产、门急诊人次、业务收入绝对数总和和平均增长率分别如表 6-26、6-27 所示。

表 6-26 2013—2017 年新城区医院投入-产出数据及平均增长率

| 年份 | 职工总数 | 财政补助 | 固定资产 | 门急诊人次 | 业务收入 |
|---|---|---|---|---|---|
| 2013 | 608 | 4184 | 2095 | 206309 | 2641 |
| 2014 | 634 | 3779 | 6804 | 255247 | 9416 |
| 2015 | 624 | 5472 | 7221 | 277435 | 6454 |
| 2016 | 649 | 7369 | 7668 | 286010 | 6630 |
| 2017 | 643 | 6849 | 7933 | 236530 | 7206 |
| 平均增长率/% | 1.15 | 12.74 | 55.73 | 2.93 | 34.57 |

表 6-27 2013—2017 年主城区医院投入-产出数据及平均增长率

| 年份 | 职工总数 | 财政补助 | 固定资产 | 门急诊人次 | 业务收入 |
|---|---|---|---|---|---|
| 2013 | 392 | 5029 | 5996 | 359025 | 5029 |
| 2014 | 397 | 5189 | 10016 | 391509 | 5189 |
| 2015 | 433 | 6913 | 12144 | 382026 | 6913 |
| 2016 | 451 | 8590 | 11009 | 391076 | 8590 |
| 2017 | 457 | 9030 | 13219 | 402590 | 9030 |
| 平均增长率/% | 3.32 | 15.91 | 24.09 | 2.43 | 15.91 |

从表 6-26 可以看到,2013—2017 年,新城区医院职工总数由 608 人增加到 643 人,年平均增长率为 1.15%;财政补助由 4184 万元增加到 6849 万元,年平均增长率为 12.74%;固定资产由 2095 万元增加到 7933 万元,年平均增长率为 55.73%;门急诊人次由 206309 人次增加到 236530 人次,年平均增长率为 2.93%;业务收入由 2641 万元增加到 7206 万元,年平均增长率为 34.57%。

(二)主城区一般情况分析

从表 6-27 可以看到,2013—2017 年,主城区医院职工总数由 392 人增加到 457 人,年平均增长率为 3.32%;财政补助由 5029 万元增加到 9030 万元,年平均增长率为 15.91%;固定资产由 5996 万元增加到 13219 万元,年平均增长率为 24.09%;门急诊人次由 359025 人次增加到402590人次,年平均增长率为2.43;业务收入由5029万元增加到9030万元,年平均增长率为15.91%。

(三)新城区和主城区一般情况对比

为清晰地表示2013—2017年新城区和主城区医院投入-产出相关指标变动情况,将表6-26、表6-27中职工总数、财政补助、固定资产、门急诊人次、业务收入5项指标的平均增长率可视化为图6-1。

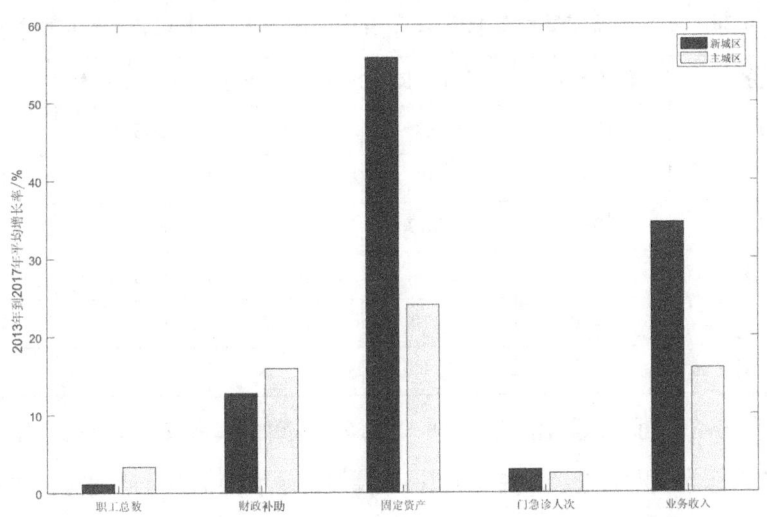

图6-1  2013—2017年新城区和主城区医院投入-产出平均增长率

从图6-1中可以看到,2013—2017年间主城区在样本医院职工总数、财政补助2项投入指标上平均增长率均高于新城区,表明新城区、主城区职工总数、财政补助虽然都在加大投入,但主城区职工总数、财政补助增加更快,显然政府在职工总数、财政补助的投入政策上依然倾向于主城区;而在医院固定资产这一投入指标上新城区是远远高于主城区的,表明新城区、主城区固定资产虽然都在加大投入,但新城区医院固定资产投入增加更快,显然政府在医院固定资产投入的政策上倾向于新城区。同时,可以看到2013—2017年间新城区门急诊人次、业务收入的年平均增长率分别是2.93%和34.57%,主城区门急诊人次、业务收入的年平均增长率分别是2.43%和15.91%,新城区的年平均增长率都高于主城区。虽然新城区门急诊人次、业务收入的绝对数都低于主城区,但新城区对医疗服务的实际提供量和业务收入的年平均增长率都高于主城区,而新城区业务收入年平均增长率较主城区高出 18.66 个百分点,显然新城区医院业务收入增长速度更快,医疗花费增长速度更高。

### (四) 新城区和主城区 12 家样本医院一般情况分析

表 6-28  焦作市新城区和主城区 12 家样本医院投入-产出数据及平均增长率

| 年份 | 职工总数 | 财政补助 | 固定资产 | 门急诊人次 | 业务收入 |
| --- | --- | --- | --- | --- | --- |
| 2013 | 1000 | 9213 | 8091 | 565334 | 7670 |
| 2014 | 1031 | 8988 | 16820 | 646756 | 10755 |
| 2015 | 1057 | 12385 | 19365 | 659461 | 15044 |
| 2016 | 1100 | 15934 | 18655 | 683563 | 15240 |
| 2017 | 1100 | 15879 | 21152 | 639120 | 16236 |
| 平均增长率/% | 2 | 14.47 | 32.29 | 2.61 | 22.34 |

从表 6-28 可以看到,2013—2017 年间,焦作市新城区和主城区 12 家样本医院职工总数由 1000 人增加到 1100 人,年平均增长率为 2%;财政补助由 9213 万元增加到 15879 万元,年平均增长率为 14.47%;固定资产由 8091 万元增加到 21152 万元,年平均增长率为 32.29%;门急诊人次由 565334 人次增加到 639120 人次,年平均增长率为 2.61%;业务收入由 7670 万元增加到 16236 万元,年平均增长率为 22.34%。

## 二、效率情况分析

对 2013—2017 年焦作市新城区和主城区医疗资源配置进行 DEA 分析,计算结果分别见表 6-29 至表 6-33。

表 6-29  2013 年焦作市新城区和主城区医疗资源配置 DEA 效率值和松弛变量

| | 医院 | TE | PTE | SE | 规模报酬 | 相对有效性 | S1− | S2− | S3− | S1+ | S2+ |
|---|---|---|---|---|---|---|---|---|---|---|---|
| 新城区 | JZ1 | 0.137 | 0.148 | 0.924 | 递增 | 无效 | 0 | 0 | 0 | 42142.701 | 0 |
| | JZ2 | 1.000 | 1.000 | 1.000 | 不变 | 有效 | 0 | 0 | 0 | 0 | 0 |
| | JZ3 | 1.000 | 1.000 | 1.000 | 不变 | 有效 | 0 | 0 | 0 | 0 | 0 |
| | JZ4 | 1.000 | 1.000 | 1.000 | 不变 | 有效 | 0 | 0 | 0 | 0 | 0 |
| | JZ5 | 0.503 | 0.829 | 0.607 | 递增 | 无效 | 0 | 0 | 0 | 0 | 0 |
| | JZ6 | 1.000 | 1.000 | 1.000 | 不变 | 有效 | 0 | 0 | 0 | 0 | 0 |
| | 平均值 | 0.773 | 0.830 | 0.922 | | | 0 | 0 | 0 | 7023.784 | 0 |
| 主城区 | XC1 | 1.000 | 1.000 | 1.000 | 不变 | 有效 | 0 | 0 | 0 | 0 | 0 |
| | XC2 | 1.000 | 1.000 | 1.000 | 不变 | 有效 | 0 | 0 | 0 | 0 | 0 |
| | XC3 | 1.000 | 1.000 | 1.000 | 不变 | 有效 | 0 | 0 | 0 | 0 | 0 |
| | XC4 | 1.000 | 1.000 | 1.000 | 不变 | 有效 | 0 | 0 | 0 | 0 | 0 |
| | XC5 | 0.435 | 1.000 | 0.435 | 递增 | 无效 | 0 | 0 | 0 | 0 | 0 |
| | XC6 | 0.844 | 0.930 | 0.908 | 递增 | 无效 | 0 | 0 | 0 | 29780.96 | 0 |
| | 平均值 | 0.880 | 0.988 | 0.891 | | | 0 | 0 | 0 | 4963.493 | 0 |
| 平均值 | | 0.827 | 0.909 | 0.906 | | | 0 | 0 | 0 | 5993.639 | |

注：TE、PTE、SE 分别表示技术效率、纯技术效率、规模效率，下同。

表 6-30　2014 年焦作市新城区和主城区医疗资源配置 DEA 效率值和松弛变量

| | 医院 | TE | PTE | SE | 规模报酬 | 相对有效性 | S1− | S2− | S3− | S1+ | S2+ |
|---|---|---|---|---|---|---|---|---|---|---|---|
| 新城区 | JZ1 | 0.069 | 0.091 | 0.752 | 递增 | 无效 | 0 | 111.892 | 190.588 | 3668.673 | 0 |
| | JZ2 | 0.822 | 0.853 | 0.964 | 递增 | 无效 | 0 | 0 | 0 | 0 | 317.370 |
| | JZ3 | 1.000 | 1.000 | 1.000 | 不变 | 有效 | 0 | 0 | 0 | 0 | 0 |
| | JZ4 | 0.470 | 0.927 | 0.507 | 递增 | 无效 | 0 | 0 | 0 | 15882.512 | 0 |
| | JZ5 | 1.000 | 1.000 | 1.000 | 不变 | 有效 | 0 | 0 | 0 | 0 | 0 |
| | JZ6 | 1.000 | 1.000 | 1.000 | 不变 | 有效 | 0 | 0 | 0 | 0 | 0 |
| | 平均值 | 0.727 | 0.812 | 0.871 | | | 0 | 18.649 | 31.765 | 3258.531 | 52.895 |
| 主城区 | XC1 | 1.000 | 1.000 | 1.000 | 不变 | 有效 | 0 | 0 | 0 | 0 | 0 |
| | XC2 | 0.594 | 1.000 | 0.594 | 递减 | 弱有效 | 0 | 0 | 0 | 0 | 0 |
| | XC3 | 1.000 | 1.000 | 1.000 | 不变 | 有效 | 0 | 0 | 0 | 0 | 0 |
| | XC4 | 0.799 | 0.801 | 0.997 | 递减 | 无效 | 0 | 36.716 | 140.450 | 0 | 40.637 |
| | XC5 | 0.389 | 1.000 | 0.389 | 递增 | 弱有效 | 0 | 0 | 0 | 0 | 0 |
| | XC6 | 0.273 | 0.877 | 0.311 | 递增 | 无效 | 0 | 40.840 | 0 | 22515.763 | 0 |
| | 平均值 | 0.676 | 0.946 | 0.715 | | | 0 | 12.926 | 23.408 | 3752.627 | 6.773 |
| 平均值 | | 0.701 | 0.879 | 0.793 | | | 0 | 15.787 | 27.587 | 3505.579 | 29.834 |

表 6-31　2015 年焦作市新城区和主城区医疗资源配置 DEA 效率值和松弛变量

| | 医院 | TE | PTE | SE | 规模报酬 | 相对有效性 | S1− | S2− | S3− | S1+ | S2+ |
|---|---|---|---|---|---|---|---|---|---|---|---|
| 新城区 | JZ1 | 0.676 | 1.000 | 0.676 | 递减 | 弱有效 | 0 | 0 | 0 | 0 | 0 |
| | JZ2 | 0.773 | 0.819 | 0.944 | 递增 | 无效 | 0 | 0 | 0 | 0 | 57.866 |
| | JZ3 | 1.000 | 1.000 | 1.000 | 不变 | 有效 | 0 | 0 | 0 | 0 | 0 |
| | JZ4 | 1.000 | 1.000 | 1.000 | 不变 | 有效 | 0 | 0 | 0 | 0 | 0 |
| | JZ5 | 0.836 | 0.860 | 0.972 | 递减 | 无效 | 4.357 | 0 | 0 | 0 | 0 |
| | JZ6 | 1.000 | 1.000 | 1.000 | 不变 | 有效 | 0 | 0 | 0 | 0 | 0 |
| | 平均值 | 0.881 | 0.947 | 0.932 | | | 0.726 | 0 | 0 | 0 | 9.644 |

续表

|  | 医院 | TE | PTE | SE | 规模报酬 | 相对有效性 | S1− | S2− | S3− | S1+ | S2+ |
|---|---|---|---|---|---|---|---|---|---|---|---|
| 主城区 | XC1 | 1.000 | 1.000 | 1.000 | 不变 | 有效 | 0 | 0 | 0 | 0 | 0 |
|  | XC2 | 1.000 | 1.000 | 1.000 | 不变 | 有效 | 0 | 0 | 0 | 0 | 0 |
|  | XC3 | 1.000 | 1.000 | 1.000 | 不变 | 有效 | 0 | 0 | 0 | 0 | 0 |
|  | XC4 | 1.000 | 1.000 | 1.000 | 不变 | 有效 | 0 | 0 | 0 | 0 | 0 |
|  | XC5 | 0.540 | 1.000 | 0.540 | 递增 | 弱有效 | 0 | 0 | 0 | 0 | 0 |
|  | XC6 | 0.894 | 1.000 | 0.894 | 递增 | 弱有效 | 0 | 0 | 0 | 0 | 0 |
|  | 平均值 | 0.906 | 1 | 0.906 |  |  | 0 | 0 | 0 | 0 | 0 |
| 平均值 |  | 0.893 | 0.973 | 0.919 |  |  | 0.363 | 0 | 0 | 0 | 4.822 |

表 6-32　2016 年焦作市新城区和主城区医疗资源配置 DEA 效率值和松弛变量

|  | 医院 | TE | PTE | SE | 规模报酬 | 相对有效性 | S1− | S2− | S3− | S1+ | S2+ |
|---|---|---|---|---|---|---|---|---|---|---|---|
| 新城区 | JZ1 | 0.549 | 1 | 0.549 | 递减 | 弱有效 | 0 | 0 | 0 | 0 | 0 |
|  | JZ2 | 0.685 | 0.761 | 0.900 | 递增 | 无效 | 0 | 0 | 128.694 | 397.655 | 0 |
|  | JZ3 | 1.000 | 1.000 | 1.000 | 不变 | 有效 | 0 | 0 | 0 | 0 | 0 |
|  | JZ4 | 0.990 | 0.991 | 0.999 | 递减 | 无效 | 0 | 0 | 0 | 9791.80 | 0 |
|  | JZ5 | 0.982 | 1.000 | 0.982 | 递减 | 弱有效 | 0 | 0 | 0 | 0 | 0 |
|  | JZ6 | 1.000 | 1.000 | 1.000 | 不变 | 有效 | 0 | 0 | 0 | 0 | 0 |
|  | 平均值 | 0.868 | 0.959 | 0.905 |  |  | 0 | 0 | 21.449 | 1698.243 | 0 |
| 主城区 | XC1 | 1.000 | 1.000 | 1.000 | 不变 | 有效 | 0 | 0 | 0 | 0 | 0 |
|  | XC2 | 1.000 | 1.000 | 1.000 | 不变 | 有效 | 0 | 0 | 0 | 0 | 0 |
|  | XC3 | 1.000 | 1.000 | 1.000 | 不变 | 有效 | 0 | 0 | 0 | 0 | 0 |
|  | XC4 | 1.000 | 1.000 | 1.000 | 不变 | 有效 | 0 | 0 | 0 | 0 | 0 |
|  | XC5 | 0.632 | 1.000 | 0.632 | 递增 | 弱有效 | 0 | 0 | 0 | 0 | 0 |
|  | XC6 | 0.944 | 1.000 | 0.944 | 递增 | 弱有效 | 0 | 0 | 0 | 0 | 0 |
|  | 平均值 | 0.929 | 1 | 0.929 |  |  | 0 | 0 | 0 | 0 | 0 |
| 平均值 |  | 0.899 | 0.979 | 0.917 |  |  | 0 | 0 | 10.724 | 849.122 | 0 |

表 6-33  2017 年焦作市新城区和主城区医疗资源配置 DEA 效率值和松弛变量

| | 医院 | TE | PTE | SE | 规模报酬 | 相对有效性 | S1− | S2− | S3− | S1+ | S2+ |
|---|---|---|---|---|---|---|---|---|---|---|---|
| 新城区 | JZ1 | 0.566 | 1.000 | 0.566 | 递减 | 弱有效 | 0 | 0 | 0 | 0 | 0 |
| | JZ2 | 0.980 | 1.000 | 0.980 | 递增 | 弱有效 | 0 | 0 | 0 | 0 | 0 |
| | JZ3 | 1.000 | 1.000 | 1.000 | 不变 | 有效 | 0 | 0 | 0 | 0 | 0 |
| | JZ4 | 1.000 | 1.000 | 1.000 | 不变 | 有效 | 0 | 0 | 0 | 0 | 0 |
| | JZ5 | 0.900 | 0.918 | 0.980 | 递增 | 无效 | 3.922 | 0 | 0 | 0 | 0 |
| | JZ6 | 0.678 | 0.825 | 0.822 | 递减 | 无效 | 35.479 | 0 | 448.229 | 0 | 0 |
| | 平均值 | 0.854 | 0.957 | 0.891 | | | 6.612 | 0 | 74.705 | 0 | 0 |
| 主城区 | XC1 | 1.000 | 1.000 | 1.000 | 不变 | 有效 | 0 | 0 | 0 | 0 | 0 |
| | XC2 | 1.000 | 1.000 | 1.000 | 不变 | 有效 | 0 | 0 | 0 | 0 | 0 |
| | XC3 | 1.000 | 1.000 | 1.000 | 不变 | 有效 | 0 | 0 | 0 | 0 | 0 |
| | XC4 | 1.000 | 1.000 | 1.000 | 不变 | 有效 | 0 | 0 | 0 | 0 | 0 |
| | XC5 | 0.545 | 1.000 | 0.545 | 递增 | 弱有效 | 0 | 0 | 0 | 0 | 0 |
| | XC6 | 0.758 | 1.000 | 0.758 | 递增 | 弱有效 | 0 | 0 | 0 | 0 | 0 |
| | 平均值 | 0.884 | 1.000 | 0.884 | | | 0 | 0 | 0 | 0 | 0 |
| 平均值 | | 0.869 | 0.979 | 0.887 | | | 3.283 | 0 | 37.352 | 0 | 0 |

（一）横向分析

下面对 2017 年焦作市新城区和主城区医疗资源配置效率 DEA 计算结果进行分析。

1. 2017 年新城区 6 家样本医院医疗资源配置 DEA 效率值分析

2017 年新城区 6 家样本医院医疗资源配置 DEA 效率值可视化如图 6-2 所示。资源配置为有效的医院有两家，分别是 JZ3 和 JZ4，占比 33.33%，其技术效率、纯技术效率、规模效率都为 1。技术效率为 1 表明技术有效，显示医院处于理想规模；纯技术效率为 1 表明纯技术效率有效，显示在现有的资源投入前提下，管理和技术水平等因素都达到了最优，医院实现了最大的产出；规模效率为 1 表明医院规模有效,显示医院处于规模收益不变阶段,医院是以最合适的生产规模进行生产。JZ3 和 JZ4 这两家医院技术效率、纯技术效率、规模效率都为1,表明这两家医院现有职工总数、财政补助、固定资产 3 项投入都得到了最大限度的利用,门急诊人次、业务收入也得到最大的产出,医院现有各项投入和产出与医院的规模配置非常合理。

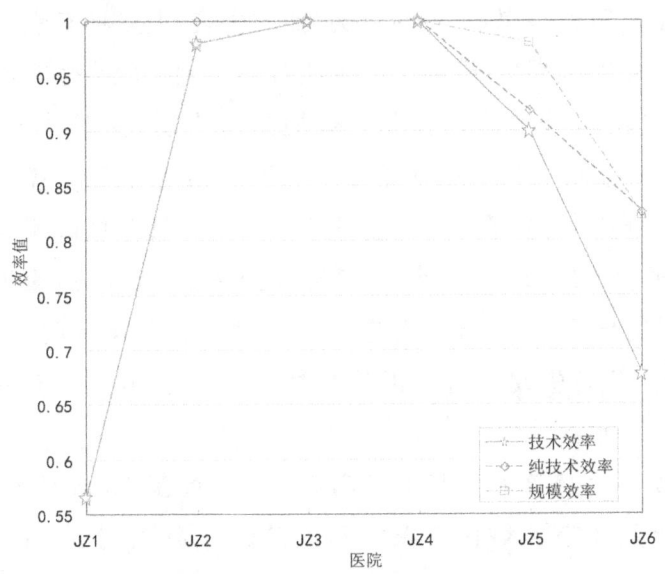

图 6-2　2017 年新城区 6 家医院医疗资源配置 DEA 效率值

医疗资源配置为弱有效的医院有两家,分别是 JZ1 和 JZ2,占比 33.33%,其纯技术效率都为 1,规模效率分别为 0.566、0.980,技术效率分别为 0.566、0.980。技术效率都小于 1,表明职工总数、财政补助、固定资产等投入和产出与医院规模配置不合理导致效率低下。纯技术效率都为 1,表明这两家医院职工总数、财政补助、固定资产 3 项投入都得到了最大限度的利用,管理和技术水平等因素都达到了最优,门急诊人次、业务收入 2 项产出也达到了最大限度。规模效率都小于 1,JZ1 处于规模报酬递减阶段,表明 JZ1 规模过大没有充分利用导致效率低下,应缩小规模;而 JZ2 处于规模报酬递增阶段,表明 JZ2 规模过小不足使用导致效率低下,应扩大规模。

医疗资源配置为无效的医院有两家,分别是 JZ5 和 JZ6,占比

33.33%。从效率角度来看,医院 JZ5 和 JZ6 的技术效率分别为 0.900、0.678,纯技术效率分别为 0.918、0.825,规模效率分别为 0.980、0.822。可以看到 JZ5 规模效率值大于纯技术效率及技术效率值,技术效率低下主要是受其纯技术效率的影响;JZ6 规模效率值大于技术效率,规模效率值与纯技术效率值基本相当,技术效率低下受其纯技术效率和规模效率的共同影响。这表明这两家医院医疗技术专业人员与管理人员的配置、管理和技术水平等因素都没有达到最优,进而影响技术效率的改善。从规模角度来看,医院 JZ5 在 2017 年处于规模报酬递增阶段,表明规模过小不足使用导致效率低下而应扩大规模,保持现有门急诊人次、业务收入不变,职工总数平均可以减少 3.922 人;医院 JZ6 在 2017 年处于规模报酬递减阶段,表明规模过大没有充分利用导致效率低下而应缩小规模,保持现有门急诊人次、业务收入不变,职工总数平均可以减少 35.479 人,固定资产平均可以减少 448.229 万元。

2. 2017 年主城区 6 家样本医院医疗资源配置 DEA 效率值分析

2017 年焦作市主城区 6 家样本医院医疗资源配置 DEA 效率值可视化如图 6-3 所示。资源配置为有效的医院有 4 家,分别是 XC1、XC2、XC3 和 XC4,占比 66.66%,其技术效率、纯技术效率、规模效率都为 1。技术效率为 1 表明技术有效,显示医院处于理想规模;纯技术效率为 1 表明纯技术效率有效,显示现有的职工总数、财政补助、固定资产 3 项投入都得到了最大限度的利用,管理和技术水平等因素都达到了最优,医院实现了最大的产出;规模效率为 1 表明医院规模有效,显示医院处于规模收益不变阶段,现有门急诊人次、业务收入也得到最大的产出,医院是以最合适的生产规模进行生产:这 4 家医院现有各项投入和产出与医院的规模配置非常合理。

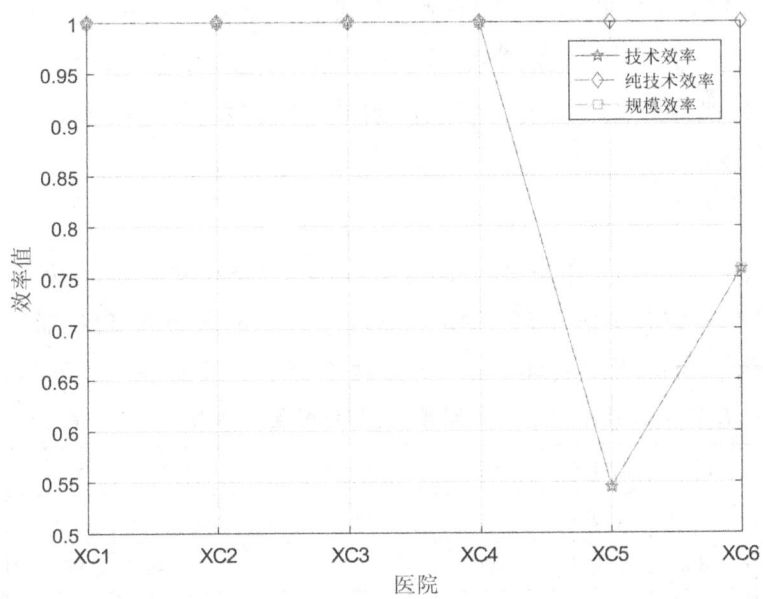

图 6-3  2017 年主城区 6 家医院医疗资源配置 DEA 效率值

医疗资源配置为弱有效的医院有两家,分别是 XC5 和 XC6,占比 33.33%,其纯技术效率都为 1,规模效率分别为 0.545、0.758,技术效率分别为 0.545、0.758。非常明显,技术效率低下都是由规模效率低下造成的。XC5 和 XC6 规模效率都小于 1,都处于规模报酬递增阶段,表明规模过小不足使用导致效率低下,应扩大规模。

3. 2017 年新城区和主城区 12 家样本医院优化分析

从表 6-33 可以看到欲优化 2017 年新城区和主城区 12 家样本医院的技术效率,新城区医院 JZ2、JZ5 需要扩大规模,JZ1、JZ6 需要缩小规模,JZ3、JZ4 规模保持不变;主城区医院 XC1、XC2、XC3、XC4 规模保持不变,XC5、XC6 需要扩大规模。同时,新城区医院 JZ1、JZ2、JZ3、JZ4 技术和管理等水平在现有规模下已经达到最好,应保持不变,JZ5、JZ6 需要努力提高技术和管理等水平;主城区 6 家医院技术和管理等水平在现有规模下已经达到最好,应保持不变。

表 6-33 松弛变量显示在现有产出水平下,新城区医院 JZ1、JZ2、JZ3、JZ4 投入的人力、财力、物力都得到了最大限度的利用,不需改

变;医院 JZ5 人力投入存在冗余,需减少 3.922 人;医院 JZ6 人力、物力投入都存在冗余,分别需减少 35.479 人、448.229 万元。主城区 6 家医院在现有产出水平下,人力、财力、物力都得到了最大限度的利用,不需改变。

(二)纵向分析

1. 2013—2017 年新城区医疗资源配置 DEA 效率值变动分析

2013—2017 年新城区医疗资源配置 DEA 效率值和松弛变量如表 6-34 所示。为便于观察和分析,将其效率值可视化如图 6-4 所示。

表 6-34　2013—2017 年新城区医疗资源配置 DEA 效率值和松弛变量

| 年份 | TE | PTE | SE | S1− | S2− | S3− | S1+ | S2+ |
| --- | --- | --- | --- | --- | --- | --- | --- | --- |
| 2017 | 0.854 | 0.957 | 0.891 | 6.612 | 0 | 74.705 | 0 | 0 |
| 2016 | 0.868 | 0.959 | 0.905 | 0 | 0 | 21.449 | 1698.243 | 0 |
| 2015 | 0.881 | 0.947 | 0.932 | 0.726 | 0 | 0 | 0 | 9.644 |
| 2014 | 0.727 | 0.812 | 0.871 | 0 | 18.649 | 31.765 | 3258.531 | 52.895 |
| 2013 | 0.773 | 0.830 | 0.922 | 0 | 0 | 0 | 7023.784 | 0 |
| 平均值 | 0.821 | 0.901 | 0.904 | 1.468 | 3.730 | 25.584 | 2396.112 | 12.508 |

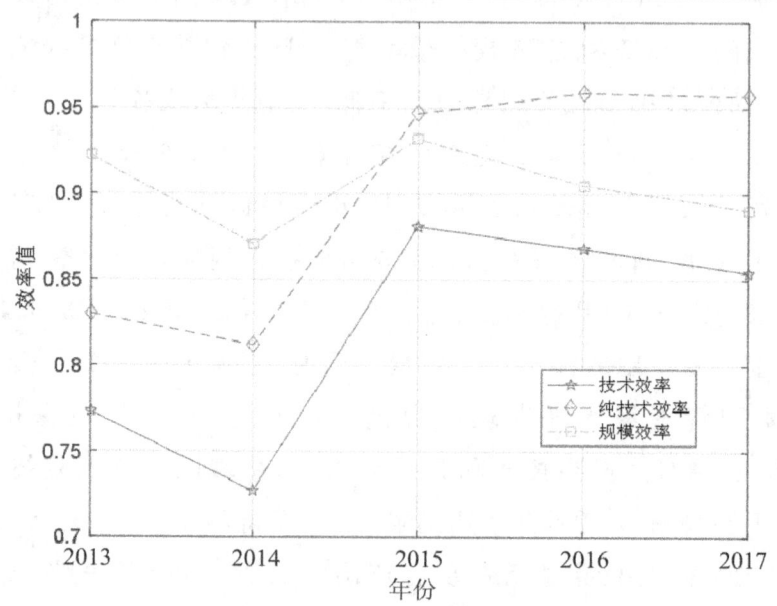

图 6-4　2013—2017 年新城区医疗资源配置 DEA 效率值变化趋势

从图 6-4 可以看到，2013 年到 2015 年间新城区技术效率值、纯技术效率值和规模效率值呈现出先下降后上升的走势，其值均小于 1，均处于无效状态。并且 2013—2014 年纯技术效率值均小于规模效率值，表明技术无效更多地是由纯技术效率低下造成的。随后，在 2016 到 2017 年间，技术效率和规模效率值呈现出下降趋势，纯技术效率值呈现出上升趋势，但其值均小于 1，均处于无效状态。表明这一时期管理和技术水平等在逐渐提高而规模配置在逐渐恶化，并且管理和技术水平等的逐渐提高导致纯技术效率逐渐提高难以抵御规模配置逐渐恶化导致规模效率逐渐下降，最终导致技术效率逐渐下降。这样的表现也提示焦作市在随后的一段时间里，要逐渐解决新城区医疗资源配置规模失当的问题。从优化角度来看，在保持产出不变的情况下，2017 年新城区医院职工总数平均可以减少 6.612 人，财政补助保持不变，固定资产平均可以减少 74.705 万元。

2. 2013—2017 年主城区医疗资源配置 DEA 效率值变动分析

2013—2017 年主城区医疗资源配置 DEA 效率值和松弛变量如表 6-35 所示。为便于观察和分析，将其效率值可视化如图 6-5 所示。

表 6-35 2013—2017 年主城区医疗资源配置 DEA 的效率值和松弛变量

| 年份 | TE | PTE | SE | S1− | S2− | S3− | S1+ | S2+ |
| --- | --- | --- | --- | --- | --- | --- | --- | --- |
| 2017 | 0.884 | 1.000 | 0.884 | 0 | 0 | 0 | 0 | 0 |
| 2016 | 0.929 | 1.000 | 0.929 | 0 | 0 | 0 | 0 | 0 |
| 2015 | 0.906 | 1.000 | 0.906 | 0 | 0 | 0 | 0 | 0 |
| 2014 | 0.676 | 0.946 | 0.715 | 0 | 12.926 | 23.408 | 3752.627 | 6.773 |
| 2013 | 0.880 | 0.988 | 0.891 | 0 | 0 | 0 | 4963.493 | 0 |
| 平均值 | 0.855 | 0.987 | 0.865 | 0 | 2.585 | 4.682 | 1743.224 | 1.355 |

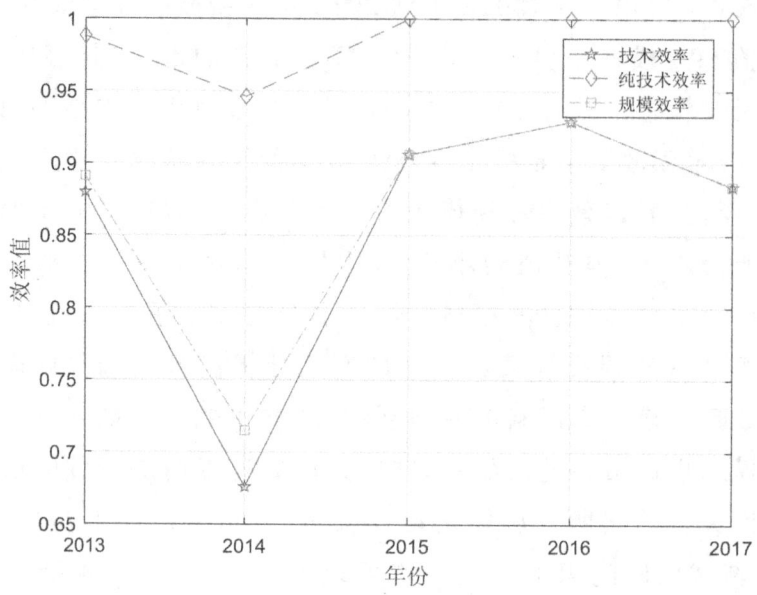

图 6-5  2013—2017 年主城区医疗资源配置 DEA 效率值变化趋势

从图 6-5 可以看到,2013 年到 2015 年间主城区技术效率值、纯技术效率值和规模效率值呈现出先下降后上升的走势。2013 年和 2014 年三种效率值均小于 1,均处于无效状态,并且规模效率值均小于纯技术效率值,表明技术无效更多地是由规模效率低下造成的。随后,在 2015 到 2017 年间,纯技术效率值均等于 1,处于稳定有效状态,而规模效率值呈现先上升后下降的走势,其值均小于 1,处于规模无效状态,最终导致技术效率值呈现先上升后下降的走势,其值均小于 1,处于弱有效状态。这样的表现提示焦作市在随后的一段时间里,要逐渐解决主城区医疗资源配置规模失当的问题。从优化角度来看,在保持现有投入、产出不变的情况下,通过对医院规模的调整,可以使医疗产出得以增加。

3. 2013—2017 年新城区和主城区医疗资源配置 DEA 效率值对比分析

2013—2017 年间新城区和主城区技术效率值可视化如图 6-6 所示。可以看到其变化趋势基本一致,都处于无效状态,尤其是 2016 年到 2017 年间技术效率值均趋于下降，表明新城区和主城区样本医院需要查明原因，综合改进。

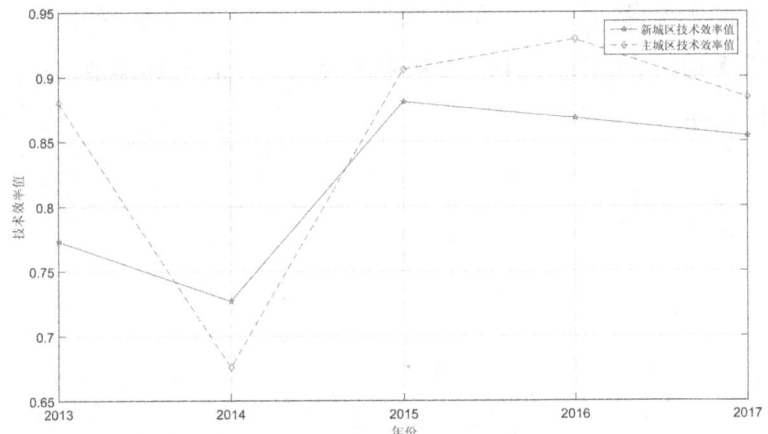

图 6-6　2013—2017 年新城区与主城区医疗资源配置技术效率变化趋势

2013—2017 年间新城区和主城区纯技术效率值可视化如图 6-7 所示。可以看到其变化趋势基本一致，都呈现下降、上升、基本稳定的走势。2015—2017 年，主城区纯技术效率值都等于 1，而新城区都小于 1，表明在管理和技术水平等方面，主城区处于最优状态，而新城区需要改进。

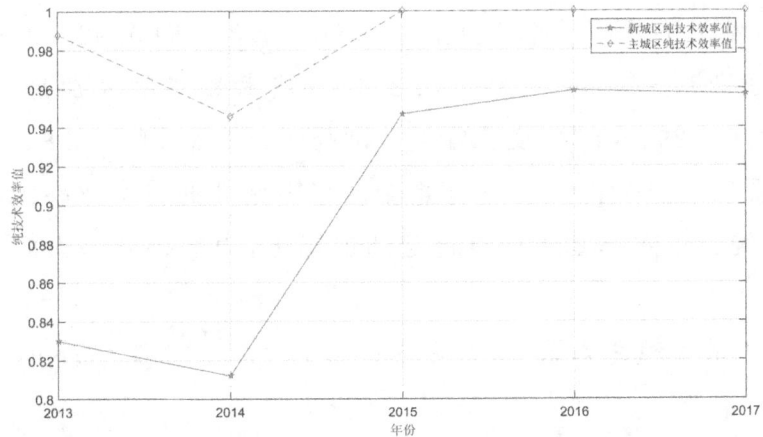

图 6-7　2013—2017 年新城区与主城区医疗资源配置纯技术效率变化趋势

2013—2017 年间新城区和主城区规模效率值可视化如图 6-8 所示。可以看到其变化趋势基本一致，都呈现下降、上升、下降的走势。2016 年到 2017 年，新城区和主城区规模效率值均呈现下降走势，但主城区下降速度快于新城区，表明新城区和主城区样本医院需要查明原因进行改进。

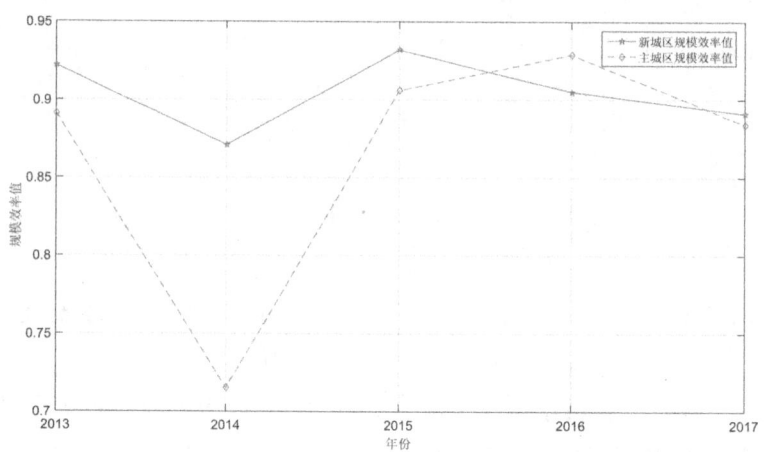

图 6-8　2013—2017 年新城区与主城区医疗资源配置规模效率变化趋势

结合表 6-34、表 6-35 数据，2016 年和 2017 年新城区与主城区的纯技术效率值分别是 0.959、0.957 和 1.000、1.000，变化幅度分别是－0.209% 和 0；规模效率值分别是 0.905、0.891 和 0.929、0.884，变化幅度分别是－1.547% 和－4.844%；技术效率值分别是 0.868、0.854 和 0.929、0.884，变化幅度分别是－1.613% 和－4.844%。可以明显看到，2016 年到 2017 年新城区与主城区的技术效率大幅度下降，是在纯技术效率基本保持稳定的前提下，由规模效率大幅度下降引起的。

4. 新城区和主城区 12 家样本医院医疗资源配置 DEA 效率值变动分析

把表 6-34、6-35 中 2013—2017 年新城区与主城区 12 家样本医院医疗资源配置 DEA 的效率值和松弛变量分别作平均计算，如表 6-36

所示。为便于观察和分析,将其效率值可视化如图 6-9 所示。

表 6-36  新城区和主城区 12 家样本医院医疗资源配置 DEA 的效率值和松弛变量

| 年份 | TE | PTE | SE | S1− | S2− | S3− | S1+ | S2+ |
| --- | --- | --- | --- | --- | --- | --- | --- | --- |
| 2017 | 0.869 | 0.979 | 0.888 | 39.401 | 0 | 448.229 | 0 | 0 |
| 2016 | 0.899 | 0.980 | 0.917 | 0 | 0 | 128.694 | 10189.455 | 0 |
| 2015 | 0.894 | 0.974 | 0.919 | 4.357 | 0 | 0 | 0 | 57.866 |
| 2014 | 0.702 | 0.879 | 0.793 | 0 | 189.448 | 331.038 | 42066.948 | 358.007 |
| 2013 | 0.827 | 0.909 | 0.907 | 0 | 0 | 0 | 71923.661 | 0 |
| 平均值 | 0.838 | 0.944 | 0.885 | 8.752 | 37.890 | 181.592 | 24836.017 | 83.175 |

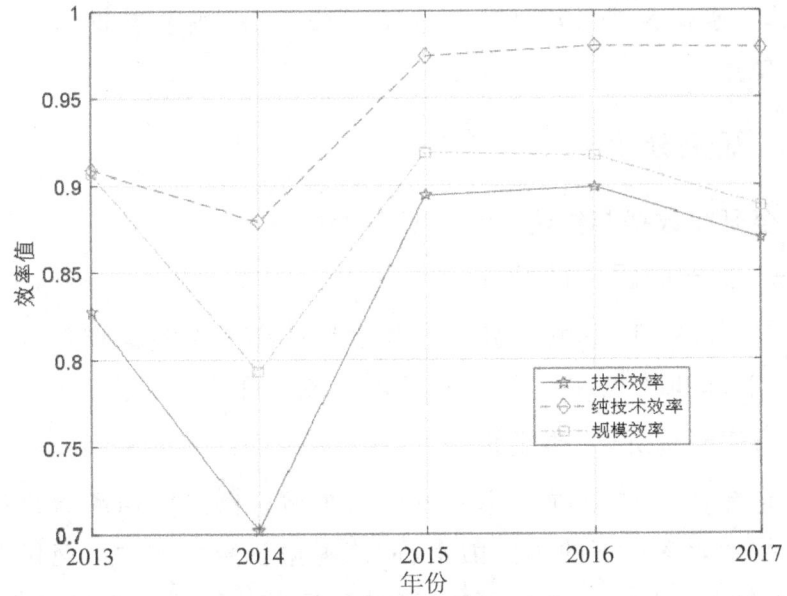

图 6-9  2013—2017 年新城区与主城区 12 家样本医院
医疗资源配置 DEA 效率变化趋势

从 2013—2017 年来看,新城区与主城区 12 家样本医院医疗资源配置 DEA 的技术效率、纯技术效率、规模效率值变化趋势基本一致,呈现先下降后上升的走势,但规模效率始终小于纯技术效率,表明技术效率低下是由纯技术效率、规模效率低下共同引起的,但规模效率低影响更大。

从 2013—2017 年松弛变量平均值来看,计算结果显示在现有产出水平下,焦作市2013—2017年新城区与主城区12家样本医院职工总数、财政补助、固定资产投入都存在冗余,平均分别需减少8.752人、37.890万元、181.592万元,门急诊人次、业务收入产出都不足,平均分别需增加24836.017人次、83.175万元。

总体来看,表6-36效率值显示在现有产出水平下,焦作市2017年新城区与主城区12家样本医院技术效率低下,规模效率小于纯技术效率,表明技术效率低下是由纯技术效率、规模效率低下共同引起的,但规模效率低影响更大;松弛变量显示在现有产出水平下,焦作市2017年新城区与主城区12家样本医院职工总数、固定资产投入都存在冗余,分别需减少39.401人、448.229万元,财政补助得到了最大效率的使用。

### 三、研究建议

结合研究数据与结论,提出以下建议。

#### (一)找出原因,对症下药

要深入调查研究,找出新城区与主城区样本医院医疗资源配置规模失当、管理和技术水平等低下的原因,对症下药。

#### (二)辨明情况,分类施策

研究表明2017年焦作市新城区与主城区医疗资源配置规模失当是导致技术效率低下的主要因素,应该根据新城区与主城区医院的具体情况,分类施策。就规模而言,新城区医院JZ2、JZ5需要扩大规模,JZ1、JZ6需要缩小规模,JZ3、JZ4规模保持不变;主城区医院XC1、XC2、XC3、XC4规模保持不变,XC5、XC6需要扩大规模。就技术和管理等水平而言,新城区医院JZ1、JZ2、JZ3、JZ4在现有规模下已经达到最好,应保持不变,JZ5、JZ6需要努力提高技术和管理等水平;主城区6家医院在现有规模下已经达到最好,应保持不变。

#### (三)突出重点,有序改进

2016年到2017年新城区与主城区的技术效率大幅度下降,是在纯技术效率基本保持稳定的前提下,由规模效率大幅度下降引起的。这表明焦作市将来一段时间工作的主基调是,首先要着力解决新城区与主城区医疗资源配置规模失当的问题,然后解决管理和技术水平问题等。但不同的医院,要区分情况,突出重点,有序改进。具体来说,新城区医院 JZ1 要优先缩小规模,技术和管理等水平保持不变;医院 JZ2 要优先扩大规模,技术和管理等水平保持不变;JZ3 和 JZ4 规模、技术和管理等水平保持不变;JZ5 要优先扩大规模,提高技术和管理等水平;JZ6 要优先缩小规模,提高技术和管理等水平。主城区医院 XC1、XC2、XC3 和 XC4 规模、技术和管理等水平保持不变;XC5 和 XC6 要优先扩大规模,技术和管理等水平保持不变。

# 第七章 城市新区交通资源要素配置效率分析

交通资源作为一种城市新区建设中优先配置的资源，在城市新区发展中具有重要作用，交通资源配置效率的高低会影响城市新区发展的进度。目前对交通资源尚无公认的内涵解释。笔者以为，交通资源有公共属性部分，也有私人属性部分。如果某地区私家车拥有率较高，说明该地区交通资源较为丰富。从目前来看，交通资源主要体现在出行交通上，而日常出行则主要体现为公路交通。因此，公路交通的配置成为交通资源要素配置的重要方面。

## 第一节 交通资源包含的内容

### 一、道路交通资源

道路交通资源是最重要的交通资源之一，也是交通资源效率的基础。道路交通资源包括道路的长度及面积。道路长度反映了整个区域内的道路密集程度，同时道路长度也体现了区域与外界的通达能力。道路面积则反映出这些道路的宽度如何，同等长度下，道路面积越大，说明道路越宽阔，能同时通行的汽车或行人就越多。

## 二、交通业从业人员

好的交通体系离不开从业人员的管理,我们经常可以看到这样的场景:在上班早高峰,虽然十字路口有红绿灯,但是路却被完全堵死了,堵在十字路口中间的汽车进退两难,在过来一名交警之后,通过交警的指挥,最后恢复了通畅。在早年的北京,一些人流量较大的公交车站,有专门的交通执勤人员指挥排队,并将乘客往车厢里推,力求让公交车能多载几名乘客。这都说明交通业从业人员对提高交通效率有着重要作用。

## 三、公共汽车

公共汽车包括公共汽车的数量、公共汽车的线路条数、公共汽车的线路长度。公共汽车的数量越多,能够容纳的乘客数量就越多,公共交通就越便利。公共汽车线路条数越多,能享受公共交通便利的区域就越多,城市的公共交通体系就越健全,人们出行就越方便。公共汽车线路长度则反映出公共交通线路的密集程度,线路总长度越长,说明能够惠及的市民就越多。

## 四、交通业固定资产投资

资金投入也是城市交通资源的重要部分,城市的交通资源在使用一段时间后,往往会出现各种毛病,如道路坑洼不平、交通指示标志模糊不清、公交车辆临近报废、道路附属设施损坏等问题。这就需要城市新区增加投资,进行维护,同时增加新的交通设施。因此,固定资产投资能够反映出区域交通资源的投入。

当然,交通资源包括的内容还有很多,如汽车保有量、铁路交通、航空交通、水运交通、地铁、轻轨、出租车等,这些交通资源不在本文探讨的范围之内,因此不做过多介绍。

## 第二节　城市新区交通资源效率评价

### 一、交通资源的经济效率

交通资源的经济效率可以通过经济产出与经济投入的比较加以测量。经济产出以 GDP 及出口总额进行衡量,经济投入可以用交通行业的固定资产投资加以衡量。以天津滨海新区为例,实证分析如下:

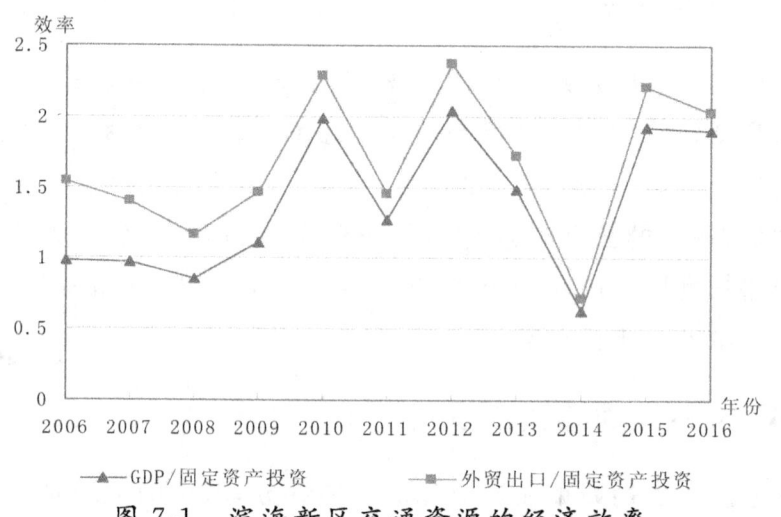

图 7-1　滨海新区交通资源的经济效率

从图 7-1 可以看出,以 GDP 和外贸出口衡量经济产出,滨海新区交通资源的经济效率呈现出的结果非常一致。大多数年份里,交通资源的经济效率高于 1,说明滨海新区的资源效率高于母城。以外贸出口衡量的经济效率一直高于以 GDP 衡量的经济效率,说明滨海新区的外贸出口这一经济变量的表现优于 GDP 的产出。2014 年滨海新区的交通资源的经济效率突然下降,原因在于 2014 年滨海新区的交通行业固定资产投资激增,从 2013 年的 265.8791 亿元增加到 638.864 亿元,但经济产出却不会增长如此迅猛,导致经济效率突然下降。

## 二、交通资源的人口效率

便捷的交通可以为城市新区带来人流量的增加。因此,交通资源的人口效率也可以通过人口产出来加以衡量。人口产出包括带来的常住人口及户籍人口的增加。计算滨海新区的交通资源的人口效率,如图 7-2 所示：

图 7-2 滨海新区交通资源的人口效率

从图 7-2 可以看到,自 2006 到 2016 年,滨海新区交通资源的人口效率呈现出明显的 U 形变化,效率先下降后上升。分析图 7-2,可以看到以户籍人口衡量的交通资源效率一直小于 1,说明滨海新区吸引人口入籍的效率较低,民众对滨海新区的长期发展潜力并不看好。以常住人口衡量的交通资源效率在 2010—2013 年小于 1,其他年份均大于 1,说明滨海新区提供的就业机会较为充足,吸引常住人口的效率较高。

## 三、交通资源的社会效率

对交通资源的社会效率,可以用吸引的外资或从业人员总量来加以衡量,因为交通资源的投入带来交通条件的改善,从而使该区域对

外资的吸引力、带来的就业总量均能得到提高。计算滨海新区的交通资源的社会效率,如图7-3所示:

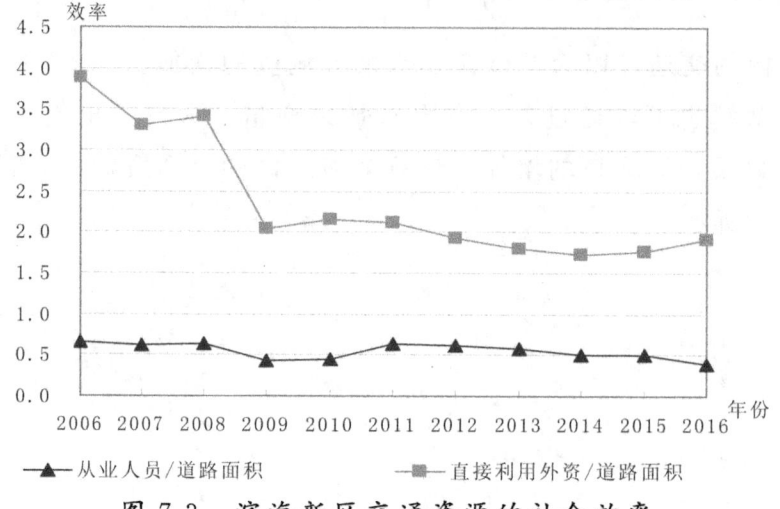

图 7-3　滨海新区交通资源的社会效率

通过图7-3可以看到,滨海新区交通资源的社会效率基本在逐渐下降,以直接利用外资衡量的交通资源社会效率从2006年的3.87降到了2016年的1.91,而以从业人员衡量的交通资源社会效率则从2006年的0.65降到了2016年的0.4,社会效率下降的主要原因在于,在城市新区设立的最初几年,由于轰动效应,外界投资、就业者均看好新区这片热土,但随着时间的推移,其关注率逐渐下降,资源的社会效率也就开始逐渐下降了。

### 四、交通资源的安全效率

交通安全对于区域交通产业来说更加重要,提高交通资源效率应该以交通安全作为前提。因此,有必要测算城市新区的交通资源的安全效率。

安全效率的测算模型为

$$E_s = 1 - \frac{D_a}{P_t} \qquad (7\text{-}1)$$

式中,$E_s$表示交通资源安全效率,$D_a$表示交通事故致死人数,$P_t$

表示交通业从业人员数。

以浦东新区作为研究对象,以上海为对照,数据来源于各年度《上海浦东新区统计年鉴》及《上海统计年鉴》,经过测算,结果如图 7-4 所示。

从图 7-4 可以看到,浦东新区的交通资源安全效率始终低于上海市区。上海市区的交通资源安全效率在逐年上升,说明上海的交通安全状况在逐步好转。而浦东新区的交通资源安全效率则呈现平稳的波浪起伏,没有下降的趋势,说明浦东新区的交通资源安全效率没有明显的好转。分析其原因,可能是浦东新区的交通路况比上海市区更好,交通拥挤程度比上海市区也要好一些,使得浦东新区的平均车速高于上海市区,而车速过快往往是车祸的重要原因。

由此可见,城市新区的道路交通通行状况虽然比市区好得多,但是其安全效率却低于市区,这也是城市新区在交通资源配置方面需要加强的。

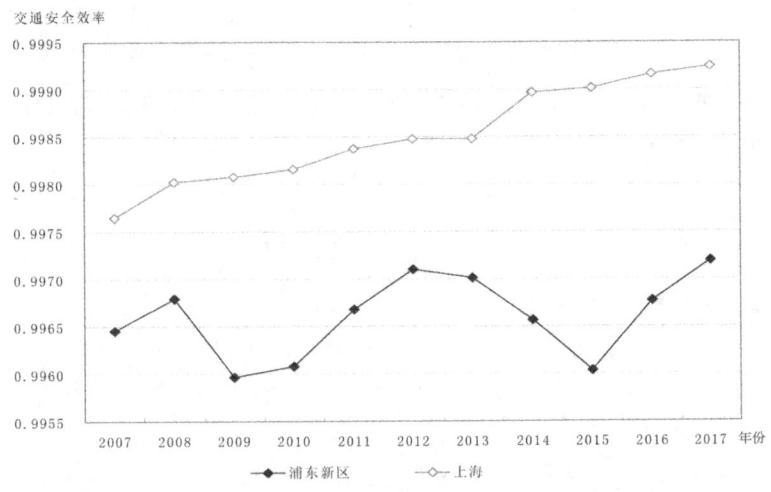

图 7-4　浦东新区和上海交通资源的安全效率分析

## 第三节 城市新区公共交通资源配置效率

### 一、评价指标

考虑到数据的可获得性,城市新区公共交通资源配置效率评价指标定为以下 4 个,其中 3 个投入指标,1 个产出指标,如表 7-1:

表 7-1 城市新区公共交通资源配置效率评价指标

| 代码 | 名称 | 单位 | 指标类型 |
| --- | --- | --- | --- |
| Bus | 公共汽车营运车辆 | 辆 | 投入指标 |
| Line | 公交线路条数 | 条 | 投入指标 |
| Length | 公交线路长度 | 公里 | 投入指标 |
| Y | 乘客人数 | 万人次 | 产出指标 |

### 二、对浦东新区及滨海新区公共交通的 DEA 评价

使用 2006—2018 年《上海浦东新区统计年鉴》及《天津滨海新区统计年鉴》数据,对两个新区的公共交通资源的效率进行 DEA 分析,分析结果如图 7-5:

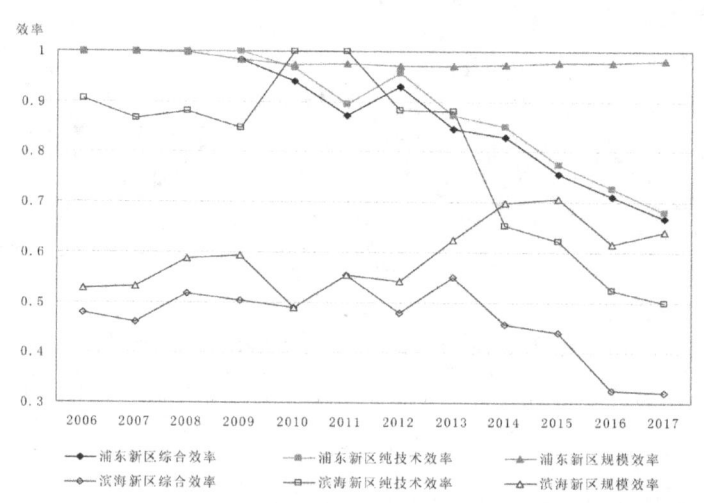

图 7-5 浦东新区及滨海新区公共交通资源配置效率评价

从图 7-5 可以看出,从 2006 年到 2017 年,上海浦东新区公共交通资源的综合效率呈现出持续下降的趋势,从 1 下降到了 0.667;浦东新区的纯技术效率也呈现出下降的趋势,与综合效率变化趋势完全一致;而浦东新区的规模效率则呈现出基本平稳的态势,先缓慢下降,后缓慢上升,而且规模效率始终在 0.97 以上。

滨海新区的公共交通资源效率变化则比较复杂,起伏较大。综合效率在 2006—2013 年呈波浪状起伏上升,从 2006 年的 0.478 上升到 2013 年的 0.55,但是从 2013 年开始到 2017 年出现了持续快速下降,降到了 2017 年的 0.32。滨海新区的纯技术效率在 2006—2009 年呈现缓慢下降的态势,在 2010 年出现了突然提高的态势,效率从 2009 年的 0.848 上升到了 2010 年的最高效率 1,但是从 2011 年到 2017 年则出现了持续大幅下降,效率从 2011 年的 0.999 下降到了 2017 年的 0.5,下降幅度非常明显。规模效率在 2006 年到 2012 年呈现出波浪起伏变化,变化幅度不是太大,从 2012 年到 2014 年出现了持续上升的趋势,2016 年又出现了小幅下降。对比上海浦东新区和天津滨海新区,可以看到浦东新区的公共交通效率普遍高于滨海新区的公共交通效率,说明作为我国第一个国家级城市新区,上海浦东新区的公共交通发展比较完善,运行效率较高。

综上分析可以看出,城市新区的公共交通资源效率与时间没有绝对的关系,即使某个年份实现了最优化配置,效率达到了最大,但是随着情况的不断变化,效率可能会又出现下降,公共交通资源效率是一个动态变化的过程。因此,对于公共交通资源的配置,需要不断动态调整,使其效率实现最大化。

## 三、城市新区公共交通资源配置效率影响因子

(一)模型设定

采用本节开始设定的评价因子,由于解释变量有 3 个,可以采用多元回归分析模型。该模型可以运用矩阵表示为

$$\begin{bmatrix} Y_1 \\ Y_2 \\ Y_3 \\ \vdots \\ Y_n \end{bmatrix} = \begin{bmatrix} 1 & Bus_1 & Line_1 & Length_1 \\ 1 & Bus_2 & Line_2 & Length_2 \\ 1 & Bus_3 & Line_3 & Length_3 \\ \vdots & \vdots & \vdots & \vdots \\ 1 & Bus_n & Line_n & Length_n \end{bmatrix} \begin{bmatrix} c_0 \\ c_1 \\ c_2 \\ \vdots \\ c_7 \end{bmatrix} + \begin{bmatrix} \varepsilon_1 \\ \varepsilon_2 \\ \varepsilon_3 \\ \vdots \\ \varepsilon_n \end{bmatrix}$$

上述矩阵可以表示为以下模型：

$$\ln Y_{it} = c_t + c_{it} \sum_{i=1}^{i=n} \ln X_{it} + \varepsilon_{it}$$

式中，$Y$ 表示乘客人数，$n$ 表示因变量的数量，$c$ 表示常数，$\varepsilon$ 表示扰动项。

(二) 数据来源

采用 2007—2018 年各年度《天津滨海新区统计年鉴》《上海浦东新区统计年鉴》，数据为 2006—2017 年共 12 个年度的数据，数据基本情况见表 7-2：

表 7-2 典型城市新区公共交通数据情况

| 区域 | 指标 | 平均值 | 最大值 | 最小值 | 标准差 |
|---|---|---|---|---|---|
| 浦东新区 | 乘客人数/万人 | 53927.50 | 68521 | 35770 | 9693.58 |
| | 公共汽车营运车辆/辆 | 3402.50 | 4081 | 1987 | 732.58 |
| | 公交线路条数/条 | 258.17 | 368 | 113 | 85.97 |
| | 公交线路长度/公里 | 4483.33 | 5289 | 2365 | 1078.16 |
| 滨海新区 | 乘客人数/万人 | 11979.08 | 15300 | 8200 | 2140.78 |
| | 公共汽车营运车辆/辆 | 1497.67 | 2330 | 960 | 470.78 |
| | 公交线路条数/条 | 96.25 | 147 | 53 | 27.91 |
| | 公交线路长度/公里 | 2622.03 | 4084 | 1378 | 801.64 |

从交通资源投入和产出数据来看，浦东新区的投入和产出数据均高于滨海新区，主要是因为浦东新区的设置年份要早于滨海新区，其交通产业发展更为成熟。

## （三）回归分析

利用 Eviews6.0 软件对模型进行 OLS 估计，采用逐步回归的方法，将不显著的因子逐一剔除，结果如表 7-3 所示。

表 7-3　典型城市新区公共交通资源效率回归结果

| 区域 | C | Bus | Line | Length | 调整 $R^2$ |
|---|---|---|---|---|---|
| 浦东新区 | — | 1.1257<br>(0.0080) | −0.8710<br>(0.0000) | 0.7804<br>(0.0479) | 0.9189 |
| 滨海新区 | 11.2960<br>(0.0000) | — | 1.7581<br>(0.0004) | −1.2562<br>(0.0026) | 0.8369 |

注：括号内为 $P$ 值。

分析回归结果，浦东新区公共交通资源效率回归的调整 $R^2$ 为 0.9189，说明回归方程拟合优度较高。从回归系数及 $P$ 值来看，可以发现所有的 $P$ 值均小于 0.05，说明各因子的回归系数较为显著。常数项 C 被剔除，说明影响浦东新区公共交通乘客量没有其他因素。Bus（公共汽车营运车辆数）的回归系数为 1.1257，说明公共汽车营运车辆每增加 1%，可以使乘客人数增加 1.1257%，影响效果较为明显。而 Line（公交线路条数）的回归系数为 −0.8710，说明这个变量对乘客人数增加的影响为负，公交线路条数每增加 1%，会使乘客人数减少 0.871%。这与常识貌似不符，一般线路增加肯定会增加乘客量，笔者以为，这可能与浦东新区的公共交通系统较为成熟有关，在增加了公交线路条数后，使得公交线路更为复杂，乘客需要转乘更多的次数，导致有些乘客转乘其他的交通工具（如地铁、出租车）。Length（公交线路长度）的回归系数为 0.7804，说明公交线路长度每增加 1%，会使乘客人数增加 0.7804%。

滨海新区公共交通资源效率回归的调整 $R^2$ 为 0.8369，说明回归方程拟合优度较高，当然比浦东新区的回归方程拟合优度稍低。从回归系数及 $P$ 值来看，可以发现所有的 $P$ 值均小于 0.01，说明各因子的回归系数较为显著。从回归系数来看，常数项 C 的影响系数最大，达到了 11.2960，说明影响滨海新区公共交通乘客量的还有其他因子,如人口数量的增加、居民区的建成等。Bus(公共汽车营运车辆数)这一变量被剔除,说明公共汽车营运车辆数对乘客数量增加的影响不明显,这可能是因为滨海新区整体乘客不足,公共汽车营运车辆数已经比较充裕,再增加公共汽车车辆,对乘客量的增加毫无影响。而Line(公交线路条数)的回归系数为1.7581,说明这个变量对乘客人数增加的影响比较明显,公交线路条数每增加1%,会使乘客人数增加1.7581%。Length(公交线路长度)的回归系数为-1.2562,说明公交线路长度每增加1%,会使乘客人数减少1.2562%,其原因可能是滨海新区的公交线路条数较少,而增加线路长度可能会使得公共汽车运行一次所需要的时间过长,导致人流密集的站点等车时间过长,从而使得乘客转乘其他交通工具。

(四)结论及建议

通过上述回归分析,可以发现,浦东新区公共交通资源的配置中,对乘客人数增加影响最大的是公共汽车营运车辆数,其次是公交线路长度。这说明目前浦东新区的公共交通营运车辆数量有些不足,需要增加配置,另外,由于浦东新区的框架较大,乘客远距离乘坐公共交通时,换乘次数过多,需要延长线路长度。

滨海新区与浦东新区情况不同,由于滨海新区设置较晚,各项建设不成熟,导致乘客量不足。对乘客量增加影响最大的是公交线路条数,说明滨海新区要想提高交通效率,需要增加公交线路条数,随着滨海新区的城市建设发展,一些新开发的区域也需要增设公交线路。

## 第四节 城市新区交通资源效率的回归分析

### 一、变量选取

选取 GDP、常住人口(Pr)、直接利用外资(Fc)、外贸出口(Ex)4 个指标作为因变量,以道路长度(Lr)、道路面积(Ar)、公共汽车营运车辆(Bus)、公共汽车线路条数(Rn)、公共汽车线路长度(Lb)、交通业固定资产投资(Ti)、交通业从业人员(Te)作为自变量。

### 二、数据来源

采用 2007—2018 年各年度《天津滨海新区统计年鉴》,数据基本情况见表 7-4:

表 7-4 滨海新区交通资源基本情况

| 变量 | 平均值 | 最大值 | 最小值 | 标准差 |
| --- | --- | --- | --- | --- |
| GDP/亿元 | 10002.31 | 1960.50 | 5975.71 | 2890.86 |
| 常住人口(Pr)/万人 | 299.42 | 156.12 | 244.86 | 49.57 |
| 直接利用外资(Fc)/亿美元 | 1165.08 | 103.25 | 551.96 | 379.75 |
| 外贸出口(Ex)/亿美元 | 328.20 | 197.14 | 270.61 | 43.50 |
| 道路长度(Lr)/公里 | 2359.00 | 945.39 | 1616.07 | 499.10 |
| 道路面积(Ar)/万平方米 | 5325.00 | 1657.64 | 3439.49 | 1416.11 |
| 公共汽车营运车辆(Bus)/辆 | 2162.00 | 960.00 | 1422.00 | 436.33 |
| 公共汽车线路条数(Rn)/条 | 140.00 | 53.00 | 91.64 | 25.57 |
| 公共汽车线路长度(Lb)/公里 | 3972.20 | 1378.00 | 2489.05 | 733.30 |
| 交通业固定资产投资(Ti)/亿元 | 638.86 | 93.10 | 244.14 | 143.03 |
| 交通业从业人员(Te)/人 | 86844.00 | 50889.00 | 68351.55 | 13043.44 |

上述各类数据差距较大,为了减小异方差的影响,在进行计算时,所有数据取对数。取对数后,可以减少多重共线性的影响,也可以减

少数据量纲不同的影响,考察的是自变量与因变量的弹性之间的关系,也就是自变量的变化率对因变量的变化率的影响。

### 三、模型设定

由于解释变量有 7 个,而且研究的对象只有天津滨海新区一个,因此,要估计各解释变量对 GDP、常住人口、直接利用外资、外贸出口 4 个变量的影响,可以采用多元回归分析模型。

该模型可以运用矩阵表示为

$$\begin{pmatrix} Y_1 \\ Y_2 \\ Y_3 \\ \vdots \\ Y_n \end{pmatrix} = \begin{pmatrix} 1 & Lr_1 & Ar_1 & Bus_1 & Rn_1 & Lb_1 & Ti_1 & Te_1 \\ 1 & Lr_2 & Ar_2 & Bus_2 & Rn_2 & Lb_2 & Ti_2 & Te_2 \\ 1 & Lr_3 & Ar_3 & Bus_3 & Rn_3 & Lb_3 & Ti_3 & Te_3 \\ \vdots & \vdots & \vdots & \vdots & \vdots & \vdots & \vdots & \vdots \\ 1 & Lr_n & Ar_n & Bus_n & Rn_n & Lb_n & Ti_4 & Te_n \end{pmatrix} \begin{pmatrix} c_0 \\ c_1 \\ c_2 \\ \vdots \\ c_7 \end{pmatrix} + \begin{pmatrix} \varepsilon_1 \\ \varepsilon_2 \\ \varepsilon_3 \\ \vdots \\ \varepsilon_n \end{pmatrix}$$

上述矩阵可以表示为以下模型:

$$\ln Y_{it} = c_i + \sum_{i=1}^{i=n} \ln X_{it} + \varepsilon_{it}$$

式中,$Y$ 表示各因变量,$n$ 表示因变量的数量,$c$ 表示常数,$\varepsilon$ 表示扰动项。

### 四、实证分析

利用 Eviews6.0 软件,以滨海新区为例,对模型进行 OLS 估计,由于自变量存在共线性问题,因此,采用逐步回归的方法,将不显著的变量逐一剔除,最终得到较为满意的回归结果,如表 7-5 所示。

表 7-5 滨海新区交通资源效率回归结果

|  | ln_GDP | ln_Pr | ln_Fc | ln_Ex |
| --- | --- | --- | --- | --- |
| $c$ | −19.7682(0.0151) | 1.1601(−0.0400) | −32.1265(0.0041) | −23.9524(−0.0120) |
| ln_Lr | 1.6048(0.0005) | 0.8344(0.0000) | 2.2924(0.0002) | — |
| ln_Ar | — | — | — | −0.7324(0.0129) |

续表

|        | ln_GDP          | ln_Pr           | ln_Fc           | ln_Ex           |
|--------|-----------------|-----------------|-----------------|-----------------|
| ln_Bus | —               | −0.2503(0.0322) | —               | 0.8988(0.0123)  |
| ln_Rn  | −2.2613(0.0205) | —               | −2.3529(0.0368) | −2.5371(0.0171) |
| ln_Lb  | 1.8183(0.0371)  | —               | 2.0360(0.0491)  | 1.7963(0.0318)  |
| ln_Ti  | —               | —               | —               | —               |
| ln_Te  | 1.1275(0.0474)  | —               | 1.4425(0.0484)  | 2.3701(0.0050)  |
| $R^2$  | 0.9879          | 0.9470          | 0.9917          | 0.9268          |

注：括号内表示 $P$ 值，—表示剔除。

上述回归结果的 $R^2$ 均大于 0.9，说明拟合度均较为理想，而且各因子的回归系数的 $P$ 值均小于 0.05，说明回归结果均在 95% 的显著性水平下显著，也有一些因子的回归结果在 99% 的显著性水平下显著。

### 五、结论及建议

从计算结果来看，滨海新区交通资源对 GDP 的影响主要有道路长度、公共汽车线路条数、公共汽车线路长度、交通业从业人员 4 个因素；从回归系数的符号来看，公共汽车线路条数的回归系数为负，说明公共汽车线路条数的增长速度加快，可能导致滨海新区 GDP 的增速减缓。这可能是由于滨海新区在公共汽车的线路设置上未能充分考虑后续发展中人流的需求，只是考虑到了线路设置的空间均衡性，而没有考虑到线路设置的效率问题，导致了公共汽车线路的弹性与 GDP 的弹性之间的负相关性，公共汽车线路条数的效率较低。道路长度、公共汽车线路长度、交通业从业人员 3 个变量的回归系数均大于 1，这 3 个变量每增长 1%，能够带动 GDP 分别增长 1.6048%、1.8183%、1.1275%，这说明滨海新区的道路长度、公共汽车线路长度、交通业从业人员这 3 个资源的经济效率较高。

滨海新区交通资源对常住人口的影响主要有道路长度、公共汽车营运车辆两个变量。其中公共汽车营运车辆的回归系数为负数,说明公共汽车营运车辆这一交通资源不仅不能促进常住人口的增长,反而对常住人口的增长有着负作用,说明了公共汽车营运车辆这一交通资源在配置中的人口效率较低。而道路长度这一变量的回归系数为 0.8344,说明道路长度这一交通资源的投入每增加 1%,能够带动常住人口增加 0.8344%,说明道路长度这一交通资源的配置效率为中等。

滨海新区交通资源对直接利用外资的影响主要有道路长度、公共汽车线路条数、公共汽车线路长度、交通业从业人员 4 个变量。其中,公共汽车线路条数的回归系数为负,说明公共汽车线路条数的增长速度加快,可能导致滨海新区直接利用外资的增速减缓,这也说明了公共汽车线路条数这一资源的效率较低。道路长度、公共汽车线路长度、交通业从业人员 3 个变量的回归系数均大于 1,这 3 个变量每增长 1%,能够带动直接利用外资分别增长 2.2924%、2.0360%、1.4425%,这说明滨海新区的道路长度、公共汽车线路长度、交通业从业人员这 3 个资源的引资效率较高。

滨海新区交通资源对外贸出口的影响主要有道路面积、公共汽车营运车辆、公共汽车线路条数、公共汽车线路长度、交通业从业人员 5 个变量。其中,道路面积、公共汽车线路条数两个变量的回归系数为负值,说明道路面积的增速加快、公共汽车线路条数的增速加快,均会导致外贸出口的增速降低,这也说明了这两种资源的配置效率较低。公共汽车营运车辆、公共汽车线路长度、交通业从业人员这 3 个变量的回归系数均为正值,这 3 个变量每增加 1%,分别能够带动外贸出口增长 0.8988%、1.7963%、2.3701%,这说明公共汽车营运车辆的出口效率为中等,而公共汽车线路长度、交通业从业人员这两种资源的出口效率较高。

综上,滨海新区交通资源的配置效率可以总结为表 7-6:

表 7-6　滨海新区交通资源效率评价

| 变量 | 经济效率 | 人口效率 | 引资效率 | 出口效率 | 总体评价 |
|---|---|---|---|---|---|
| 道路长度 | 高 | 中 | 高 | * | 中高 |
| 道路面积 | * | * | * | 低 | 低 |
| 公共汽车营运车辆 | * | 低 | * | 中 | 中低 |
| 公共汽车线路条数 | 低 | * | 低 | 低 | 低 |
| 公共汽车线路长度 | 高 | * | 高 | 高 | 高 |
| 交通业从业人员 | 高 | * | 高 | 高 | 高 |

注：*表示无影响。

从表 7-6 可以看到，滨海新区的道路长度这一资源的配置效率总体为中高，道路面积这一资源的配置效率总体为低，公共汽车营运车辆这一资源的配置效率总体为中低，公共汽车线路条数这一资源的配置效率总体为低，公共汽车线路长度这一资源的配置效率总体为高，交通业从业人员这一资源的配置效率总体为高。

# 第八章　城市新区土地资源配置效率分析

城市新区土地资源是最重要的资源,不可再生,而且总量有限,因此,在对土地资源进行配置时,必须慎重,必须充分利用城市新区的土地资源,提高其配置效率,这样才能使城市新区的发展达到最优。

## 第一节　城市新区土地资源配置结构分析

城市新区在兴建过程中,百废待兴,各行各业、各个机构、各种公共设施都需要使用土地,但是城市新区的土地总量是一定的,这就涉及如何配置的问题。

城市新区的用地包括居住用地、商业用地、工业用地、仓储用地、交通用地、市政公用设施用地、绿地,这些用地如何配置,成了摆在土地管理部门面前的难题。本文对此进行分析。由于各城市新区的总面积不同,单纯分析各种用地的面积没有可比性,因此,本文用各种用地占城市建设用地面积的百分比来进行对比分析。

### 一、城市新区土地资源配置与产业结构的关系

影响城市新区土地资源配置的主要因素在于产业结构的布局。因此,需要探讨产业结构的变化对城市新区土地资源配置的影响,同时需要分析哪种产业结构会使土地资源的配置最有效率。

(一)产业结构演变是城镇土地形态演变的动力

任何城镇的产业结构都在不断演变中,这种产业结构演变也带来了城镇土地形态的演变,如机场、采矿场等产业的发展,会使得周边相关产业不断入驻,从而带动了城镇土地形态的不断演变(图8-1)。

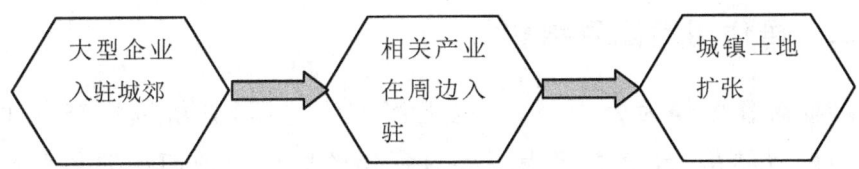

图 8-1　产业结构演变与城市新区土地扩张

(二)产业结构失调会导致城镇土地形态演变异常

城镇各产业需协调发展,且在土地上布局平衡,才能使城镇土地正常演变。例如郑州市火车站多年来乱象丛生,主要原因就在于交通产业、商贸批发产业过于集中,使该区域成为人流、物流、资金流的集中区域。郑州市近20年来城市土地得到了极大扩张,扩张的方向集中在往南、往东,而西南、北部一直发展缓慢,主要原因在于这两个方向的交通产业布局不足。

(三)城镇土地形态演变会促进产业结构的演变

城镇土地形态演变最初表现为交通的延展,交通的延展会带动沿线产业的发展,进而带动整个城镇的产业结构的演变。例如铁路线的延伸会在铁路线两边带来大量的铁路运输相关企业入驻,公路交通的延展能带动公路两边产业的发展。

也有人为的因素会首先确定城市土地形态的发展,并对所规划的城镇土地内的产业进行布局。例如我国绝大多数城市所规划的城市新区,会首先对土地进行规划,不同土地进行产业分工,在新城区发展中有意识地朝着产业布局的方向努力。

(四)城镇土地形态的优化源于城镇产业结构的优化

在市场经济中,各种要素充分流动,资源总是从低效率行业流向高效率行业。城镇土地形态想要进行优化,必须对城市内部的产业结构进行优化,例如北京市由于"大城市病"现象比较严重,想要解决人口拥堵的现象,于是将首钢、北汽等企业进行外迁。随着城镇产业结构的调整,土地资源会朝着高效率行业流动,从而带来土地形态的优化。

## 二、居住用地配置结构

以滨海新区作为分析对象,以天津作为对照,分析滨海新区的居住用地配置结构,计算方法为用各自每年的居住用地面积除以整个区域建设用地面积,计算结果如图 8-2 所示。

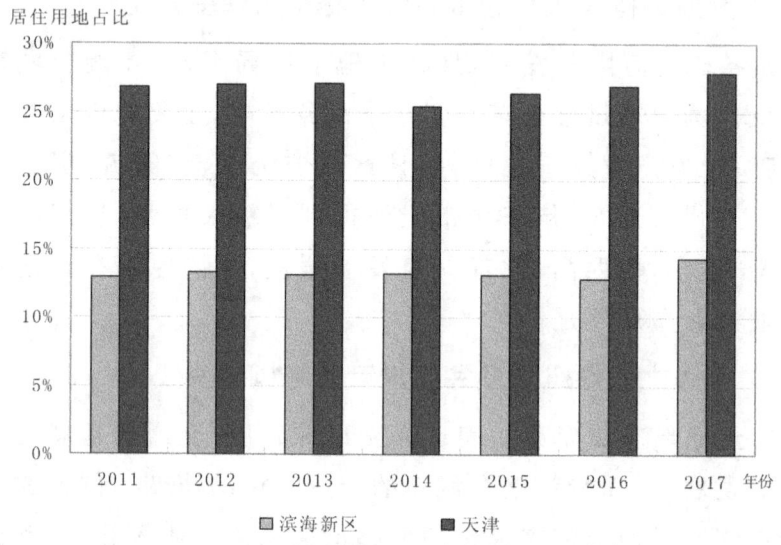

图 8-2　滨海新区与天津居住用地结构

从图 8-2 可以看出,滨海新区的居住用地面积占比远远低于天津市区,天津市区的居住用地面积占比一直是滨海新区的 2 倍左右,这说明滨海新区不像天津老城区那样人口密集,其居住功能没有老城区那样显著。当然,由于城市新区的住宅往往是高层,住宅小区的容积率较高,往往能达到 3.5,而中心城区的老旧小区的容积率只有 2.0 左右,因此,同样的居住土地面积,城市新区容纳的市民会更多一些。

另外从居住用地占比的变化趋势来看,滨海新区和天津市区均没有明显的上升或下降的趋势,基本上呈水平波动,而且变化幅度不大,说明无论是滨海新区还是天津市区,其建设用地在进行配置时,配置在居住用地上的面积比例基本保持不变。

从城市新区的长远发展来看,居住用地面积也无须太大,而且在整个城市的面积占比应该是基本稳定的,因为城市新区的常住人口的增长往往是有一定的限度的,不可能无限度增长下去,在经历了城市新区刚刚兴建的爆发式增长后,人口的增长会趋于稳定,因此,居住用地面积也应该保持相应的稳定增长。

### 三、商业用地配置结构

分析滨海新区及天津市区的商业用地结构,计算方法是用各区域的商业用地面积除以整个区域的建设用地面积,计算结果如图8-3所示。

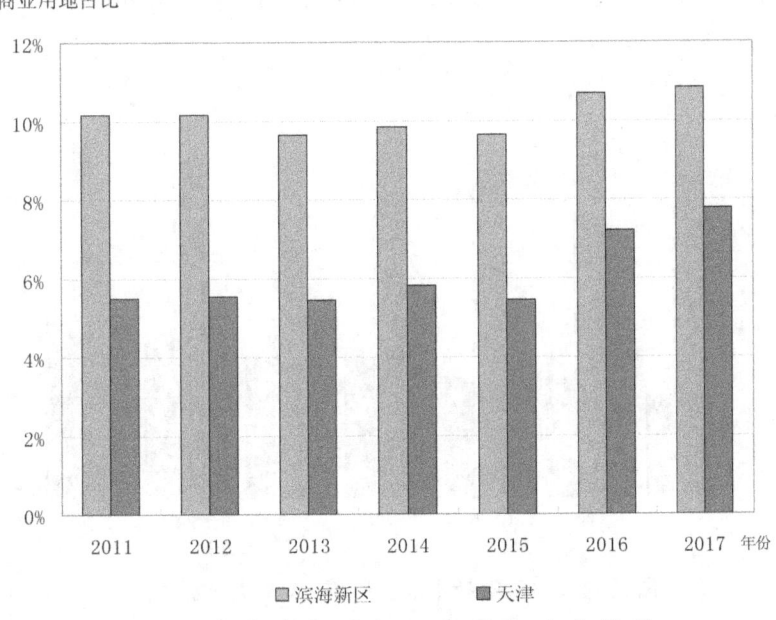

图 8-3 滨海新区与天津商业用地结构

从图8-3可以看出,滨海新区的商业用地占比远远高于天津市区,几乎比天津市区高出一倍,说明滨海新区在商业用地资源投入上高于天津市区，比较重视商业的发展。从商业用地占比的发展趋势来看，滨海新区及天津市区都是在波动中上升，尤其是2016年上升幅度较大，说明这一年滨海新区及天津市区都投入了较大的土地用于发展商业，2017年商业用地占比继续上升，但是幅度缩小了。从滨海新区与天津市区的差距来看，差距是在逐年减小的，从2011年的相差4.67个百分点降低到2017年的3.06个百分点，这说明天津市区也在重视商业的发展，其商业用地占比上升速度比滨海新区快。

滨海新区及天津市区重视商业这一思路是对的，因为只有商业繁荣，才能带动整个城市的繁荣，同时，商业发达也能给市民带来便利，能够给投资者带来更多的从业机会，这是多方赞同的举措。

### 四、工业用地配置结构

分析滨海新区及天津市区的工业用地结构，计算方法是用各区域的工业用地面积除以整个区域的建设用地面积，计算结果如图8-4所示。

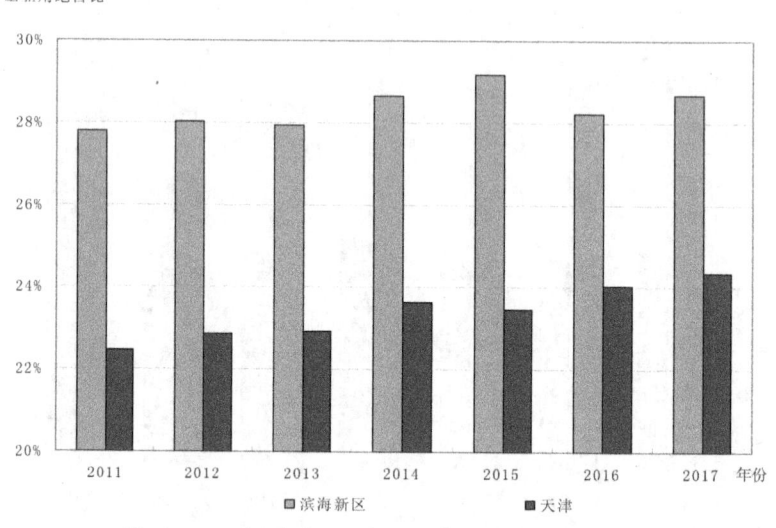

图 8-4　滨海新区与天津工业用地结构

从图8-4可以看出，滨海新区及天津市区在工业用地上投入较多，都投入了22%以上的建设用地用于发展工业，说明无论是滨海新区还是天津市区，都比较重视工业的发展。滨海新区工业用地占比稍高于天津市区,平均高出 5 个百分点,说明滨海新区更加重视工业的发展。从工业用地占比的发展趋势来看,滨海新区及天津市区都有上升的趋势,天津市区的工业用地占比的上升趋势更为明显,说明滨海新区及天津市区还在继续引入和发展工业企业。这都说明了滨海新区及天津市区的主政者重视工业的发展,这种政策无疑是正确的,因为工业企业一方面可以为城市带来大量的新增就业,一方面也可以提高城市的人口集聚能力,工业企业尤其是先进制造业,是当前区域竞争力的重要内容,需要尽最大的努力予以加强。

### 五、仓储用地配置结构

分析滨海新区及天津市区的仓储用地结构,计算方法是用各区域的仓储用地面积除以整个区域的建设用地面积,计算结果如图 8-5 所示。

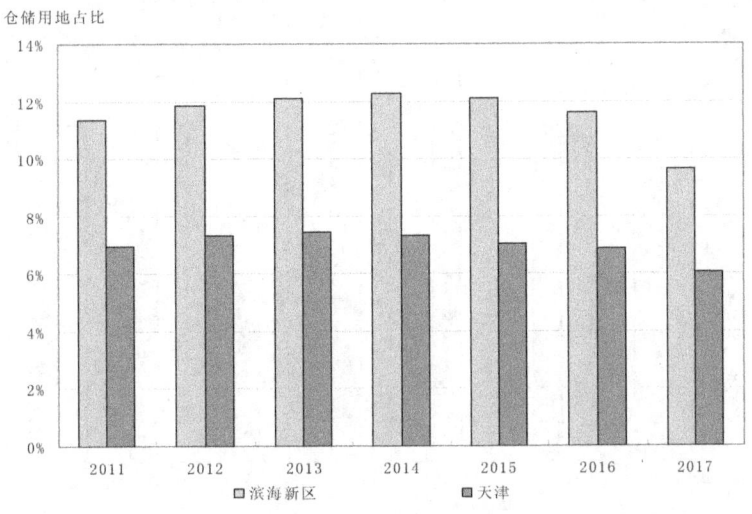

图 8-5 滨海新区与天津仓储用地结构

从图 8-5 可以看出,滨海新区的仓储用地占比一直远高于天津市区,比天津市区高出近一半,说明滨海新区更为重视仓储业的发展。从仓储用地占比的发展趋势来看,滨海新区和天津市区都是先上升后下降,都是在 2013 年或 2014 年达到最高比例,并在 2017 年降到了最低比例,这说明无论是滨海新区还是天津市区,其仓储业从 2014 年开始都在逐步萎缩。这一发展态势与当前物流技术的提高有密切联系,仓储业在布局时往往需要远离人群密集地,随着城市人口密度的提高,原有仓储用地往往需要外迁,这也使得近些年滨海新区及天津市区的仓储用地占比逐年降低。

当然,仓储用地也不能无限制下降,因为无论是工业生产,还是居民生活,都需要储藏一定的物资作为流转或保障,但是仓储的技术要求在逐步提高,对常规仓库的要求在降低,而对于特种仓库,如冷藏库、冷冻库、危险化工品仓库、药品库等要逐步加强建设。

## 六、交通用地配置结构

分析滨海新区及天津市区的交通用地结构,计算方法是用各区域的交通用地面积除以整个区域的建设用地面积,计算结果如图 8-6 所示。

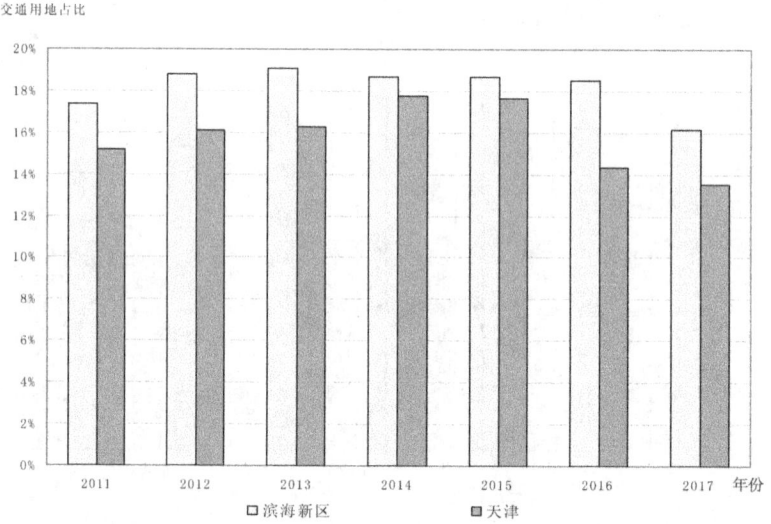

图 8-6 滨海新区与天津交通用地结构

从图 8-6 可以看出,滨海新区的交通用地占比稍高于天津市区,但是差距不明显,说明滨海新区比较重视交通的发展,在建设交通设施的用地上投入比天津市区高。从交通用地占比的发展趋势来看,滨海新区和天津市区都呈现出先提高后降低的态势,滨海新区是在 2013 年占比达到最高,而天津市区则是在 2014 年占比达到最高,然后逐年降低。究其原因,主要是道路建设往往具有领先性,滨海新区和天津在 2013 年或 2014 年投入了较大的用地用于建设道路,拉大城市框架,道路建设完成后,滨海新区和天津市区在道路框架内开始建设填充居住地产,使得城市建设面积进一步增大,但是由于道路建设已经提前完成,因此其占比开始下降。

随着我国房地产市场的降温,以及我国对于城市边界、永久农田的政策实施,今后无论是滨海新区还是天津市区,大规模的房地产建设已经不会出现,城市的建设用地面积将会基本稳定下来,因此可以预见,在今后相当长时间内,滨海新区和天津的交通用地占比将会稳定在一个稍低于目前的水平。

### 七、市政公用设施用地配置结构

分析滨海新区及天津市区的市政公用设施用地结构,计算方法是用各区域的市政公用设施用地面积除以整个区域的建设用地面积,计算结果如图 8-7 所示。

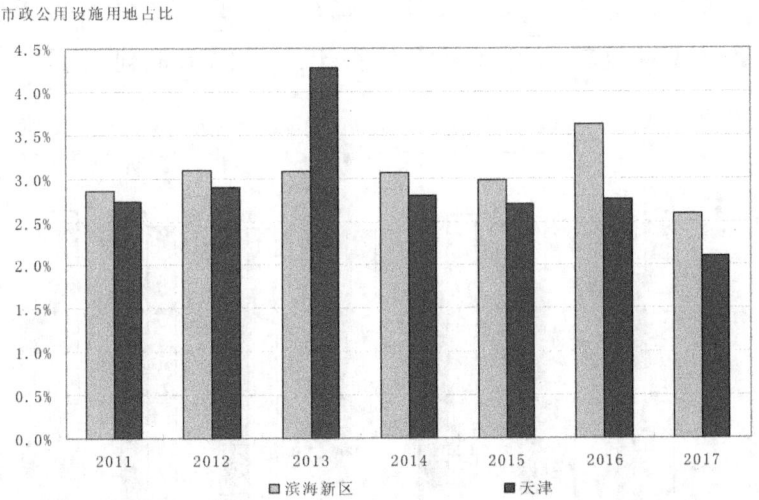

图 8-7 滨海新区与天津市政公用设施用地结构

从图 8-7 可以看到,无论是滨海新区还是天津市区,市政公用设施用地占比都不太高,只占整个城市建设用地的 3% 左右,绝大多数年份里,滨海新区的市政公用设施用地占比高于天津市区,说明滨海新区政府部门比较重视市政公用设施的建设。

## 八、绿地配置结构

分析滨海新区及天津市区的绿地用地占比,计算方法是用各区域的绿地用地面积除以整个区域的建设用地面积,计算结果如图 8-8 所示。

从图 8-8 可以看出,滨海新区的绿地用地占比远高于天津市区,说明城市新区执政者还是比较重视新区的生态建设,也能够预留较多的土地用于绿地建设,而天津市区能够用来进行绿地建设的土地比较有限。从绿地用地占比的发展趋势来看,滨海新区及天津市区都是先降低后提高,滨海新区绿地用地占比在 2014 年降到最低,天津市区的绿地用地占比在 2015 年降到最低,然后都开始提高。

土地用作绿地建设,基本上没有经济收益,相反每年还要投入资金进行维护,由于经济利益的驱动,在扩大城市建设用地时,往往会用于居住、商业、工业,因此,绿地面积的增加往往很有限。但是绿地建设可以带来较大的生态效益及社会效益,能够美化市民的居住环境,因此需要当政者以较高的远见卓识将土地用作绿地建设。

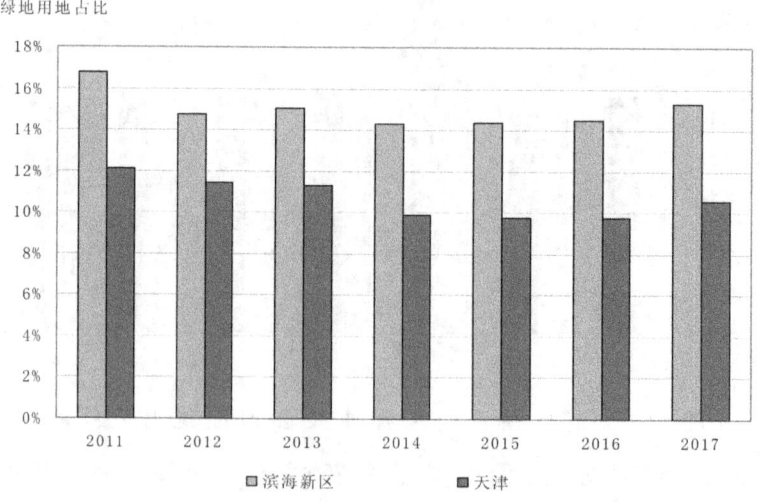

图 8-8 滨海新区与天津绿地用地结构

## 第二节　城市新区土地资源效率评价的比较分析

城市新区依托母城发展,其土地资源投入的效率评价可以采用与母城比较的方法。城市土地资源可以用建成区面积进行衡量,城市土地具有经济、社会、政治、文化等各种功能,城市新区的土地资源属于稀缺资源,总量有限,而且不可再生,因此,在土地资源配置过程中,必须尽量提高其利用效率。而提高城市新区土地资源配置的效率需要以一定的目标作为依据。

### 一、土地资源的经济效率

土地资源的经济效率通过三个指标来进行衡量,分别是GDP密度(GDP/建成区面积)、外贸出口密度(外贸出口/建成区面积)和一般公共预算收入密度(一般公共预算收入/建成区面积),由于城市新区依托母城发展,如果假设技术不变,母城的效率可以作为对照的样本。

#### (一)经济总量

经济总量可以反映出区域年度生产的社会财富总和,大体上可以体现出城市新区的经济效率。经济总量越高,说明该区域的经济活动越活跃,经济效率越高。其资源的效率评价可以采用与母城比较的方法,公式如下:

$$E_{\text{space.GDP}} = \frac{\dfrac{\text{GDP}_n}{\text{Area}_n}}{\dfrac{\text{GDP}_m}{\text{Area}_m}} \tag{8-1}$$

式中,$E_{\text{space.GDP}}$表示土地资源利用的GDP效率,$\text{GDP}_n$表示城市新区的国内生产总值,$\text{GDP}_m$表示母城的国内生产总值,$\text{Area}_n$表示城市新区的建成区面积,$\text{Area}_m$表示母城的建成区面积。

## (二) 外贸出口

促进外贸出口也是城市新区的经济目标之一,外贸出口越大,说明城市新区的经济效率越高。城市新区土地资源的外贸出口效率评价公式如下:

$$E_{\text{space, ex}} = \frac{\dfrac{\text{Ex}_n}{\text{Area}_n}}{\dfrac{\text{Ex}_m}{\text{Area}_m}} \quad (8-2)$$

式中,$E_{\text{space, ex}}$ 表示土地资源利用的外贸出口效率,$\text{Ex}_n$ 表示城市新区的外贸出口,$\text{Ex}_m$ 表示母城的外贸出口,$\text{Area}_n$ 表示城市新区的建成区面积,$\text{Area}_m$ 表示母城的建成区面积。

## (三) 一般公共预算收入

$$E_{\text{space, rev}} = \frac{\dfrac{\text{Rev}_n}{\text{Area}_n}}{\dfrac{\text{Rev}_m}{\text{Area}_m}} \quad (8-3)$$

式中,$E_{\text{space, rev}}$ 表示土地资源利用的一般公共预算收入效率,$\text{Rev}_n$ 表示城市新区的一般公共预算收入,$\text{Rev}_m$ 表示母城的一般公共预算收入,$\text{Area}_n$ 表示城市新区的建成区面积,$\text{Area}_m$ 表示母城的建成区面积。

以天津滨海新区为例,对其土地资源的经济效率进行测算,结果如图 8-9 所示。

分析图 8-9,比较三种经济效率的大小。三种经济效率的高低呈现出明显的规律,基于外贸出口的城市土地资源经济效率始终处于高位,高于其他两种经济效率;而基于一般公共预算收入的土地资源配置效率则始终处于低位,低于其他两种经济效率。滨海新区土地资源的 GDP 效率和外贸出口效率均高于 1,而且外贸出口的效率始终高于 GDP 效率,滨海新区的经济呈现出出口型特征,这说明滨海新区的土地资源的 GDP 效率及出口效率较高,而一般公共预算收入效率呈现出先走高后走低的态势。

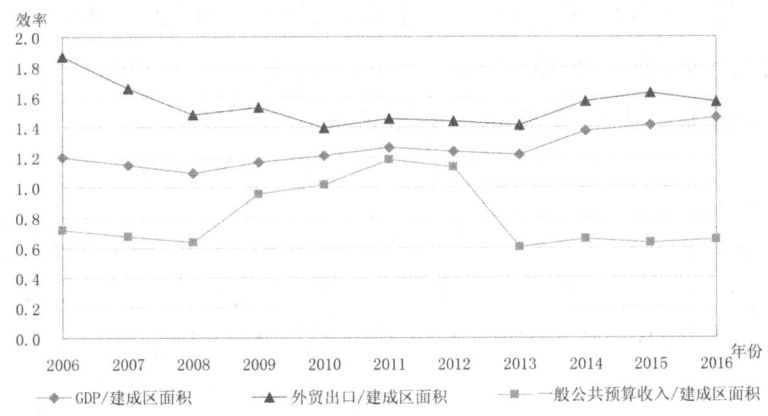

图 8-9　滨海新区土地资源的经济效率

## 二、土地资源的人口效率

人口目标包括户籍人口与常住人口。户籍人口是在某地登记了常住户口的人，在目前户籍流动比较自由的情况下，基本上能反映出全社会对该地区长期发展状况的看法。户籍人口越多，说明该地区长期发展的状况越好。常住人口是全年在某地区生活6个月以上的人口，这部分人口包括流动性较大的非户籍人口，常住人口的数量对城市新区来说更为重要，是城市新区最重要的人力资源及消费市场。当前我国有些城市新区出现"鬼城"现象，其主要原因就在于常住人口不足。

由于当前有些城市户籍政策仍然没有放开，例如上海、天津等城市的户口仍然处于控制之中，很多被城市新区吸引的人口难以加入户籍，因此，户籍人口往往不能完全反映出城市新区对人口的吸引力。城市新区在发展初期，就应该将常住人口作为最重要的发展目标之一。

分析图8-10，天津滨海新区土地的常住人口效率呈现出缓慢增加的态势，除2012年有少量降低外，其他年份都是呈增长趋势。而土地的户籍人口效率则呈现出先下降后上升的趋势，在2006—2010年是下降趋势,而2010—2013年是保持平稳状态,2013—2016年是增长趋势。另外,滨海新区土地的常住人口效率、户籍人口效率均始终低于1,说明滨海新区在吸引人口方面比旧城区的效率低,说明滨海新区对公众的吸引力没有天津中心城区大。

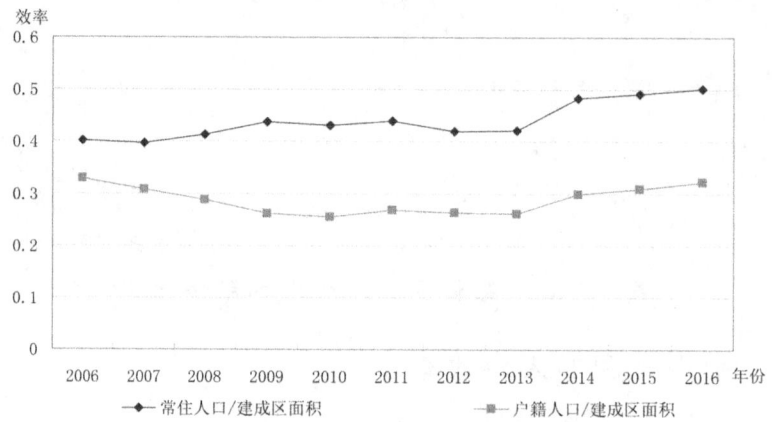

图 8-10　滨海新区土地资源的人口效率

## 三、土地资源的社会效率

以直接利用外资额来说明城市新区的社会吸引力,城市新区的土地资源对资本具有天然的吸引力。就业机会也是衡量城市新区社会吸引力的重要因素,城市新区创造的就业机会越多,其吸引力就越大。

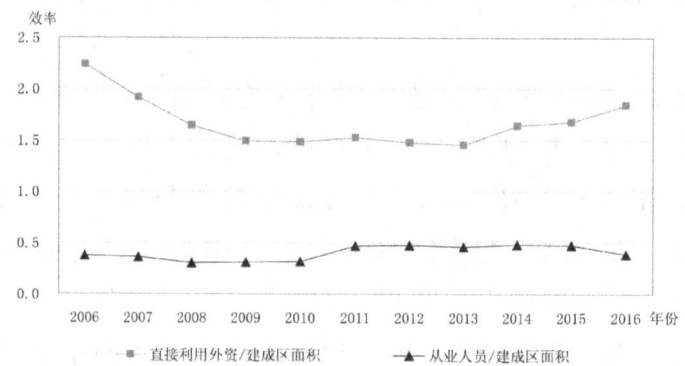

图 8-11　滨海新区土地资源的社会效率

从图 8-11 可以看出,滨海新区土地的直接利用外资效率呈现出先降低后升高的趋势,在 2006—2009 年呈现出急剧下降的趋势,2009—2013 年则基本保持平稳状态,2013—2016 年呈现出上升的趋势。从绝对值来看,直接利用外资效率值一直高于 1,说明滨海新区在吸引外资方面的效率高于中心城区。

滨海新区土地的从业人员效率则呈现出基本平稳的态势,2006—2010 年略有下降,而 2011—2015 年则基本平稳。从绝对值来看,土地的从业人员效率值始终低于 0.5,说明滨海新区在创造就业方面的效率低于中心城区。

## 第三节 产业结构变化对城市新区土地资源配置的影响

无论城市新区的土地资源配置如何进行,其闲置土地在进行利用时,都会使得城市建成区面积扩大,而利用的方式无非是三次产业中的某种结构,城市新区产业结构的变化无疑会引起土地建成区的扩张。

### 一、变量选取

本文因变量为城市新区的建成区面积(Area),自变量为城市新区的产业结构,产业结构的数据为三次产业的总产值,分别为第一次产业增加值(First)、第二次产业增加值(Second)、第三次产业增加值(Third)。

### 二、模型设定

选用多元回归模型,设定模型为

$$\text{Area}_t = c + \alpha \text{First}_t + \beta \text{Second}_t + \gamma \text{Third}_t + \varepsilon_t \tag{8-4}$$

其中,Area 表示城市新区的建成区面积,$\alpha$,$\beta$,$\gamma$ 表示各变量对城市建成区面积的弹性，$t$ 表示第 $t$ 个时期，$c$ 为常数，$\varepsilon$ 为随机扰动项。

## 三、实证分析

本文以滨海新区为例，由于 2016 年后滨海新区不公布某些经济数据，因此，只对 2005—2015 年的数据进行分析，采用 2007 年到 2016 年各年度《天津滨海新区统计年鉴》中的统计数据（表 8-1）。

表 8-1 滨海新区土地利用与产业结构基本情况

|  | 建成区面积 Area/平方公里 | 第一产业增加值 First/亿元 | 第二产业增加值 Second/亿元 | 第三产业增加值 Third/亿元 |
| --- | --- | --- | --- | --- |
| 平均值 | 282.18 | 8.58 | 3507.48 | 1728.07 |
| 最大值 | 351.40 | 11.39 | 5828.43 | 3463.58 |
| 最小值 | 188.65 | 6.78 | 1092.55 | 534.22 |
| 标准差 | 53.21 | 1.58 | 1726.83 | 952.85 |

## 四、模型参数估计

对所有变量进行回归分析，回归模型估计结果如表 8-2 所示。

表 8-2 回归模型估计结果

| 变量 | 回归系数 | $T$ 统计量 | $P$ 值 |
| --- | --- | --- | --- |
| $C$ | 401.1675 | 7.1541 | 0.0002 |
| FIRST | −38.2266 | −4.02641 | 0.0050 |
| SECOND | 0.0251 | 2.7520 | 0.0284 |
| THIRD | 0.0699 | 2.8427 | 0.0249 |
| $R^2$ | 0.9785 | | |
| 调整 $R^2$ | 0.9692 | | |

分析上述回归结果，可以看到，$R^2$ 达到了 0.9785，调整 $R^2$ 达到了 0.9692，说明回归方程拟合优度较高；各影响因子的回归系数的 $P$ 值均小于 0.05，说明置信水平较高。总体来看，回归模型整体比较好。

### 五、结论

从回归系数来看,第一产业增加值对城市新区的土地扩张呈现负作用,第一产业增加值每降低1亿元,可能会使城市建成区面积增加38.2266平方公里,这一结论符合常识,因为第一产业发展是与城市化进程相逆的,城市化进程会减少耕地、畜牧、果园等用地,从而影响到第一产业的产值。

第二产业增加值与城市新区土地扩张的方向是相同的,第二产业的发展会促使城市新区的建成区面积扩大,第二产业增加值每增加1亿元,会使城市新区建成区面积增加0.0251平方公里。

第三产业增加值与城市新区土地扩张的方向也是相同的,第三产业的发展也会促使城市新区建成区面积的扩大,第三产业增加值每增加1亿元,会使城市新区建成区面积增加0.0699平方公里。

综合上述结果,可以看到,城市新区在扩张过程中,要想使建成区面积迅速扩大,可以通过大力发展第三产业、第二产业来实现,大力发展第三产业的效果是第二产业的0.0699/0.0251=2.78倍,因此,城市新区尤其可以大力发展第三产业。如上海浦东新区建成迪士尼主题乐园、野生动物园,给浦东新区带来了大量的游客,使得浦东新区的餐饮业、住宿业、娱乐业等都得到了快速发展。

## 第四节 城市新区土地资源配置的影响因素分析

### 一、变量选取

本文以河南省各地市的建成区面积增长作为城市新区的面积增长,主要原因是各城市的建成区面积增长主要是朝着城市四周摊大饼式地建设,虽然有些城市不将其命名为"某某新区",但实质是城市新区的建设。

考虑到数据的可获得性，本文因变量为河南省各城市的建成区面积（Area），自变量为各城市的产业结构，产业结构的数据以各产业的从业人口来表示。考虑数据的连续性、可获取性，以及对因变量的影响，选取各城市的农林牧渔业（Agr）、采掘业（Min），制造业（Man），电力煤气及水生产供应业（Ene），建筑业（Build），交通仓储邮电业（Tran），信息传输计算机服务和软件业（Inf），批发零售贸易业（Sale），住宿餐饮业（Acc），金融业（Fin），房地产业（Est），租赁和商业服务业（Trade），科研、技术服务和地质勘查业（Sci），水利、环境和公共设施管理业（Env），居民服务和其他服务业（Res），教育业（Edu），卫生、社会保险和社会福利业（Heal），文化体育和娱乐业（Cul），公共管理和社会组织（Pub）这19个产业的市辖区的从业人员数。为了消除异方差的影响，对所有变量分别取对数。本文采用2004年到2017年各年度《中国城市统计年鉴》中的统计数据。河南省城镇土地与产业结构基本情况见表8-3：

表8-3 河南省城镇土地与产业结构基本情况

| 变量 | 最大值 | 最小值 | 平均值 | 标准差 | 变量 | 最大值 | 最小值 | 平均值 | 标准差 |
| --- | --- | --- | --- | --- | --- | --- | --- | --- | --- |
| Area | 457.00 | 23.000 | 88.878 | 72.957 | Fin | 8.6419 | 0.1700 | 0.8726 | 0.8969 |
| Agr | 0.37 | 0.0000 | 0.0505 | 0.0781 | Est | 5.0808 | 0.0300 | 0.4344 | 0.6651 |
| Min | 12.62 | 0.0000 | 1.9923 | 3.0276 | Trade | 0.5854 | 0.1300 | 0.3088 | 0.1646 |
| Man | 47.20 | 0.2671 | 6.1501 | 6.8593 | Sci | 5.6564 | 0.0383 | 0.5371 | 0.9446 |
| Ene | 3.0200 | 0.0000 | 0.5598 | 0.4541 | Env | 1.4400 | 0.0400 | 0.3438 | 0.2605 |
| Build | 26.580 | 0.3500 | 3.6568 | 4.0468 | Res | 0.4700 | 0.0000 | 0.0665 | 0.0816 |
| Tran | 7.0051 | 0.1000 | 0.8716 | 0.8785 | Edu | 8.6232 | 0.4300 | 1.8145 | 1.4564 |
| Inf | 3.7995 | 0.0000 | 0.2958 | 0.4072 | Heal | 6.9660 | 0.1500 | 0.9215 | 0.9379 |
| Sale | 8.5539 | 0.1700 | 1.3285 | 1.2727 | Cul | 2.4800 | 0.0300 | 0.2485 | 0.4498 |
| Acc | 3.2400 | 0.0500 | 0.4186 | 0.5891 | Pub | 8.1300 | 0.4700 | 1.9588 | 1.3078 |

## 二、模型设定

由于各地区产业结构差异很大,各地区的产业结构对土地扩张的影响也有较大差异,因此,本文选用变系数面板数据模型。设定模型为

$$\text{Area}_{it} = c_i + \sum_{i=1}^{k} \beta_{it} X_{it} + \varepsilon_{it} \tag{8-5}$$

其中,Area 表示城市土地扩张,$\beta$ 表示各变量对产出的弹性,$k$ 表示变量的个数,$X$ 表示不同类型的产业,$i$ 表示第 $i$ 个观测区域,$t$ 表示第 $t$ 个时期,$c$ 为常数,$\varepsilon$ 为随机扰动项。

由于数据的量级不同,直接回归可能会导致虚假回归,因此,可以将公式(8-5)两边同时取对数,可以得到:

$$\ln(\text{Area}_{it}) = c_i + \sum_{i=1}^{k} \ln(\beta_{it} X_{it}) + \varepsilon_{it} \tag{8-6}$$

## 三、单位根检验

非平稳经济变量建立回归模型会存在虚假回归,因此,首先要对数据进行面板单位根检验,以保证面板数据的平稳性。面板单位根检验与时间序列数据的单位根检验不同,本文同时采用 LLC 检验、IPS 检验以及 Fisher-ADF 检验三种方法对文中涉及的 20 个变量的对数值进行平稳性检验(见表 8-4)。

表 8-4 河南省城镇土地及产业结构的面板单位根检验

| 变量 | 水平值 | | | 一阶差分值 | | | 平稳性 |
| --- | --- | --- | --- | --- | --- | --- | --- |
| | LLC 检验 | IPS 检验 | ADF 检验 | LLC 检验 | IPS 检验 | ADF 检验 | |
| Area | −1.1446 (0.1262) | 2.9950 (0.9986) | 33.6216 (0.4861) | −23.9839 (0.0000) | −12.5066 (0.0000) | 142.720 (0.0000) | 一阶单整 |
| Agr | −7.8874 (0.0000) | −4.7253 (0.0000) | 89.2834 (0.0000) | −17.6357 (0.0000) | −12.3184 (0.0000) | 168.952 (0.0000) | 平稳 |
| Min | 3.1672 (0.9992) | 4.9426 (1.0000) | 29.2688 (0.2990) | −5.8495 (0.0000) | −4.4463 (0.0015) | 65.8400 (0.0004) | 一阶单整 |

续表

| 变量 | 水平值 | | | 一阶差分值 | | | 平稳性 |
|---|---|---|---|---|---|---|---|
| | LLC 检验 | IPS 检验 | ADF 检验 | LLC 检验 | IPS 检验 | ADF 检验 | |
| Man | −0.2180 (0.4137) | 2.1043 (0.9823) | 29.6089 (0.6828) | −8.4553 (0.0000) | −6.6234 (0.0000) | 105.454 (0.0000) | 一阶单整 |
| Ene | −1.2551 (0.1047) | −0.5022 (0.3077) | 37.2486 (0.3219) | −12.3283 (0.0000) | −9.9387 (0.0000) | 145.607 (0.0000) | 一阶单整 |
| Build | −0.4863 (0.3134) | 1.4054 (0.9521) | 23.7382 (0.9153) | −12.2562 (0.0000) | −9.1186 (0.0000) | 136.653 (0.0000) | 一阶单整 |
| Tran | −0.9189 (0.1791) | −0.2023 (0.4198) | 42.7100 (0.1453) | −12.4021 (0.0000) | −9.1862 (0.0000) | 136.686 (0.0000) | 一阶单整 |
| Inf | 2.9866 (0.9986) | 4.4314 (1.0000) | 14.6459 (0.9985) | −9.5554 (0.0000) | −7.1841 (0.0000) | 115.709 (0.0000) | 一阶单整 |
| Sale | −0.1165 (0.4536) | 0.8049 (0.7896) | 38.7563 (0.2637) | −9.5347 (0.0000) | −5.8944 (0.0000) | 96.9858 (0.0000) | 一阶单整 |
| Acc | −6.8970 (0.0000) | −4.2607 (0.0000) | 72.5428 (0.001) | −14.0533 (0.0000) | −10.6320 (0.0000) | 154.003 (0.0000) | 平稳 |
| Fin | 0.9274 (0.8231) | 1.7560 (0.9605) | 31.2255 (0.6043) | −9.6779 (0.0000) | −6.9439 (0.0000) | 115.524 (0.0000) | 一阶单整 |
| Est | 5.2438 (1.0000) | 6.9093 (1.0000) | 9.8534 (1.0000) | −10.0047 (0.0000) | −6.4497 (0.0000) | 104.961 (0.0000) | 一阶单整 |
| Trade | 1.4481 (0.9262) | 1.2439 (0.8932) | 15.4310 (0.9974) | −11.8300 (0.0000) | −8.5698 (0.0000) | 127.145 (0.0000) | 一阶单整 |
| Sci | −0.7311 (0.2324) | −0.0724 (0.4712) | 41.6794 (0.1714) | −8.1919 (0.0000) | −7.4266 (0.0000) | 121.778 (0.0000) | 一阶单整 |
| Env | −2.6093 (0.0045) | −1.5034 (0.0664) | 41.7377 (0.1698) | −11.8317 (0.0000) | −8.0150 (0.0000) | 121.240 (0.0000) | 一阶单整 |
| Res | 2.2544 (0.9879) | −0.5949 (0.2760) | 36.5400 (0.2659) | −2.5704 (0.0051) | −10.3165 (0.0000) | 134.117 (0.0000) | 一阶单整 |
| Edu | −2.2934 (0.0109) | −0.9438 (0.1726) | 46.0872 (0.0808) | −12.1505 (0.0000) | −8.7006 (0.0000) | 132.499 (0.0000) | 平稳 |
| Heal | 4.4666 (1.0000) | 5.0506 (1.0000) | 25.8789 (0.8398) | −11.6874 (0.0000) | −8.2769 (0.0000) | 124.826 (0.0000) | 一阶单整 |
| Cul | −4.0371 (0.0000) | −1.9591 (0.0251) | 55.9176 (0.0103) | −14.2346 (0.0000) | −10.3202 (0.0000) | 151.430 (0.0000) | 平稳 |
| Pub | −0.4056 (0.3425) | 0.1.7574 (0.9606) | 31.3735 (0.5970) | −9.4263 (0.0000) | −8.6759 (0.0000) | 132.839 (0.0000) | 一阶单整 |

注:括号中数字表示伴随概率。

经过检验发现,只有农林牧渔业、住宿餐饮业、教育业、文化体育和娱乐业四个变量为平稳序列,但是它们的一阶单整也是平稳的,其他16个变量均为一阶单整。因此,可以对这些变量的差分序列进行回归分析。

### 四、面板模型参数估计

面板数据模型分为三种类型:混合回归模型(都为常数)、变截距模型(系数项为常数)和变系数模型(都不是常数)。本文选择变系数模型,直接对所有变量进行回归分析,回归模型估计结果如表 8-5 所示。

表 8-5 面板回归模型估计结果

| 变量 | 模型一 | | | 模型二 | | |
| --- | --- | --- | --- | --- | --- | --- |
| | 回归系数 | $T$ 统计量 | $P$ 值 | 回归系数 | $T$ 统计量 | $P$ 值 |
| C | 20.1614 | 4.8368 | 0.0000 | 4.4140 | 33.0973 | 0.0000 |
| AGR | −34.9285 | −1.5461 | 0.1235 | 0.0039 | 0.4554 | 0.6493 |
| MIN | 0.4080 | 0.8022 | 0.4233 | 0.0274 | 2.5262 | 0.0122 |
| MAN | −0.0951 | −0.1939 | 0.8464 | 0.1504 | 5.5713 | 0.0000 |
| ENE | −4.8322 | −1.3716 | 0.1716 | −0.0974 | −3.0667 | 0.0024 |
| BUILD | −0.3876 | −0.4702 | 0.6387 | −0.0246 | −0.8322 | 0.4062 |
| TRAN | −19.8886 | −4.5402 | 0.0000 | −0.2142 | −5.6408 | 0.0000 |
| INF | −0.7181 | −0.0739 | 0.9412 | 0.0918 | 3.6630 | 0.0003 |
| SALE | −8.3240 | −3.0321 | 0.0027 | −0.0965 | −2.3982 | 0.0173 |
| ACC | −3.1042 | −0.3262 | 0.7446 | 0.0806 | 1.8235 | 0.0696 |
| FIN | 7.2438 | 1.9025 | 0.0584 | 0.0534 | 1.4515 | 0.1481 |
| EST | 2.1632 | 0.3185 | 0.7504 | 0.0528 | 1.8392 | 0.0672 |
| TRADE | 30.7888 | 3.8637 | 0.0001 | 0.0731 | 2.7116 | 0.0072 |
| SCI | 31.2600 | 8.1774 | 0.0000 | 0.2035 | 6.7272 | 0.0000 |
| ENV | −29.9210 | −2.6539 | 0.0085 | −0.1060 | −2.7557 | 0.0064 |
| RES | 130.1371 | 4.9531 | 0.0000 | 0.0434 | 2.7826 | 0.0059 |
| EDU | 10.8693 | 2.3412 | 0.0201 | 0.1084 | 1.3411 | 0.1813 |
| HEAL | 33.6032 | 4.0944 | 0.0001 | 0.2258 | 2.9928 | 0.0031 |

续表

| 变量 | 模型一 | | | 模型二 | | |
|---|---|---|---|---|---|---|
| | 回归系数 | $T$ 统计量 | $P$ 值 | 回归系数 | $T$ 统计量 | $P$ 值 |
| CUL | 15.8964 | 1.5343 | 0.1264 | −0.0652 | −1.5292 | 0.1277 |
| PUB | 9.0432 | 2.4667 | 0.0144 | 0.3158 | 4.4343 | 0.0000 |
| $R^2$ | 0.9515 | | | 0.9021 | | |
| 调整 $R^2$ | 0.9473 | | | 0.8936 | | |

## 五、结论

分析上述回归结果，可以看到，模型一调整 $R^2$ 达到了 0.9473，说明拟合度较好。可信度较高的变量（$P$ 值小于 0.05）有交通仓储邮电业（Tran），批发零售贸易业（Sale），租赁和商业服务业（Trade），科研、技术服务和地质勘查业（Sci），水利、环境和公共设施管理业（Env），居民服务和其他服务业（Res），教育业（Edu），卫生、社会保险和社会福利业（Heal），公共管理和社会组织（Pub）这 9 个变量。

在这些变量中，回归系数最大的是居民服务和其他服务业（Res），卫生社会保险和社会福利业（Heal），科研、技术服务和地质勘查业（Sci），租赁和商业服务业（Trade），回归系数均大于 30，说明这些产业的变化对城市土地扩张的影响较为显著。

在模型二中，调整 $R^2$ 达到了 0.8936，得到的结果含义为变量每增加 1%，能引起城市土地扩张面积增加的百分比。影响较为显著的变量有采掘业（Min），制造业（Man），电力煤气及水生产供应业（Ene），交通仓储邮电业（Tran），信息传输计算机服务和软件业（Inf），批发零售贸易业（Sale），租赁和商业服务业（Trade），科研、技术服务和地质勘查业（Sci），水利、环境和公共设施管理业（Env），居民服务和其他服务业（Res），卫生、社会保险和社会福利业（Heal），公共管理和社会组织（Pub），这 12 个变量的 $P$ 值均小于 0.05，说明这些变量的可信度较高。其中回归系数较为显著的有公共管理和社会组织（Pub），卫生、社会保险和社会福利业（Heal），科研、技术服务和地质勘查业（Sci），制造业（Man）。

# 第九章 城市新区金融资源配置效率评价与分析

一方面,金融业本身作为一个现代化产业,是区域经济社会发展的重要组成部分。另一方面,金融作为一种稀缺资源,其配置对区域经济发展有着决定性的支撑作用。由此可见,金融机构效率的整体提高,对防范和化解金融风险、推动经济社会发展有着至关重要作用,其意义远远高于金融业本身。

本文运用 DEA 方法,尝试对近年来许昌市主城区和新城区商业银行效率进行评价、对比和分析,试图发现影响因素,为许昌市新区优化金融资源配置提供参考的决策和改进的建议。

## 第一节 商业银行效率研究现状

近年来,众多学者针对商业银行效率相关问题进行了研究。王广谦(1997)认为效率可反映利用现有资源获得收益的有效程度,金融效率是金融运作能力的大小。王付彪、阚超、沈谦等(2006)指出我国商业银行呈现出整体递增的趋势,技术进步很大程度上促进了我国商业银行的全要素生产率改进。胡援成、肖德勇、肖永明(2006)认为国有银行改革取得了一定成效,但是阶段性明显,而且受政府政策影响较大,银行自身改善经营效率的主动性较弱。迟国泰、杨德、吴珊珊(2006)定量计算了国内 14 家银行的综合效率,分析了各银行的投入冗余与产出不足的程度与数量，表明国有商业银行中 ZG 银行综合效率最高、NY 银行效率最低。魏煜、王丽（2000）运用 DEA 方法对我国商业银行的运营效率进行研究，测算了技术效率、纯技术效率和规模效率，比较了国有银行和其他新型商业银行的效率。吕静秋（2009）认为国有大型商业银行运营效率低于中小型上市银行，但国有大型商业银行的运营效率大于非上市中小型银行；纯技术效率方面，中小型商业银行普遍大于大型国有商业银行。梁斐然、童纪新（2015）研究表明，商业银行规模冗余和创新不足是导致银行无效率的主要原因。童鑫乐、季胜男、张为付（2016）等认为资源配置和组织结构对于我国商业银行显著影响银行纯技术效率和全要素生产率增长率。刘星、张建斌（2010）指出商业银行的成本效率高于利润效率，对商业银行有影响的重要因素包括存贷比、不良贷款率、盈利能力、市场集中度等，认为提升商业银行的成本效率和利润效率是提高我国商业银行经营效率的途径。王明筠、傅联英、连小琴等（2015）研究认为股份制商业银行效率最高，其次是地方城市商业银行，而国有大型商业银行整体运营效率水平较低，提出加强机构竞争、提升经营管理和完善业务机构的建议。谭政勋、李丽芳（2016）基于货币政策角度，研究了风险承担和商业银行效率间的关系，认为两者间呈现倒 U 形关系，即存在最佳风险承担。刘心、李婷婷、邹翔等（2016）认为我国商业银行综合技术效率整体呈现稳中有升的趋势，但是国有商业银行整体效率低于股份制商业银行。此外，夏青、黄永兴和郑谦（2016）认为银行非利息收入与银行效率之间呈显著的正相关关系；康丹（2007）提出某省提高金融机构运营效率的建议包括精简机构裁减冗员、减少固定资产投入、加强经营效益考核；袁征峰（2017）认为国有商业银行要改善经营模式和机制，提升自身适应外界变化的能力。

商业银行效率的评价方法主要有参数法和非参数法。参数法使用计量经济学方法计算效率，可考虑随机误差的干扰，计算结果离散度小，但需要足够的样本支撑，且前沿函数计算复杂。非参数法使用优化方法计算效率,不受生产函数形式限制且计算简便,但它无法考虑随机误差干扰,且结果离散度大。非参数法中数据包络分析(DEA)应用最广(许文等,2009)。数据包络分析是近年来发展起来的一种非参数效率评价方法,可以用来科学有效地评价商业银行运营的相对效率,较准确地发现影响商业银行运营相对效率的原因和因素,为商业银行运营管理决策者提供量化和科学建设性的意见和建议。经过近年来不断地完善和发展,运用DEA方法研究商业银行效率取得了显著的成果。

## 第二节 许昌新区经济和商业银行发展现状

许昌市民营经济发达,是河南省经济最为活跃的地级市之一。许昌市GDP位于全省第一方阵,仅次于郑州市、洛阳市、南阳市,居全省第四位,增速更是稳居全省前列,许昌市以相对较小的土地面积和较少的人口创造出了骄人的成绩。近年来,许昌市大力引进和培育各类金融市场主体,完善金融服务体系。2017年末,许昌市银行业金融机构数量达到26家,保险业金融机构数量达到46家,证券机构数量达到15家,此外,还有融资性担保机构10家,小额贷款公司20家,基本形成了较为完善的金融服务体系,金融业发展呈现出银行、保险、证券相互促进,担保、小贷两类机构规范发展的局面。在许昌市的金融业中,银行业仍然占据着许昌市金融业的核心地位。除了政策性银行和国有四大行,全国性股份制商业银行、各大城商行先后入驻许昌市。得益于许昌市经济社会快速健康发展,许昌市银行业取得了长足的发展。而银行业的快速发展,也促进了许昌市经济的繁荣,尤其是许昌的东城区等新城区,随着新的股份制银行、城市商业银行等银行业金融机构不断入驻,区域经济社会的服务能力不断增强,新城区迸发出新的活力。

在防范化解金融风险攻坚战持续推进、政府债务全面收紧、"去杠杆"改革不断深入、金融业加快对外开放的大环境下,许昌市商业银行主要依靠政府"高杠杆"负债投资、企业"高杠杆"负债经营等方法拉动许昌市经济增长的模式存在不可持续的风险。与此同时,部分商业银行管理水平较低,资源配置效率参差不齐。许昌市商业银行的管理水平、运营效率与许昌市近年来经济快速发展的状况不匹配,影响了许昌市经济的发展水平。因而,目前亟须对许昌市商业银行的运营效率进行评价,通过对主城区、新城区银行机构效率的对比分析,探讨提高许昌市商业银行效率的举措。

## 一、许昌市经济和金融业现状

《2017年许昌市国民经济和社会发展统计公报》显示,许昌地处中原腹地,是郑州大都市区次中心城市,现辖6个县(市、区)和3个功能区,总面积4996平方公里,总人口496万。近年来,许昌市经济社会持续健康快速发展,"十二五"期间,全市生产总值年均增长11.2%,增速居河南省第一位。2017年,全市实现生产总值2642.1亿元,增长8.7%,总量居全省第四位,增速居全省第一位,比2013年增长739亿元;规模以上工业增加值1455.5亿元,增长9%,居全省第二位;固定资产投资2531.8亿元,增长11.8%,总量和增速均居全省第四位;一般公共预算收入145.3亿元,增长14.2%,总量居全省第五位,增速居全省第三位,综合实力稳居河南省第一方阵。据《中国城市竞争力报告》显示,许昌市综合经济竞争力在全国294个城市中排名第66位,居河南省第二位。

得益于经济社会的快速发展,许昌市金融业也取得了长足的进步。在全市金融部门的协作努力下,许昌市金融业呈现出银行信贷、直接融资齐头并进,担保、小贷等共同发展的良好态势,金融部门服务实体经济的能力不断得到提升。近年来,许昌市先后引进6家股份制银行、3家城市商业银行、5家村镇银行、8家证券机构,组建5家农商行,金融机构数量在全省位居前列。截止到2017年底,许昌市金融机构数量达到117家,金融从业人员2.5万人,其中银行机构26家,保险机构46家,证券机构15家,融资性担保公司10家,小额贷款公司20家。全市主板上市企业5家,新三板挂牌企业21家,中原股权交易中心挂牌企业99家。金融综合实力显著增强,金融服务体系日趋完善,金融环境不断优化,多元化、多层次的现代金融服务体系初步形成。许昌市是国家首批产融合作试点城市,多次荣获河南省"优秀金融生态省辖市"等荣誉称号。2017年末,全市金融业增加值70.4亿元,增长速度6.5%,占GDP和第三产业增加值的比重分别达到2.7%和7.6%,金融对经济的贡献不断提升。

许昌市2013—2017年生产总值及增速如表9-1所示。同时,为便于观察,将表9-1可视化为图9-1。

表9-1 许昌市2013—2017年生产总值及增速

| 年份 | 生产总值/亿元 | 比上年增长/% |
| --- | --- | --- |
| 2017年 | 2642 | 8.7 |
| 2016年 | 2378 | 8.9 |
| 2015年 | 2194 | 9 |
| 2014年 | 2087 | 9.3 |
| 2013年 | 1903 | 11.6 |

注:数据来源于《许昌市国民经济和社会发展统计公报》(2013—2017年)。

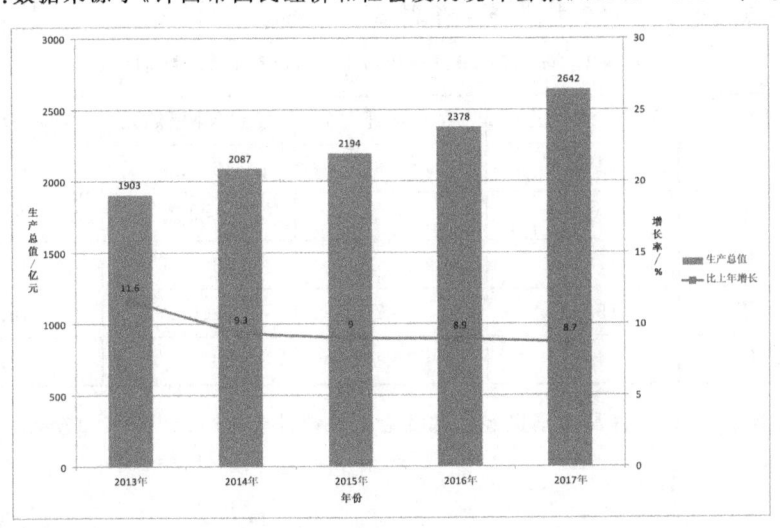

图9-1 许昌市2013—2017年生产总值及增速

可以看出,许昌市生产总值近年来一直保持快速增长,2013—2017年国民生产总值分别为1903亿元、2087亿元、2194亿元、2378亿元、2642亿元;增长速度分别为11.6%、9.3%、9%、8.9%、8.7%,增长速度虽然逐年下降,主要是由宏观经济环境所致,但每年增长速度均在8.7%以上,高于全国、全省平均水平。这表明许昌市近年来经济社会市场活跃、发展健康,经济总量平稳增长,对金融发展的拉动作用较强。

## 二、许昌市商业银行业发展现状

近年来许昌市着力引入银行业金融机构,现代银行体系初步形成。2017年末,全市金融机构人民币各项存款余额2172.9亿元,比上年末增长8.8%,其中住户存款余额1423.1亿元,增长11.7%。金融机构人民币各项贷款余额1614.8亿元,增长10.3%。住户贷款余额516.3亿元,增长14.3%,其中消费性贷款余额340.9亿元,增长35.2%。非金融企业及机关团体贷款余额1098.5亿元,增长8.5%,其中,中长期贷款余额436.5亿元,增长31.1%。

将许昌市2013—2017年存贷款余额及增速有关数据整理如表9-2所示。同时,为便于观察,将表9-2可视化为图9-2。

表 9-2 许昌市 2013—2017 年存贷款余额及增速

| 年份 | 存款余额/亿元 | 存款增速/% | 贷款余额/亿元 | 贷款增速/% |
| --- | --- | --- | --- | --- |
| 2017年 | 2172.9 | 8.8 | 1614.8 | 10.3 |
| 2016年 | 1997.4 | 15.3 | 1464.2 | 7.9 |
| 2015年 | 1733.1 | 13.1 | 1357.0 | 16.4 |
| 2014年 | 1533.3 | 8.7 | 1166.2 | 16.7 |
| 2013年 | 1410.5 | 18.7 | 999.2 | 17.2 |

注:数据来源于《许昌市国民经济和社会发展统计公报》(2013—2017年)。

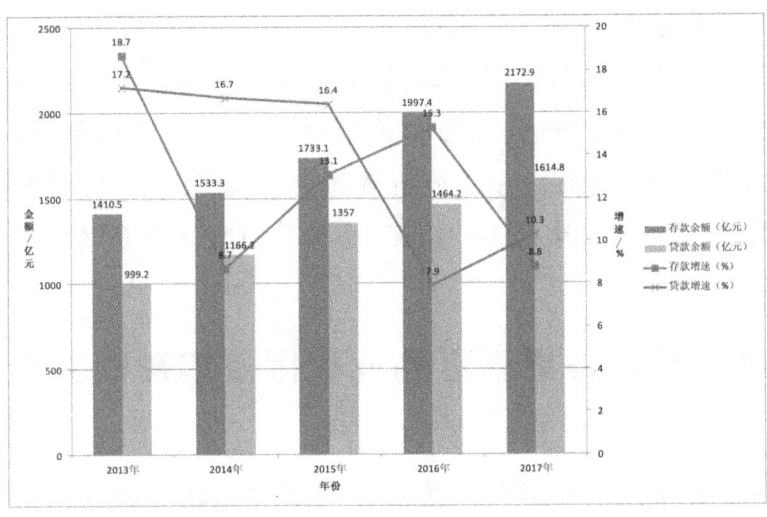

图 9-2　许昌市 2013—2017 年存贷款余额及增速

从表 9-2 和图 9-2 可以看出，近年来许昌市存款余额、贷款余额一直保持较快增长。2013—2017 年，许昌市存款余额分别为 1410.5 亿元、1533.3 亿元 1733.1 亿元、1997.4 亿元、2172.9 亿元，存款增速分别为 18.7%、8.7%、13.1%、15.3%、8.8%；许昌市贷款余额分别为 999.2 亿元、1166.2 亿元、1357 亿元、1464.2 亿元、1614.8 亿元，贷款增速分别为 17.2%、16.7%、16.4%、7.9%、10.3%。从总量上看，存款余额、贷款余额增长与生产总值增长匹配，说明许昌市经济、金融相互促进，互动良好。从增长速度来看，贷款增速在 2013 年低于存款增速，2014 年和 2015 年高于存款增速，2016 年低于存款增速，2017 年高于存款增速，五年间有三个年度贷款增速高于存款增速，说明许昌市经济社会发展快，市场信贷资金需求大，银行业的快速增长更多得益于许昌市经济总量增长的推动。

### 三、许昌新区（东城区）经济金融现状

许昌市东城区成立于 1997 年，是许昌市的一个新城区，位于许昌市区东部，行政区域面积 93 平方公里，常住人口约 30 万人。如今的东城区已成为宜居、宜业、宜学、宜商、宜游的花园式新城区。近年来，

东城区作为许昌市新的主要经济增长点,除了原有的部分 YC 银行、农商行网点,许昌市新培育和引入的 GD 银行许昌分行、MS 银行许昌分行、ZS 银行许昌分行、兴业银行许昌分行、LY 银行许昌分行、郑州银行许昌分行、中原银行许昌分行等银行业金融机构均设置在东城区。此外还有不少保险、证券、担保、小贷等机构入驻东城区。

## 第三节 许昌新区商业银行效率影响因素

众多学者研究认为影响商业银行效率的比较突出的因素主要分为三个层次。第一个层次,主要是国家宏观经济层面上的影响因素,主要指国家的宏观经济政策、国家的整体经济形势、政府对经济的干预、国家宏观调控、全球一体化等;第二个层次,主要是市场结构中观层面上的因素,主要包括银行业金融机构的市场份额、银行市场的集中程度等;第三个层次,主要是银行业金融机构微观层面上的因素,主要有银行自身运营效率、银行成本控制能力、银行管理机制、银行资产多元化、银行风险控制能力等。良好的政策环境、金融生态环境和日益完善的金融市场结构都对许昌市银行效率提升起到了积极作用。

结合国内外学者对商业银行效率研究的经验和许昌市商业银行的实际特点,考虑 DEA 方法所涉及的投入、产出指标,我们从人力资源、银行规模、存贷款规模、管理模式、存贷比、中间业务收入、贷款质量、其他因素等方面去考察银行效率的影响因素,具体分析如下。

### 一、人力资源

人才是推动银行业发展的根本,是提升银行效率的关键因素之一。通过调研发现,许昌市商业银行人员素质不断提高。近年来,许昌市的商业银行招聘职员的条件要求越来越高,本科以上学历占据主流,还不断组织学习培训提高在职员工素质,通过各种形式鼓励在职员工提升学历。调研中还了解到，许昌市的工农中建四大国有商业银行和本地城商行、农商行等职工人数多，而近年来入驻的股份制商业银行职工人数相对较少。而人力资源是决定银行效率高低的关键指标，因此，在运用 DEA 方法测算银行效率时，可将银行职工人数作为一项投入指标。

## 二、银行规模

一般来讲，商业银行的运营效率具有规模效应，但其规模扩张到一定程度也会造成规模不经济的状况。通过调研发现，许昌市国有商业银行、股份制商业银行规模较大，管理规范，盈利强于地方中小型银行。但是，从决策层级来看，中小型银行决策层级较少，审批流程较短，管理成本相对较低。从风险抵抗能力看，近年来发生的几起因造谣引起的"异常集中取款"事件或者说是"挤兑"事件，都是发生在农商行、村镇银行，虽然风险都得到了及时的控制，但是也给银行带来了不小的损失，耗费了大量的资源，对银行的效率造成影响。而大型的国有银行和股份制银行则几乎没有这方面的风险。在运用 DEA 方法测算银行效率时，可将银行资本或股本等作为一项投入指标，但许昌市商业银行多为分支机构，此项指标对本文不适用，可在结论中参考银行性质进行分析。

## 三、存贷款规模

目前，存贷款业务仍然是许昌市商业银行的主要业务，存款规模和贷款规模对银行效率的影响程度也有关键作用。银行的存款越多，说明银行吸收整合资金的能力越强，在资金运用上也更加有优势。贷款业务是银行的传统核心业务，银行信贷规模越大，说明银行资金运用能力越强，获得的贷款利息越多，盈利水平越高。但是，过多地吸收存款规模而不能有效运用同样会导致银行效率低下。截止到 2017 年底，许昌市银行业金融机构达到 26 家，各类银行机构差异化竞争的局面基本形成,金融市场竞争非常充分,整个许昌地区存款规模、贷款需求规模有限,26家银行业金融机构为占据更多市场,在存款、贷款等方面采取了各种优惠政策和措施。在许昌地区,由于大型国有银行获取存款的成本较低,它们为了占据存款、贷款市场,在信贷业务上给出低于基准利率的信贷政策,在中间业务上给予部分免费政策,这就导致大型国有银行在增加存款规模和贷款规模的同时贷款利息收入、中间业务收入下降,对银行的影响有利有弊。股份制银行在资金成本方面高于国有银行,获取大客户的能力也不如国有银行,但股份制银行却在薪资待遇上比国有银行有优势,可以较高的薪资待遇吸引拥有大量客户资源的客户经理,从而获取大量优质客户,这样一来,股份制银行在扩大存款规模和贷款规模的同时,人力资源成本也在增加,对银行的效率产生双方面的影响。城市商业行、农村商业行和村镇银行等地方性银行在获取大客户、获取资金成本和薪资待遇等方面都不如国有银行和股份制银行,但它们通过大幅度上浮存款利率、存款赠送礼品、存款抽奖等方式,与国有银行和股份制银行展开竞争,在增加存款规模的同时,也带来成本的增加,从而影响到贷款的定价。调研发现,许昌地区JS银行推出的新型信用信贷产品,积极响应了国家支持小微和实体经济的政策,获取了大量优质的客户,而地方性法人机构在吸收存款时给出较高的年化利率,同样也获取了大量稳定的存款客户。因此,在运用DEA方法测算银行效率时,可将存款、贷款作为主要的测算指标。

### 四、管理模式

现代银行业机构的管理模式主要分为部门银行模式、流程银行模式。许昌市国有商业银行在流程银行建设方面相对迟缓,多是按照部门进行管理,依照部门设计业务流程;而股份制商业银行在流程银行建设方面取得了一定成效,多是按照客户或者市场需求设计业务流程,依照业务流程来管理部门。因此,股份制银行距离客户和市场更近，在效率上比国有商业银行更有优势，通过调研了解到，股份制商业银行的人均薪资待遇高于国有商业银行。管理水平的高低是影响银行效率的关键因素，在对商业银行 DEA 效率进行比较分析时，可关注不同的管理模式带来的影响。

### 五、存贷比

存贷比是反映银行资产配置的主要指标之一。一般而言，银行的主要资金收益也大部分来源于存贷利差，主要资产来自于存款和贷款，所以银行存贷比是反映银行资产配置的主要指标之一。通过调研发现，大型国有商业银行、YC 银行在进行信贷投放时，相对谨慎，风险偏好低，把控严格，存贷比较低，不利于提高银行效率；股份制商业银行、地方中小型银行存贷比较高，利于提高银行效率。在运用 DEA 方法测算银行效率时，测算结果与存贷比有一定的正相关关系。

### 六、中间业务收入

银行中间业务与银行资产负债表内的表内资产业务、表内负债业务是银行的三大重要业务类型。中间业务水平高低，代表银行的发展的潜能高低。通过开发创新中间业务产品品种和提供创新中间业务服务等手段获取收入，可以降低银行的经营管理成本，促进银行效率的持续提高。从许昌地区情况来看，许昌市银行的中间业务收入占比不高，而且大多都是汇兑结算、票据承兑等传统的低收益产品。因此，此项指标暂不作为本文测算商业银行 DEA 效率的投入指标。

### 七、贷款质量

银行贷款资产的优劣程度反映着银行贷款质量的高低。银行的不良贷款率就是银行不良贷款余额与银行贷款总量的比例，国内外学者通常把不良贷款率作为衡量贷款质量的主要指标。通过调研发现，受经济下行压力影响，许昌市部分地方中小型银行不良贷款余额大，不良贷款率高,化解难度大,占用了银行大量的精力,不利于银行效率的提高。

### 八、支出和收入

商业银行的支出主要包括营业成本和营业费用。其中,营业成本指在业务经营中发生的与业务经营有关的支出,营业费用指银行在业务经营及管理过程中发生的费用。其中,与存贷款业务比较紧密的是营业成本,主要包括利息支出、金融企业往来支出、手续费支出等,在运用 DEA 方法测算商业银行效率时可将营业成本作为一项投入指标,同样,可以将商业银行的利润作为一项产出指标。通过调研发现,部分银行由于不良贷款压力较大,近年来通过核销、打包转让等方式处置了大量的不良贷款,"侵蚀"了商业银行的利润,在一些年份部分商业银行的利润为负值,因此在测算商业银行效率时,本文将采用利息收入作为产出指标。同样,为使指标更加匹配,本文采用利息支出作为投入指标。

## 第四节 许昌市主城区及新城区商业银行效率评价与建议

### 一、评价模型

路研、李刚(2018)对商业银行效率计算方法进行了总结,指出这些方法可以分为非前沿分析法和前沿分析法。其中,前沿分析法应用最多,前沿分析法又可以分为参数和非参数两种测度方法。参数法包括随机前沿法(Stochastic Frontier Approach,SFA)、自由分布法(Distribution Free Approach,DFA)和厚前沿法(Thick Frontier Approach,TFA),非参数法包括数据包络分析法(Data Envelopment

Analysis,DEA)和无界分析法(Free Disposal Hull,FDH),近年来研究文献使用较多的是参数法中的 SFA 模型和非参数法中的 DEA 模型(路研 等,2018)。

DEA 基本模型包括 CCR 模型、BCC 模型、超效率模型(Super Efficiency DEA,SE-DEA)、成本效率模型(Cost-DEA)、Malmquist 指数模型等。在利用 DEA 模型进行相关研究时,一般采用传统的 CCR-DEA 和 BCC-DEA 模型。

传统 DEA 模型包括 CCR-DEA 模型和 BCC-DEA 模型,DEA 基本模型涉及的基本概念包括决策单元(Decision Making Unit,DMU)、效率(Efficiency)、相对有效(Relative Efficiency)与相对无效(Relative Inefficiency)、技术效率(Technical Efficiency,TE)、纯技术效率(Pure Technical Efficiency,PTE)、规模效率(Scale Efficiency,SE)等,这些模型和相关原理本章不再赘述。

## 二、指标选择

从相关商业银行效率研究的文献中,可以看到所选取的投入指标和产出指标不尽相同。本文对相关文献中基于 DEA 的银行效率研究所选取的投入指标和产出指标进行了梳理,如表 9-3 所示。

表 9-3 商业银行效率研究相关文献中投入、产出指标的选取

| 文献 | 投入指标 | 产出指标 |
| --- | --- | --- |
| 魏煜 等,2000 | 职工人数、资产净值、可贷资金 | 利息收入、非利息收入 |
| 赵旭 等,2001 | 存款价格、劳动力、其他实物资本价格 | 存款、贷款、利润 |
| 张健华,2003 | 固定资本、股本、各项支出 | 贷款、存款、利润 |
| 陈敬学,2004 | 利息支出、非利息支出 | 利息收入、非利息收入 |
| 姚晋兰 等,2009 | 利息支出、非利息支出 | 利税总额 |

续表

| 文献 | 投入指标 | 产出指标 |
| --- | --- | --- |
| 张东超,2018 | 存款、固定资产、劳动力、营业费用 | 贷款、利息净收入、净利润总额 |
| 刘喜华 等,2010 | 固定资产净值、职工人数、可贷资金 | 存款额、税前利润 |
| 张卉,2010 | 资产总额、利息支出 | 利息收入、税后净利润 |
| 游家兴 等,2011 | 存款总额、固定资产净值、营业费用、员工人数 | 利息收入、利税总额、贷款总额、投资净额 |
| 李文华 等,2011 | 固定资产、用人费用、存款与汇款余额、利息支出 | 放款与贴现、利息收入 |
| 丛盼盼 等,2011 | 劳动力、利息支出、固定资产净值 | 税前利润 |
| 杜永善,2012 | 营业费用、存款 | 净利息收入、非利息收入 |
| 虞晓雯,2012 | 员工人数、固定资产、营业支出、存款总额、不良贷款比例 | 净贷款、利息收入、非利息收入 |
| 周四军 等,2012 | 劳动力、固定资产原值、利息支出 | 净利润、贷款 |
| 王佳 等,2012 | 固定资产净额,银行职工总数、贷款总额 | 存款总额、税前利润 |
| 段永瑞 等,2013 | 从业人数、固定资产净值、营业成本 | 营业收入、顾客满意度 |
| 芦锋 等,2013 | 固定资产净值、员工人数、存款总额 | 贷款总额、其他营利性资产总额 |
| 卜振兴,2013 | 实收资本、员工人数、存款余额 | 利息收入、非利息收入 |
| 姜玉东,2014 | 利息支出、营业支出 | 利息收入、营业收入 |
| 盛佳玲 等,2014 | 利息支出、非利息支出 | 利息收入、非利息收入 |
| 胡竹枝,2014 | 员工人数、固定资产净值、存款总额 | 贷款总额、净利润 |
| 褚国庆 等,2015 | 固定资产净值、业务及管理费、贷款余额 | 利息收入、非利息收入 |
| 林春 等,2015 | 固定资产净值、员工人数、资金来源、营业费用 | 税前利润、贷款净额 |

续表

| 文献 | 投入指标 | 产出指标 |
|---|---|---|
| 王爱东 等,2015 | 固定资产净值、人力资本、利息支出 | 利息收入、非利息收入 |
| 刘瑞翔 等,2016 | 固定资产投资额、职工人数、营业支出 | 净利息收入、非利息收入、不良贷款 |
| 刘科,2016 | 工资总额及福利费、存款总额、固定资产净值、不良贷款率、资产收益率 | 银行利税额、贷款总额 |
| 周晓丹,2016 | 资产总额、存款总额、职工薪金 | 贷款总额、手续费及佣金 |
| 杨世伟,2017 | 存款、营业支出 | 净利息收入、营业收入 |
| 刘瑞波 等,2017 | 应付职工薪酬、所有制权益、业务及管理费用 | 净利润、手续费及佣金收入、境外贷款 |
| 陈一洪 等,2017 | 计息负债、股东权益、员工费用 | 税前利润 |
| 朱芸芸 等,2018 | 固定资产净值、应付职工薪酬、营业总成本、利息支出 | 利息收入、净利润 |
| 李炫榆 等,2019 | 存款、同业存放、非利息支出 | 贷款、其他生息资产、非利息收入 |
| 石瑞琪,2018 | 营业支出、职工人数、固定资产 | 贷款、非利息收入 |
| 崔宇,2019 | 职工人数、营业支出 | 净利润、利息收入 |
| 于刚 等,2019 | 职工人数、存款 | 贷款、利息净收入、营业利润 |
| 周朝波 等,2018 | 固定资产、职工人数、营业支出 | 净利润、存贷比 |

在借鉴上述研究文献的基础上,遵循数据可得性、真实性、代表性等原则,确定了许昌市商业银行效率评价的三种投入指标、两种产出指标,如表9-4所示。

表9-4 许昌市商业银行效率评价的投入、产出指标

| 投入指标 | 产出指标 |
|---|---|
| 职工总数 | 利息收入 |
| 营业支出 | 贷款总额 |
| 利息支出 | |

## 三、样本选择

基于研究目的,结合数据的可获得性,选择主城区的 GS 银行、NY 银行、ZG 银行、JS 银行、JT 银行等 5 家银行在许昌市的分行作为研究样本,选择新城区的 MS 银行、ZS 银行、PF 银行、GD 银行、LY 银行、YC 银行等 6 家银行在许昌市的分行作为研究样本,一共 11 家。时间跨度为 2013—2017 年共 5 年,数据资料主要来源于金融主监管部门报表和银行机构现场调研。由于兴业银行、郑州银行、中原银行、许昌农商行在许昌市开业较晚,相关数据不完善而不予选择。

## 四、数据来源

经过对许昌市辖内研究样本银行充分调研,获取了许昌市主城区的 GS 银行、NY 银行、ZG 银行、JS 银行、JT 银行和新城区的 MS 银行、ZS 银行、PF 银行、GD 银行、LY 银行、YC 银行等 11 家样本银行的 2013—2017 年主要指标数据,如表 9-5 至表 9-15 所示。

表 9-5 GS 银行投入-产出评价数据

| 年份 | 职工总数/人 | 营业支出/万元 | 利息支出/万元 | 利息收入/万元 | 贷款总额/万元 |
|---|---|---|---|---|---|
| 2017 | 789 | 21558 | 27232 | 73624 | 1542903 |
| 2016 | 802 | 21875 | 26215 | 72200 | 1493026 |
| 2015 | 805 | 26319 | 37527 | 90292 | 1563765 |
| 2014 | 816 | 26750 | 28323 | 82655 | 1369487 |
| 2013 | 789 | 25616 | 26561 | 81012 | 1140735 |

表 9-6 NY 银行投入-产出评价数据

| 年份 | 职工总数/人 | 营业支出/万元 | 利息支出/万元 | 利息收入/万元 | 贷款总额/万元 |
|---|---|---|---|---|---|
| 2017 | 1110 | 24566 | 30053 | 76514 | 902046 |
| 2016 | 1137 | 24819 | 31075 | 67816 | 755665 |
| 2015 | 1168 | 22317 | 79207 | 113936 | 623623 |
| 2014 | 1179 | 28669 | 76682 | 124065 | 756188 |
| 2013 | 1189 | 49133 | 32454 | 85871 | 799343 |

表 9-7  ZG 银行投入-产出评价数据

| 年份 | 职工总数/人 | 营业支出/万元 | 利息支出/万元 | 利息收入/万元 | 贷款总额/万元 |
|---|---|---|---|---|---|
| 2017 | 589 | 30098 | 55939 | 95386 | 1131564 |
| 2016 | 590 | 66919 | 54683 | 92273 | 1020285 |
| 2015 | 599 | 42976 | 32197 | 71071 | 1027978 |
| 2014 | 593 | 23194 | 28591 | 70329 | 857039 |
| 2013 | 587 | 23133 | 24996 | 63359 | 741145 |

表 9-8  JS 银行投入-产出评价数据

| 年份 | 职工总数/人 | 营业支出/万元 | 利息支出/万元 | 利息收入/万元 | 贷款总额/万元 |
|---|---|---|---|---|---|
| 2017 | 663 | 19822 | 23095 | 71352 | 1550313 |
| 2016 | 678 | 21673 | 22237 | 63214 | 1370905 |
| 2015 | 677 | 26605 | 30288 | 77955 | 1265514 |
| 2014 | 678 | 26380 | 24984 | 72022 | 1162988 |
| 2013 | 683 | 19959 | 19942 | 61164 | 1027782 |

表 9-9  JT 银行投入-产出评价数据

| 年份 | 职工总数/人 | 营业支出/万元 | 利息支出/万元 | 利息收入/万元 | 贷款总额/万元 |
|---|---|---|---|---|---|
| 2017 | 87 | 37028 | 28526 | 32476 | 381936 |
| 2016 | 91 | 16599 | 26299 | 37610 | 460896 |
| 2015 | 87 | 18668 | 28292 | 48520 | 473081 |
| 2014 | 83 | 5560 | 36249 | 36972 | 521792 |
| 2013 | 85 | 6002 | 14333 | 38826 | 576502 |

表 9-10  MS 银行投入-产出评价数据

| 年份 | 职工总数/人 | 营业支出/万元 | 利息支出/万元 | 利息收入/万元 | 贷款总额/万元 |
|---|---|---|---|---|---|
| 2017 | 147 | 45800 | 11742 | 31674 | 698757 |
| 2016 | 157 | 41584 | 11707 | 36683 | 727808 |
| 2015 | 158 | 30505 | 13291 | 40381 | 661927 |
| 2014 | 127 | 12556 | 18028 | 33660 | 498069 |
| 2013 | 86 | 6772 | 15096 | 24698 | 379084 |

表 9-11 ZS 银行投入-产出评价数据

| 年份 | 职工总数/人 | 营业支出/万元 | 利息支出/万元 | 利息收入/万元 | 贷款总额/万元 |
|---|---|---|---|---|---|
| 2017 | 65 | 3353 | 856 | 4073 | 165753 |
| 2016 | 65 | 2951 | 1062 | 5516 | 199019 |
| 2015 | 66 | 3644 | 2797 | 8187 | 203719 |
| 2014 | 57 | 3211 | 3305 | 10275 | 198857 |
| 2013 | 44 | 1334 | 351 | 1138 | 75481 |

表 9-12 PF 银行投入-产出评价数据

| 年份 | 职工总数/人 | 营业支出/万元 | 利息支出/万元 | 利息收入/万元 | 贷款总额/万元 |
|---|---|---|---|---|---|
| 2017 | 107 | 95002 | 7852 | 38907 | 848153 |
| 2016 | 91 | 64190 | 9802 | 42462 | 835654 |
| 2015 | 84 | 31705 | 14833 | 57846 | 874097 |
| 2014 | 83 | 11028 | 18281 | 45675 | 639723 |
| 2013 | 70 | 8785 | 14752 | 33195 | 491279 |

表 9-13 GD 银行投入-产出评价数据

| 年份 | 职工总数/人 | 营业支出/万元 | 利息支出/万元 | 利息收入/万元 | 贷款总额/万元 |
|---|---|---|---|---|---|
| 2017 | 76 | 3112 | 3272 | 17598 | 413015 |
| 2016 | 78 | 3854 | 2584 | 17530 | 425436 |
| 2015 | 78 | 4482 | 3298 | 15946 | 312583 |
| 2014 | 81 | 4628 | 3919 | 18582 | 306357 |
| 2013 | 74 | 3800 | 3721 | 14982 | 277073 |

表 9-14 LY 银行投入-产出评价数据

| 年份 | 职工总数/人 | 营业支出/万元 | 利息支出/万元 | 利息收入/万元 | 贷款总额/万元 |
|---|---|---|---|---|---|
| 2017 | 98 | 7669 | 10798 | 22630 | 378406 |
| 2016 | 96 | 8405 | 5712 | 17526 | 301519 |
| 2015 | 90 | 6810 | 5519 | 13139 | 214812 |
| 2014 | 82 | 5287 | 4018 | 9594 | 144384 |
| 2013 | 60 | 3708 | 1915 | 3781 | 91896 |

表 9-15 YC 银行投入-产出评价数据

| 年份 | 职工总数/人 | 营业支出/万元 | 利息支出/万元 | 利息收入/万元 | 贷款总额/万元 |
|---|---|---|---|---|---|
| 2017 | 467 | 39442 | 51693 | 110265 | 747448 |
| 2016 | 471 | 34754 | 38990 | 88794 | 524395 |
| 2015 | 474 | 34347 | 45184 | 94868 | 447305 |
| 2014 | 462 | 31699 | 38837 | 79925 | 387894 |
| 2013 | 461 | 25431 | 31451 | 64180 | 276160 |

## 五、计算结果

基于表 9-5 至表 9-15 许昌市主城区和新城区 11 家样本银行的投入、产出数据，运用 EXCEL 建立 11 家样本银行 2013－2017 年间各 3 项投入、2 项产出的数据库，采用 DEAP2.1 软件，计算基于投入导向的 CCR-DEA 和 BCC-DEA 模型下 11 家样本银行 2013－2017 年间的技术效率、纯技术效率、规模效率值，计算结果如表 9-16 至表 9-20 所示。

表 9-16 2013 年许昌市各商业银行 DEA 效率值

| 区域 | 决策单元 | TE | PTE | SE | 规模报酬 | 相对有效性 |
|---|---|---|---|---|---|---|
| 主城区 | GS 银行 | 0.782 | 1.000 | 0.782 | 递减 | 弱有效 |
| | NY 银行 | 0.657 | 1.000 | 0.657 | 递减 | 弱有效 |
| | ZG 银行 | 0.664 | 0.855 | 0.777 | 递减 | 无效 |
| | JS 银行 | 0.770 | 1.000 | 0.770 | 递减 | 弱有效 |
| | JT 银行 | 1.000 | 1.000 | 1.000 | 不变 | 有效 |
| | 平均值 | 0.775 | 0.971 | 0.797 | | |
| 新城区 | MS 银行 | 0.647 | 0.779 | 0.830 | 递增 | 无效 |
| | ZS 银行 | 1.000 | 1.000 | 1.000 | 不变 | 有效 |
| | PF 银行 | 1.000 | 1.000 | 1.000 | 不变 | 有效 |
| | GD 银行 | 1.000 | 1.000 | 1.000 | 不变 | 有效 |
| | LY 银行 | 0.535 | 0.773 | 0.692 | 递增 | 无效 |
| | YC 银行 | 0.578 | 1.000 | 0.578 | 递减 | 弱有效 |
| | 平均值 | 0.793 | 0.925 | 0.850 | | |
| 平均值 | | 0.785 | 0.946 | 0.826 | | |

注：TE、PTE、SE 分别表示技术效率、纯技术效率、规模效率。下同。

表 9-17  2014 年许昌市各商业银行 DEA 效率值

| 区域 | 决策单元 | TE | PTE | SE | 规模报酬 | 相对有效性 |
|---|---|---|---|---|---|---|
| 主城区 | GS 银行 | 0.762 | 1.000 | 0.762 | 递减 | 弱有效 |
| | NY 银行 | 0.890 | 1.000 | 0.890 | 递减 | 弱有效 |
| | ZG 银行 | 0.723 | 0.923 | 0.783 | 递减 | 无效 |
| | JS 银行 | 0.672 | 0.985 | 0.682 | 递减 | 无效 |
| | JT 银行 | 1.000 | 1.000 | 1.000 | 不变 | 有效 |
| | 平均值 | 0.809 | 0.982 | 0.823 | | |
| 新城区 | MS 银行 | 0.663 | 0.671 | 0.988 | 递减 | 无效 |
| | ZS 银行 | 0.923 | 1.000 | 0.923 | 递增 | 弱有效 |
| | PF 银行 | 1.000 | 1.000 | 1.000 | 不变 | 有效 |
| | GD 银行 | 1.000 | 1.000 | 1.000 | 不变 | 有效 |
| | LY 银行 | 0.507 | 0.823 | 0.617 | 递增 | 无效 |
| | YC 银行 | 0.612 | 1.000 | 0.612 | 递减 | 弱有效 |
| | 平均值 | 0.784 | 0.916 | 0.857 | | |
| 平均值 | | 0.796 | 0.946 | 0.842 | | |

表 9-18  2015 年许昌市各商业银行 DEA 效率值

| 区域 | 决策单元 | TE | PTE | SE | 规模报酬 | 相对有效性 |
|---|---|---|---|---|---|---|
| 主城区 | GS 银行 | 0.917 | 1.000 | 0.917 | 递减 | 弱有效 |
| | NY 银行 | 1.000 | 1.000 | 1.000 | 不变 | 有效 |
| | ZG 银行 | 0.518 | 0.748 | 0.693 | 递减 | 无效 |
| | JS 银行 | 0.775 | 0.989 | 0.784 | 递减 | 无效 |
| | JT 银行 | 1.000 | 1.000 | 1.000 | 不变 | 有效 |
| | 平均值 | 0.842 | 0.947 | 0.879 | | |
| 新城区 | MS 银行 | 0.719 | 0.788 | 0.913 | 递减 | 无效 |
| | ZS 银行 | 0.802 | 1.000 | 0.802 | 递增 | 弱有效 |
| | PF 银行 | 1.000 | 1.000 | 1.000 | 不变 | 有效 |
| | GD 银行 | 1.000 | 1.000 | 1.000 | 不变 | 有效 |
| | LY 银行 | 0.613 | 0.780 | 0.786 | 递增 | 无效 |
| | YC 银行 | 0.840 | 1.000 | 0.840 | 递减 | 弱有效 |
| | 平均值 | 0.829 | 0.928 | 0.890 | | |
| 平均值 | | 0.835 | 0.937 | 0.885 | | |

表 9-19  2016 年许昌市各商业银行 DEA 效率值

| 区域 | 决策单元 | TE | PTE | SE | 规模报酬 | 相对有效性 |
|---|---|---|---|---|---|---|
| 主城区 | GS 银行 | 0.726 | 1.000 | 0.726 | 递减 | 弱有效 |
|  | NY 银行 | 0.601 | 0.823 | 0.730 | 递减 | 无效 |
|  | ZG 银行 | 0.561 | 1.000 | 0.561 | 递减 | 弱有效 |
|  | JS 银行 | 0.641 | 1.000 | 0.641 | 递减 | 弱有效 |
|  | JT 银行 | 1.000 | 1.000 | 1.000 | 不变 | 有效 |
|  | 平均值 | 0.706 | 0.965 | 0.732 |  |  |
| 新城区 | MS 银行 | 0.744 | 0.907 | 0.820 | 递减 | 无效 |
|  | ZS 银行 | 1.000 | 1.000 | 1.000 | 不变 | 有效 |
|  | PF 银行 | 1.000 | 1.000 | 1.000 | 不变 | 有效 |
|  | GD 银行 | 1.000 | 1.000 | 1.000 | 不变 | 有效 |
|  | LY 银行 | 0.726 | 0.800 | 0.907 | 递增 | 无效 |
|  | YC 银行 | 0.727 | 1.000 | 0.727 | 递减 | 弱有效 |
|  | 平均值 | 0.866 | 0.951 | 0.909 |  |  |
| 平均值 |  | 0.793 | 0.957 | 0.828 |  |  |

表 9-20  2017 年许昌市各商业银行 DEA 效率值

| 区域 | 决策单元 | TE | PTE | SE | 规模报酬 | 相对有效性 |
|---|---|---|---|---|---|---|
| 主城区 | GS 银行 | 0.604 | 1.000 | 0.604 | 递减 | 弱有效 |
|  | NY 银行 | 0.551 | 0.910 | 0.605 | 递减 | 无效 |
|  | ZG 银行 | 0.688 | 1.000 | 0.688 | 递减 | 弱有效 |
|  | JS 银行 | 0.637 | 1.000 | 0.637 | 递减 | 弱有效 |
|  | JT 银行 | 1.000 | 1.000 | 1.000 | 不变 | 有效 |
|  | 平均值 | 0.696 | 0.982 | 0.707 |  |  |

续表

| 区域 | 决策单元 | TE | PTE | SE | 规模报酬 | 相对有效性 |
|---|---|---|---|---|---|---|
| 新城区 | MS 银行 | 0.776 | 0.961 | 0.807 | 递减 | 无效 |
| | ZS 银行 | 1.000 | 1.000 | 1.000 | 不变 | 有效 |
| | PF 银行 | 1.000 | 1.000 | 1.000 | 不变 | 有效 |
| | GD 银行 | 1.000 | 1.000 | 1.000 | 不变 | 有效 |
| | LY 银行 | 0.941 | 0.951 | 0.990 | 递减 | 无效 |
| | YC 银行 | 0.954 | 1.000 | 0.954 | 递减 | 弱有效 |
| | 平均值 | 0.945 | 0.985 | 0.959 | | |
| 平均值 | | 0.832 | 0.984 | 0.844 | | |

通过计算，计算出 11 家样本银行 2013—2017 年的 DEA 效率均值，如表 9-21 至表 9-23 所示。

**表 9-21　2013—2017 年许昌市各商业银行技术效率（TE）**

| 区域 | 决策单元 | 2013 年 | 2014 年 | 2015 年 | 2016 年 | 2017 年 | 均值 |
|---|---|---|---|---|---|---|---|
| 主城区 | GS 银行 | 0.782 | 0.762 | 0.917 | 0.726 | 0.604 | 0.758 |
| | NY 银行 | 0.657 | 0.890 | 1.000 | 0.601 | 0.551 | 0.740 |
| | ZG 银行 | 0.664 | 0.723 | 0.518 | 0.561 | 0.688 | 0.631 |
| | JS 银行 | 0.770 | 0.672 | 0.775 | 0.641 | 0.637 | 0.699 |
| | JT 银行 | 1.000 | 1.000 | 1.000 | 1.000 | 1.000 | 1.000 |
| | 平均值 | 0.775 | 0.809 | 0.842 | 0.706 | 0.696 | |
| 新城区 | MS 银行 | 0.647 | 0.663 | 0.719 | 0.744 | 0.776 | 0.710 |
| | ZS 银行 | 1.000 | 0.923 | 0.802 | 1.000 | 1.000 | 0.945 |
| | PF 银行 | 1.000 | 1.000 | 1.000 | 1.000 | 1.000 | 1.000 |
| | GD 银行 | 1.000 | 1.000 | 1.000 | 1.000 | 1.000 | 1.000 |
| | LY 银行 | 0.535 | 0.507 | 0.613 | 0.726 | 0.941 | 0.664 |
| | YC 银行 | 0.578 | 0.612 | 0.840 | 0.727 | 0.954 | 0.742 |
| | 平均值 | 0.793 | 0.784 | 0.829 | 0.866 | 0.945 | |
| 平均值 | | 0.785 | 0.796 | 0.835 | 0.793 | 0.832 | |

表 9-22　2013—2017 年许昌市各商业银行纯技术效率（PTE）

| 区域 | 决策单元 | 2013 年 | 2014 年 | 2015 年 | 2016 年 | 2017 年 | 均值 |
|---|---|---|---|---|---|---|---|
| 主城区 | GS 银行 | 1.000 | 1.000 | 1.000 | 1.000 | 1.000 | 1.000 |
| | NY 银行 | 1.000 | 1.000 | 1.000 | 0.823 | 0.910 | 0.947 |
| | ZG 银行 | 0.855 | 0.923 | 0.748 | 1.000 | 1.000 | 0.905 |
| | JS 银行 | 1.000 | 0.985 | 0.989 | 1.000 | 1.000 | 0.995 |
| | JT 银行 | 1.000 | 1.000 | 1.000 | 1.000 | 1.000 | 1.000 |
| | 平均值 | 0.971 | 0.982 | 0.947 | 0.965 | 0.982 | |
| 新城区 | MS 银行 | 0.779 | 0.671 | 0.788 | 0.907 | 0.961 | 0.821 |
| | ZS 银行 | 1.000 | 1.000 | 1.000 | 1.000 | 1.000 | 1.000 |
| | PF 银行 | 1.000 | 1.000 | 1.000 | 1.000 | 1.000 | 1.000 |
| | GD 银行 | 1.000 | 1.000 | 1.000 | 1.000 | 1.000 | 1.000 |
| | LY 银行 | 0.773 | 0.823 | 0.780 | 0.800 | 0.951 | 0.825 |
| | YC 银行 | 1.000 | 1.000 | 1.000 | 1.000 | 1.000 | 1.000 |
| | 平均值 | 0.925 | 0.916 | 0.928 | 0.951 | 0.985 | |
| 平均值 | | 0.946 | 0.946 | 0.937 | 0.957 | 0.984 | |

表 9-23　2013—2017 年许昌市各商业银行规模效率（SE）

| 区域 | 决策单元 | 2013 年 | 2014 年 | 2015 年 | 2016 年 | 2017 年 | 均值 |
|---|---|---|---|---|---|---|---|
| 主城区 | GS 银行 | 0.782 | 0.762 | 0.917 | 0.726 | 0.604 | 0.758 |
| | NY 银行 | 0.657 | 0.890 | 1.000 | 0.730 | 0.605 | 0.776 |
| | ZG 银行 | 0.777 | 0.783 | 0.693 | 0.561 | 0.688 | 0.700 |
| | JS 银行 | 0.770 | 0.682 | 0.784 | 0.641 | 0.637 | 0.703 |
| | JT 银行 | 1.000 | 1.000 | 1.000 | 1.000 | 1.000 | 1.000 |
| | 平均值 | 0.797 | 0.823 | 0.879 | 0.732 | 0.707 | |

续表

| 区域 | 决策单元 | 2013年 | 2014年 | 2015年 | 2016年 | 2017年 | 均值 |
|---|---|---|---|---|---|---|---|
| 新城区 | MS银行 | 0.830 | 0.988 | 0.913 | 0.820 | 0.807 | 0.872 |
| | ZS银行 | 1.000 | 0.923 | 0.802 | 1.000 | 1.000 | 0.945 |
| | PF银行 | 1.000 | 1.000 | 1.000 | 1.000 | 1.000 | 1.000 |
| | GD银行 | 1.000 | 1.000 | 1.000 | 1.000 | 1.000 | 1.000 |
| | LY银行 | 0.692 | 0.617 | 0.786 | 0.907 | 0.990 | 0.798 |
| | YC银行 | 0.578 | 0.612 | 0.840 | 0.727 | 0.954 | 0.742 |
| | 平均值 | 0.850 | 0.857 | 0.890 | 0.909 | 0.956 | |
| 平均值 | | 0.826 | 0.842 | 0.885 | 0.828 | 0.844 | |

## 六、计算结果分析

表9-16至表9-23分别是2013—2017年许昌市主城区和新城区11家样本银行的DEA效率值以及通过运算求出的11家样本银行2013—2017年的DEA效率均值。通过对上述结果的观察,本文从以下几个方面进行分析。

（一）2017年11家样本银行DEA效率横向分析

将表9-20中2017年许昌市各商业银行DEA效率值可视化,见图9-3。

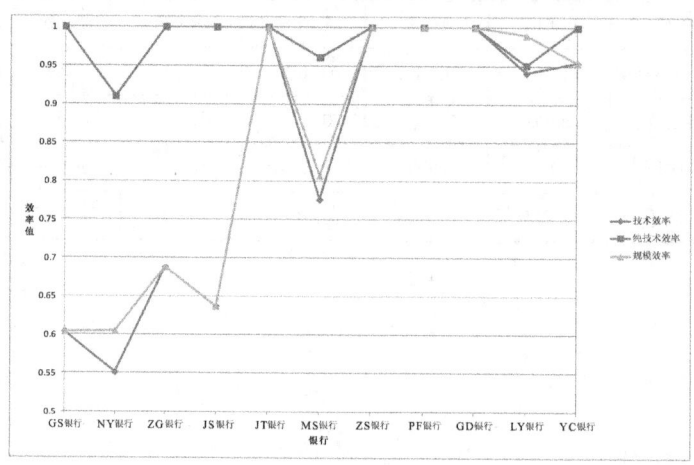

图9-3　2017年11家样本银行DEA效率值

从表 9-20 和图 9-3 中可以看到，DEA 有效的银行有 4 家，占比达到 36.36%。主城区的 JT 银行和新城区的 ZS 银行、PF 银行、GD 银行等 4 家银行技术效率、纯技术效率、规模效率达到 1。技术效率为 1，说明银行技术效率有效，投入、产出相匹配，且银行处于相对合理的规模；纯技术效率为 1，说明银行纯技术效率有效，银行在当前投入下技术水平和管理水平达到最优，实现了最大的产出；规模效率为 1，说明银行规模效率有效，银行处于规模报酬不变的状态，以合适的规模进行经营。2017 年，主城区的 JT 银行和新城区的 ZS 银行、PF 银行、GD 银行等 4 家银行的技术效率、纯技术效率、规模效率都达到了 1，说明 4 家银行的人力资源、营业支出、利息支出等 3 项投入得到了最充分的利用，同时 4 家银行的贷款、利息收入等得到了最大化的产出，4 家银行现有的各项投入、产出配置合理，与银行规模相适应。

弱 DEA 有效的银行有 4 家，占比达到 36.36%。主城区的 GS 银行、ZG 银行、JS 银行和新城区的 YC 银行等 4 家银行技术效率分别为 0.604、0.688、0.637、0.954，纯技术效率都为 1，规模效率分别为 0.604、0.688、0.637、0.954。技术效率小于 1，说明银行效率相对低下；纯技术效率为 1，说明 4 家银行技术水平和管理水平达到最优；规模效率小于 1，且 4 家银行规模效率均处于递减状态，说明 4 家银行规模过大，没有充分利用，应缩小银行规模。

DEA 无效的银行有 3 家，占比达到 27.27%。主城区的 NY 银行和新城区的 MS 银行、LY 银行等 3 家银行技术效率分别为 0.551、0.776、0.941，纯技术效率分别为 0.910、0.961、0.951，规模效率分别为 0.605、0.807、0.990。技术效率都小于 1，说明 3 家银行效率相对低下；纯技术效率都小于 1，说明 3 家银行技术水平和管理水平没有达到最优，需要提高技术水平和管理水平；规模效率都小于 1，且规模报酬均处于递减状态，说明 3 家银行规模过大，没有充分利用，应缩小银行规模。

通过以上对比，可以看出：2017 年，许昌市主城区的商业银行技术效率、纯技术效率、规模效率均值分别为 0.696、0.982、0.707，许昌市新城区的商业银行技术效率、纯技术效率、规模效率均值分别为 0.945、0.985、0.959；许昌市主城区的商业银行 DEA 有效的数量为 1 个，许昌市新城区的商业银行 DEA 有效的数量为 3 个，无论是从 DEA 效率均值还是从 DEA 有效的商业银行数量看，新城区商业银行整体上都优于主城区商业银行。

（二）11 家样本银行平均技术效率比较分析

将表 9-21 中 2013—2017 年许昌市各商业银行技术效率（TE）可视化，如图 9-4 所示。

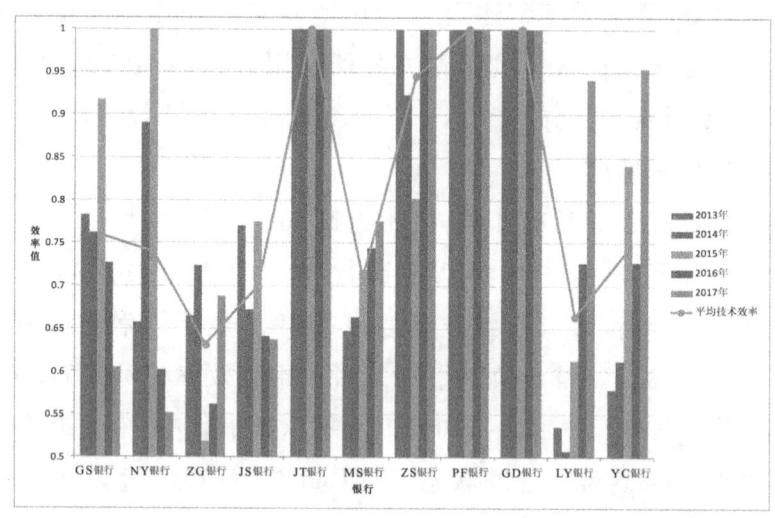

图 9-4　2013—2017 年 11 家样本银行技术效率图

技术效率是测度银行在现有产出量情况下的投入最小化，或者是在现有投入量情况下的产出最大化，技术效率反映的是银行对投入资源和产出资源的配置能力、对资金的整合运用能力、资源使用的效率等多方面综合能力。从表 9-21 和图 9-4 中可以明显看出，本文选取的许昌市 11 家样本银行中，2013—2017 年间主城区的 JT 银行和新城区的 PF 银行、GD 银行等 3 家银行的技术效率为 1，处于技术效率的前沿面上，说明主城区的 JT 银行和新城区的 PF 银行、GD 银行等 3 家银行对自身投入资源和产出资源控制能力强，投入产出相适应，处于合理状态，占比达到 27.27%。平均技术效率最差的是主城区的 ZG 银行，平均技术效率值为

0.631，主城区的 NY 银行、JS 银行和新城区的 MS 银行、LY 银行、YC 银行平均技术效率值也均低于 0.750，说明主城区的 ZG 银行、NY 银行、JS 银行和新城区的 MS 银行、LY 银行、YC 银行等 6 家银行对自身投入资源和产出资源控制能力相对弱，占比达到 54.55%。主城区的 GS 银行和新城区的 ZS 银行平均技术效率在 0.750 以上，处于相对较高的水平，说明主城区的 GS 银行和新城区的 ZS 银行对自身投入资源和产出资源的控制能力相对较强，占比达到 18.18%。

就主城区和新城区来看，主城区只有 JT 银行技术效率在五年间均处于技术效率前沿面上，新城区的 PF 银行、GD 银行技术效率在五年间均处于技术效率前沿面上，新城区的 ZS 银行在 2013 年、2016 年、2017 年均处于技术效率前沿面上，说明主城区商业银行的技术效率总体上低于新城区商业银行的技术效率。从 2013—2017 年 11 家样本银行的技术效率总体趋势来看，主城区的 GS 银行、NY 银行、JS 银行技术效率存在明显的递减趋势，新城区的 MS 银行、LY 银行、YC 银行技术效率递增趋势明显。

(三) 11 家样本银行纯技术效率比较分析

将表 9-22 中 2013—2017 年许昌市各商业银行纯技术效率(PTE)可视化，如图 9-5 所示。

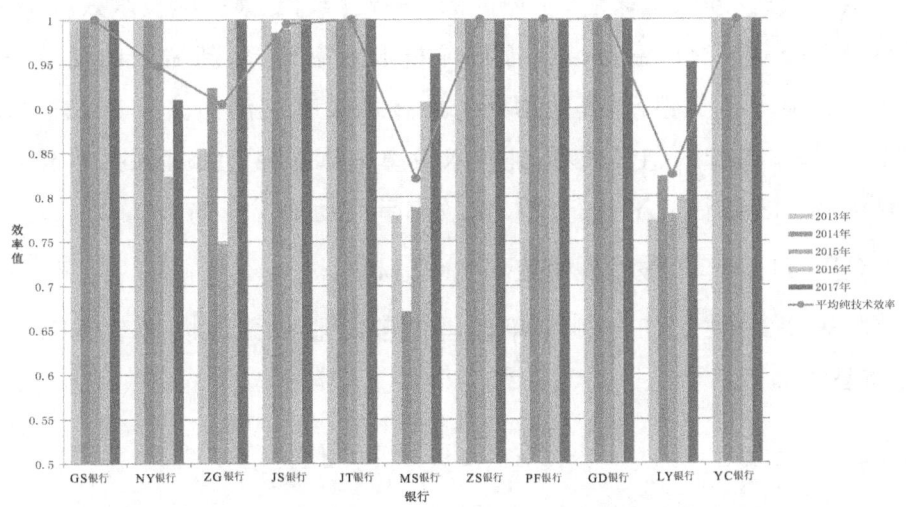

图 9-5　2013—2017 年 11 家样本银行纯技术效率图

纯技术效率是对银行整体技术水平的衡量,反映的是银行的科技能力、经营管理能力、技术运用能力等整体技术水平。从表9-22和图9-5可以明显看出,许昌市11家样本银行平均技术效率均分布在0.750以上,说明许昌市11家样本银行的科技能力、经营管理能力、技术运用能力整体处于相对高位。主城区的GS银行、JT银行和新城区的ZS银行、PF银行、GD银行、YC银行等6家银行在2013—2017年5年间纯技术效率均为1,处于纯技术效率前沿面上,说明主城区的GS银行、JT银行和新城区的ZS银行、PF银行、GD银行、YC银行等6家银行的科技能力、经营管理能力、技术运用能力强,占比达到54.55%,新城区商业银行整体优于主城区商业银行。

MS银行纯技术效率最差,2013—2017年平均纯技术效率为0.821,其次是LY银行,2013—2017年平均纯技术效率为0.825,再次为ZG银行,2013—2017年平均纯技术效率为0.905,说明MS银行、LY银行、ZG银行在科技能力、经营管理能力、技术运用能力等方面还有提升空间。NY银行、JS银行平均纯技术效率分别为0.947、0.995,距离纯技术效率前沿面较近,说明NY银行、JS银行科技能力、经营管理能力、技术运用能力较强。

从主城区、新城区来看,主城区的GS银行、JT银行纯技术效率最高,然后是JS银行、NY银行,ZG银行纯技术效率较差,新城区的商业银行除了MS银行、LY银行,其他均处于纯技术效率前沿面。从2013—2017年11家样本银行的趋势来看,纯技术效率整体平稳,主城区的ZG银行和新城区的MS银行、LY银行纯技术效率呈波动式上升趋势。

(四)11家样本银行规模效率比较分析

将表9-23中2013—2017年许昌市各商业银行规模效率(SE)可视化,如图9-6所示。

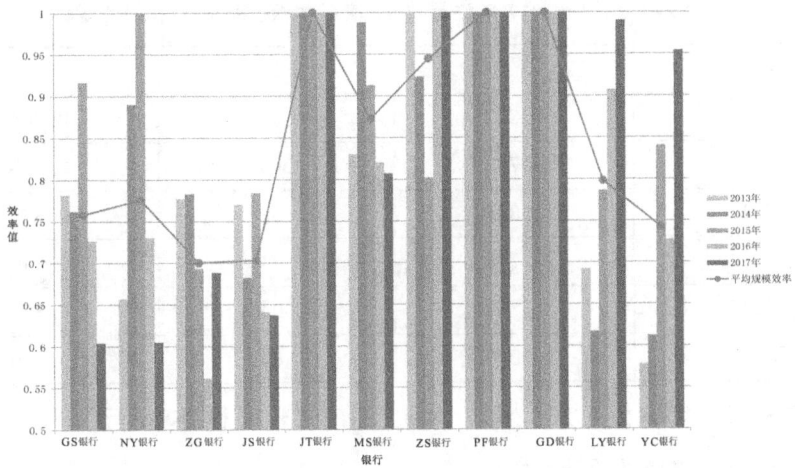

图 9-6　2013—2017 年 11 家样本银行规模效率图

规模效率是衡量样本银行在最合适规模点或长期成本曲线最低点上进行生产经营，银行投入资源减少的水平，反映样本银行现有的规模合理程度，指银行在同样的科技能力、经营管理能力和技术运用能力下，以最佳规模生产的能力。从表 9-23 和图 9-6 中可以看出，主城区的 JT 银行和新城区的 PF 银行、GD 银行等 3 家银行的规模效率在 2013—2017 年 5 年间均为 1，处于规模效率前沿面上，说明主城区的 JT 银行和新城区的 PF 银行、GD 银行等 3 家银行始终在最佳的经营规模下经营。而主城区的 GS 银行、NY 银行、ZG 银行、JS 银行和新城区的 YC 银行等 5 家银行规模效率无效，且均低于 0.800，说明主城区的 GS 银行、NY 银行、ZG 银行、JS 银行和新城区的 YC 银行最佳规模经营的能力弱，结合银行员工人数，推测是由机构庞大、人员冗余导致的。新城区的 LY 银行在 2013—2016 年均处于规模报酬递增状态，随着规模的不断扩大，LY 银行在 2017 年也进入规模报酬递减状态。

(五)许昌市商业银行 2013—2017 年 DEA 效率变化趋势分析

2013—2017 年许昌市 11 家样本银行平均技术效率值、平均纯技术效率值、平均规模效率值如表 9-24 所示。

表 9-24  2013—2017 年许昌市 11 家样本银行平均 DEA 效率值

| 年份 | TE | PTE | SE |
| --- | --- | --- | --- |
| 2017 | 0.832 | 0.984 | 0.844 |
| 2016 | 0.793 | 0.957 | 0.828 |
| 2015 | 0.835 | 0.937 | 0.885 |
| 2014 | 0.796 | 0.946 | 0.842 |
| 2013 | 0.785 | 0.946 | 0.826 |
| 平均值 | 0.808 | 0.954 | 0.845 |

将表 9-24 中 2013—2017 年许昌市 11 家样本银行平均 DEA 效率值可视化，如图 9-7 所示。

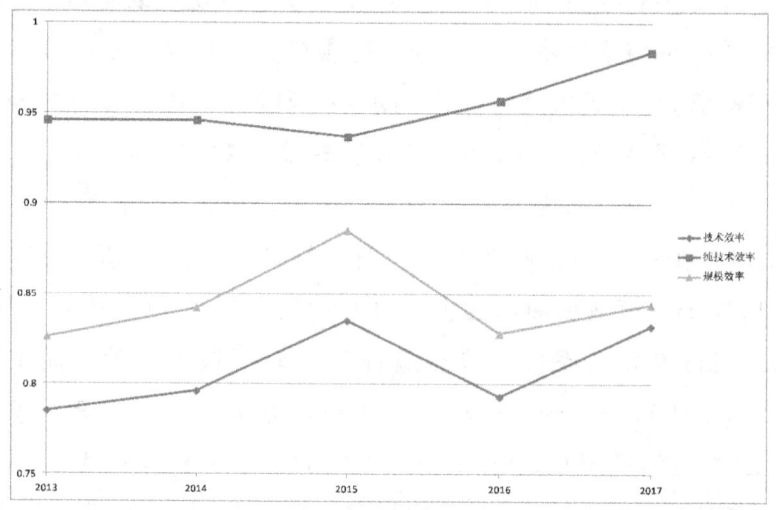

图 9-7  2013—2017 年许昌市 11 家样本银行平均 DEA 效率值变化趋势图

从表 9-24 来看，2013—2017 年间许昌市 11 家样本银行技术效率分布在 0.785～0.835，2015 年最大，2013 年最小；纯技术效率分布在 0.937～0.984，2017 年最大，2015 年最小；规模效率分布在 0.826～0.885，2015 年最大，2013 年最小；说明许昌市商业银行效率低下，是由纯技术效率低下和规模效率低下共同引起的。

从图 9-7 来看，许昌市 11 家样本银行的平均技术效率值、规模效率值变化趋势基本一致，呈现先上升后下降再上升的走势，2013—

2015年呈上升趋势,在2015年达到最大,2015—2016年呈现下降趋势,2016—2017年呈现上升趋势;纯技术效率呈现先下降后上升的趋势,2013—2015年呈现下降趋势,2015—2017年呈现上升趋势,但2013—2017年纯技术效率均处于相对高位,接近于纯技术效率前沿面。这表明许昌市商业银行技术效率低下是由纯技术效率、规模效率低下共同引起,但主要是规模效率低影响更大;说明许昌市商业银行能够紧跟社会发展,在科技能力、经营管理能力、技术运用能力上相对较强,但是在对投入资源和产出资源的规模配置上,控制能力仍有很大提升空间。

## 七、研究结论与政策建议

### (一)研究结论

本文首先对影响商业银行效率的因素进行了分析,然后采用非参数的数据包络分析方法(DEA)对许昌市主城区和新城区11家样本商业银行效率进行了实证分析。主要研究结论如下:

第一,从2017年各商业银行DEA效率来看,DEA有效的银行有4家,主城区的JT银行和新城区的ZS银行、PF银行、GD银行等4家银行技术效率、纯技术效率、规模效率达到1。DEA弱有效的银行有4家,主城区的GS银行、ZG银行、JS银行和新城区的YC银行等4家银行技术效率分别为0.604、0.688、0.637、0.954,纯技术效率都为1,规模效率分别为0.604、0.688、0.637、0.954。DEA无效的银行有3家,主城区的NY银行和新城区的MS银行、LY银行等3家银行技术效率分别为0.551、0.776、0.941,纯技术效率分别为0.910、0.961、0.951,规模效率分别为0.605、0.807、0.990。DEA弱有效的4家银行和DEA无效的3家银行规模效率都小于1,且规模报酬均处于递减状态,说明银行规模过大,没有充分利用,应缩小银行规模。

第二,从2013—2017年许昌市11家商业银行的技术效率来看,从2013—2017年连续5年,主城区的JT银行和新城区的PF银行、

GD银行等3家银行的技术效率为1,处于技术效率的前沿面上,说明主城区的JT银行和新城区的PF银行、GD银行等3家银行相比于其他8家银行,技术效率是最高的,科技、管理、技术水平高,对自身投入资源和产出资源控制能力强,投入产出相适应,处于合理状态。主城区的GS银行和新城区的ZS银行技术效率距离技术效率前沿面较近,说明主城区的GS银行和新城区的ZS银行技术效率相对较高。主城区的NY银行、ZG银行、JS银行和新城区的MS银行、LY银行、YC银行平均技术效率值均低于0.750,说明主城区的NY银行、ZG银行、JS银行和新城区的MS银行、LY银行、YC银行等6家银行对自身投入资源和产出资源控制能力相对弱。

第三,从2013—2017年许昌市11家商业银行的纯技术效率来看,主城区的GS银行、JT银行和新城区的ZS银行、PF银行、GD银行、YC银行等6家银行在2013—2017年5年间纯技术效率均为1,处于纯技术效率前沿面上,说明6家银行的科技能力、经营管理能力、技术运用能力强。许昌市11家样本银行平均技术效率均分布在0.750以上,说明许昌市11家样本银行的科技能力、经营管理能力、技术能力整体处于相对高位。新城区的MS银行纯技术效率最差,其次是新城区的LY银行,再次为主城区的ZG银行,说明MS银行、LY银行、ZG银行在科技能力、经营管理能力、技术运用能力等方面还有提升空间,需要加强科技创新、业务创新。

第四,从2013—2017年许昌市11家商业银行的规模效率来看,主城区的JT银行和新城区的PF银行、GD银行等3家银行的规模效率在2013—2017年5年间均为1,处于规模效率前沿面上,说明主城区的JT银行和新城区的PF银行、GD银行等3家银行始终在最佳的经营规模下经营。而主城区的GS银行、NY银行、ZG银行、JS银行和新城区的YC银行等5家银行规模效率无效,一直处于递减状态,新城区的LY银行在2013—2016年均处于规模报酬递增状态,随着规模的不断扩大,LY银行在2017年也进入规模报酬递减状态,说明这

6家银行应该合理控制机构规模。

第五,从11家商业银行2013—2017年DEA效率变化趋势来看,许昌市商业银行的技术效率值、规模效率值变化趋势基本一致,表明许昌市商业银行技术效率低下是由纯技术效率、规模效率低下共同引起,但主要是规模效率低影响更大。这说明许昌市商业银行在对投入资源和产出资源的规模配置上,控制能力仍有很大提升空间。

(二)政策建议

近年来,国内众多专家和学者针对提高银行效率进行了很多的研究和实证分析,从理论研究到实证分析都给出了许多意见建议和措施。本文在借鉴国内学者研究文献的基础上,通过对许昌市主城区和新城区11家样本商业银行的影响效率的因素定性分析和DEA效率评价分析,结合许昌市经济社会发展环境和银行内部经营管理状况,从银行自身和地方政府等方面提出了提高许昌市银行业经营效率、促进银行业健康持续发展和改善金融服务实体经济水平的政策建议。具体建议如下:

1. 调整经营策略,合理控制规模

商业银行作为特殊的金融企业,处于规模经济考虑,把扩大自身经营规模作为重要的经营管理战略之一。规模越大,信贷投放能力越强,对地方经济社会发展提供的资金越多,贡献也越大,地方政府在考核金融企业时往往也把规模作为重要考核指标。但是,从以上结论可以看出,许昌市主城区和新城区11家样本商业银行在2017年都表现为规模报酬递减或不变,在这样的状况下,再扩大银行规模得到的产出是递减的,不利于提高经营效率,也不利于银行的持续经营。要改变这种状况,从银行自身来看,需要调整以扩张规模为主的经营管理战略,要将提高银行效率摆在更加重要的位置;从地方政府来看,要树立长远意识,不能只看重银行对地方的资金支持力度,也要考虑银行自身效率,考虑银行可持续发展,促进银行业乃至金融业的健康发展。

2. 改进管理模式,完善业务流程

从上述结论可以看出,整体上许昌市商业银行管理水平、技术水平相对较高,但是,主城区的 NY 银行和新城区的 MS 银行、LY 银行等银行业金融机构管理模式不优,管理能力、服务能力跟不上银行业务的快速发展,跟不上经济社会的快速发展,通过调查研究也发现,未列入样本银行的农村商业银行、村镇银行等,治理结构不够规范,管理模式不够成熟。对此,地方政府、金融管理部门和银行自身要持续深化金融体制机制改革,推动地方性法人银行机构进一步完善公司治理架构,填补内部经营管理存在的漏洞,结合当地实际和特色,根据业务发展需要,合理设置部门,完善业务流程,提高银行效率。

3. 推进金融创新,增加收入渠道

从上述结论可以看出,许昌市主城区、新城区的商业银行纯技术效率一直处于较高水平,且呈上升趋势。可见,科技是第一生产力,尤其是在当前互联网蓬勃发展的基础上,运用金融科技推进业务创新和产品创新是提高银行核心竞争力的关键。因此,许昌市商业银行应继续深入推进业务创新和产品创新,充分运用金融科技,结合自身经营战略和当地实际,推出适合不同规模、不同类型企业的金融产品,占据更多市场。同时,许昌市银行业应把握当前经济金融市场的发展势头,通过表内、表外等多种方式积极拓展收入来源,全面提升盈利能力,建立平衡、协调、可持续的发展模式。地方政府要整合各政府部门掌握的企业数据和银行信贷产品,搭建银企对接交流平台,消除银企信息不对称,协作银行精准投放,提高银行信贷质量。

4. 强化队伍建设,提高业务水平

人才是推动企业发展的根本所在,对银行管理模式的改革优化、业务产品的合理设计,都离不开优秀的人才。因此,第一,要强化银行党建工作,抓好班子带好队伍,以党建的高质量引领业务的高质量,增强银行凝聚力和战斗力;第二,要鼓励干部职工加强学历教育和业务培训,激励干部职工通过继续教育提升学历,组织多种形式的业务和技能竞赛,持续提升干部职工的业务能力;第三,要建立科学合理的绩效考核机制,通过科学合理的考核机制,实现"多劳多得、不劳不得",充分调动干部职工的工作积极性,留住优秀人才;第四,要改变当前大部分银行贷款风险责任终身制的"一刀切"考核机制,建立和落实尽职免职制度,对尽职尽责开展工作的干部职工免责,充分调动职工积极性,提高职工业务水平。

# 第十章　城市新区资源配置模式及优化路径

## 第一节　城市新区资源配置的目标与模式

### 一、城市新区资源配置的目标

（一）供需均衡

城市新区最终需要满足居民的需要，包括居民的就业、金融、交通、医疗、教育、生态等各方面的需要。在满足居民这些需要的时候，既不要供过于求，导致资源的闲置浪费，也不要供不应求，导致就业难、医疗难、上学难等问题。

（二）结构合理

无论是产业结构、人口结构，还是资源配置的空间布局，都要尽量合理。产业结构要朝着利用区域内一切有利因素，有利于长远发展的方向发展，国民经济的农业、工业、服务业等各产业能协调发展。人口结构要老、中、青、幼比例适当。资源在空间上的布局均衡，不会出现某个区域某种资源配置比例过高。

（三）规模适当

城市新区在规划布局时，需要对其规模进行科学设计。在城市新区发展的前期、中期、远期都要严格控制其空间规模、人口规模、产业规模等。规模如果过大,可能会造成入住率不足的问题,或者造成老城空心化的问题。而规模如果过小,则难以发挥新区的作用。城市规模有"最佳规模"与"均衡规模",均衡规模是城市规模达到一种稳定的状态,往往比最佳规模要大,因此,需要政府进行干预,使规模达到最合理的状态。

(四)因地制宜

各个城市都有其不同的自然环境、文化传统、建筑风格、区位优势,建设城市新区时,一定要因地制宜,突出自身的特色,在产业选择上要突出优势产业,发展特色经济,创造个性化的新区景观。例如天津滨海新区与重庆两江新区,其自然环境、区位优势差别较大,天津滨海新区可以在海洋经济上做文章,以装备制造、石油化工、港口物流等产业为主,两江新区则可以汽车制造、电子信息、装备制造这三大产业为主导产业。

(五)集约利用

我国是一个人均资源匮乏的国家,尤其是土地资源,需要确保国家的粮食安全,对土地资源、医疗资源、教育资源、交通资源、金融资源、生态资源等各种资源都需要考虑其投入和产出的效率,对资源投入的产出效率进行科学评价,使各项资源都能够实现效用最大化,实现节约集约利用。

(六)风险控制

城市新区作为中心城区向外的拓展,与中心城区类似,也存在着诸多城市发展的风险问题,在生态环境、水资源、空间资源、公共设施、产业布局、经济发展等方面都存在着一定的脆弱性,需要在这些方面进行风险控制,防止出现类似于旧城区的内涝、环境恶化、交通拥堵、产业空心化等诸多问题。

### (七) 多方投入

城市新区的资源投入不仅仅是政府的事,还需要利用各种有利要素,调动社会各方的资源投入,包括投资者、创业者、当地居民、外地居民等。政府在城市新区建设中一方面需要加强基础设施建设,另一方面需要出台有利政策,调动社会各界的热情,吸引各方资源的投入,使城市新区建设成为惠及社会各方的活动。

## 二、城市新区资源配置的模式

### (一) 产业带动型

这种模式是通过在城市新区布局某个规模较大的主导产业,通过该主导产业的产业工人及家属的入驻,慢慢带动周边的商业、住宅、上下游产业的发展。典型的如郑州航空港,通过富士康的入驻,带来了30万就业岗位,通过30万产业工人的入驻,带动了富士康周边的各种商业、服务业的发展,也使得中兴、华锐光电等一大批手机生产商入驻郑州航空港。截至2019年,郑州航空港区智能终端产业累计投产项目67个,2018年手机产值完成3083.8亿元。产业带动型模式最大的好处是可以迅速带动主导产业及周边产业的发展,同时产业工人也能带来大量的人口增量。

### (二) 大学城带动型

这是很多拥有高校数量较多的城市发展城市新区的模式,这种模式的好处是显而易见的,就是可以通过大学城的规划,将众多高校迁至新区,以人数众多的大学生及高校教师为城市新区带来人气。而且高校是最容易接受搬迁到城市新区的,一是高校的发展需要扩大校园面积,而高校原有的校园面积远远不能满足要求,二是高校的新生也容易接受在新校址上学。大学城带动型城市新区最典型的有滨海新区大学城、兰州新区大学城、郑东新区大学城、贵安新区花溪大学城、西海岸大学城等等,这些大学城范围内的发展已经比较成熟,这种模式对于推动大学城周边的高技术产业、促进产学研合作发展非常有利。

(三)政府机构带动型

这种将政府机构搬迁到城市新区,实现新区和旧城两利的思想,起源于20世纪50年代的"梁陈方案",虽然"梁陈方案"是失败的,但是后来有些城市将政府搬迁至城市新区,确实带动了新区的繁荣与发展,也使旧城的资源拥挤现象得以缓解。例如河南省将省政府搬迁至郑东新区,一方面使郑东新区的人气提高,一方面也使原址的交通拥堵问题得到缓解。2016年,安徽省委、省政府也搬离原址进驻合肥滨湖新区。这种将政府机关搬迁至城市新区的措施,确实能迅速给城市新区的发展带来利好,但是也不可避免地会使旧城的发展出现空心化,加速旧城的衰退。

(四)原有资源整合利用型

这种模式在教育资源、医疗资源、交通资源等基础资源的配置上比较常见,在某区域设置城市新区后,区域内原有的乡镇设立的一些乡镇中小学、乡镇医院、县级道路等,如果完全拆除重建,需要较大的资金投入量,本着节约资源的原则,这些原有的设施仍然可以继续加以利用。例如郑州市郑东新区融入了原祭城镇和姚桥乡,为了配置义务教育资源,将原祭城镇中学改制为郑州市九十三中学,将原姚桥乡中学改为郑州市九十四中学,将原祭城小学改为郑东新区畅和街小学,将原姚桥小学改为郑州市郑东新区龙子湖小学,等等。这种将原有的资源整合利用的措施,尽量避免了教师、学生的变动,同时也减少了资源的浪费,是一种比较可行的资源配置的模式。

## 第二节 城市新区资源配置效率周期规律

根据前文的分析,城市新区在某些资源配置效率方面存在着优势,这种优势一方面来自于后发优势,因为新区的资源配置是一张白纸绘蓝图,另一方面来自于各方的强烈关注与看好。也有一些资源配置效率方面可能会存在劣势,原因是这些资源从无到有,有一个逐渐提高的过程。

## 一、教育资源配置效率变化周期规律

根据前文分析,城市新区教育资源配置在前期严重不足,低于中心城区,到城市新区建设的中后期,其资源配置效率可能会逐渐提高,慢慢与中心城区持平或超过中心城区。

在城市新区建设初期,城市新区的教育资源配置效率会随着人口的迅速集聚,出现严重不足、快速下降的现象,在持续一段时间后,随着新区居民的逐渐提议,城市新区会开始逐渐布局建设中小学及幼儿园,解决新区学龄儿童的就学难问题。由于新区的学校建设起点高,建好启用后,能迅速提高新区的教育资源效率。典型的如郑州市郑东新区,初中义务教育资源一直不足,政府投资建设了郑东新区外国语学校,将以前的一些中学进行改造升级,使得新区的中学义务教育资源布局更加均衡。在城市新区建设后期,其教育资源的效率可能会始终稍高于或稍低于中心城区。

城市新区教育资源效率变化周期如图10-1所示。

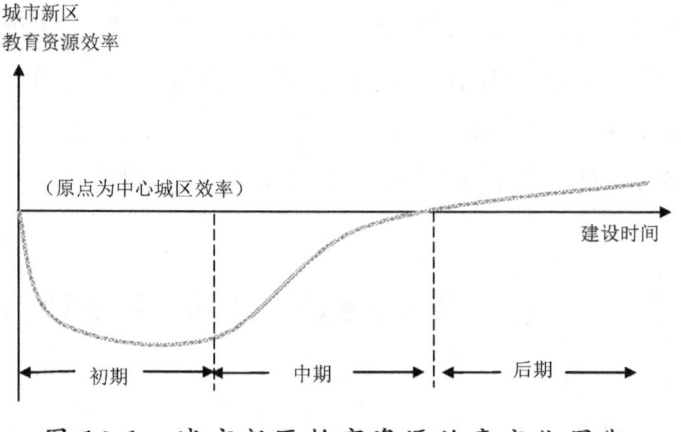

图 10-1  城市新区教育资源效率变化周期

## 二、医疗资源配置效率变化周期规律

城市新区医疗资源效率变化周期与教育资源有些类似,在初期也是严重不足的,效率极其低下,随着初期人口的迅速增加,医疗资源效率迅速下降,随着城市新区的医疗机构逐渐建设落成,医疗资源效率也会逐级台阶状上升,最终稍高于或稍低于中心城区。

城市新区医疗资源效率变化周期如图10-2所示。

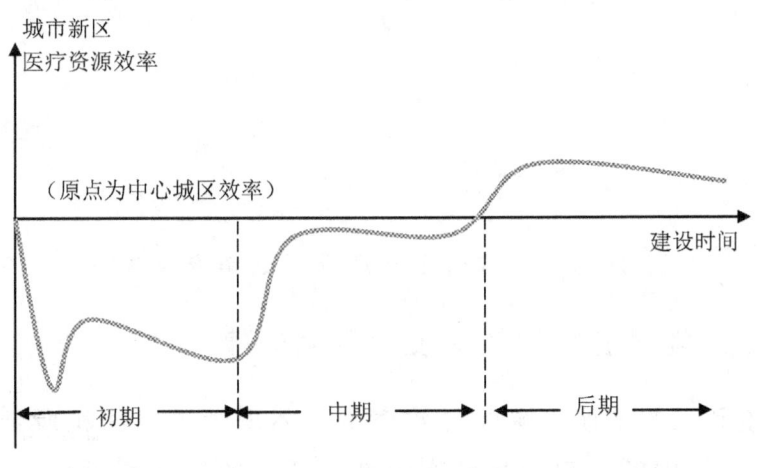

图10-2　城市新区医疗资源效率变化周期

## 三、交通资源配置效率变化周期规律

城市新区交通资源的效率变化周期与教育资源、医疗资源有着很大的不同,因为交通资源是新区居民入住的先决条件,因此,只有先建设好交通配套资源,才会有居民逐渐入住。因此,在城市新区建设初期,政府会优先配置大量的交通资源,此时由于人迹稀少,交通资源配置效率会远远低于中心城区。随着新区市民逐渐入住,其交通资源配置效率会逐渐上升,最终随着城市新区的逐渐成熟,其交通资源配置效率也会慢慢与中心城区持平。

交通资源配置效率变化周期如图10-3所示。

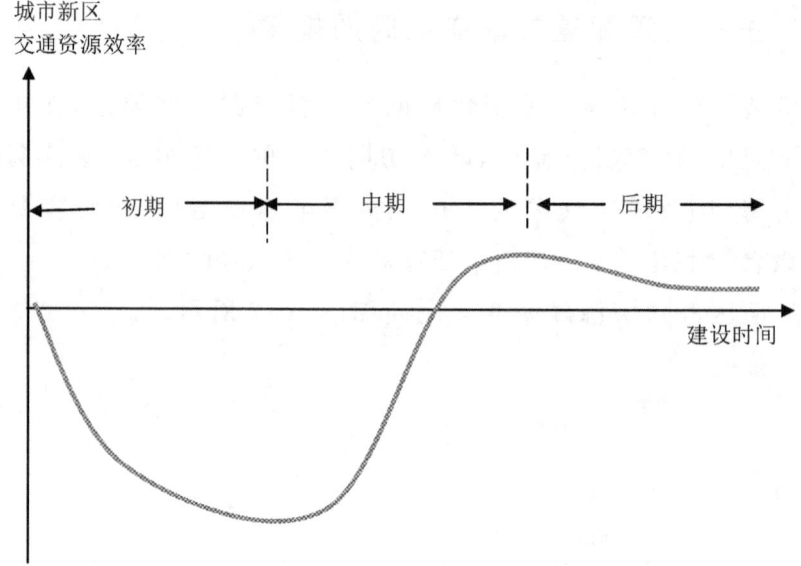

图 10-3 城市新区交通资源效率变化周期

## 四、土地资源配置效率变化周期规律

城市新区的土地资源配置效率主要体现为单位面积所带来的经济效益,或容纳的人口。从已有的城市新区的发展情况来看,在城市新区建设初期,其土地效率低下,无论是人口还是产业布局都很少,因此,效率远远低于中心城区。随着城市新区的建设,各种优质产业大量入驻,人口大量涌入,使得城市新区的土地效率迅速增加,甚至远高于中心城区,然后随着城市新区的产业逐渐增加、人口的逐渐饱和,各类产业也逐渐进入饱和状态,土地的效率与中心城区相比,会呈现缓慢降低或缓慢增加的状态。

土地资源配置效率变化周期如图 10-4 所示。

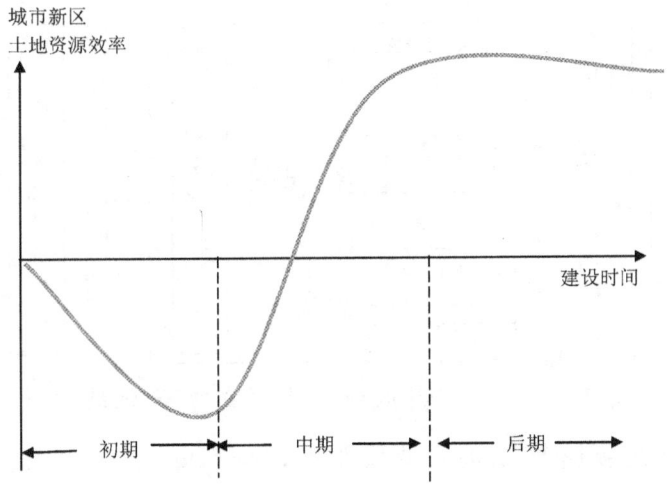

图 10-4 城市新区土地资源配置效率变化周期规律

## 第三节 城市新区资源配置优化路径

### 一、城市新区义务教育资源配置优化路径

义务教育资源的优化配置不是某一种举措就可以实现的,也不是一蹴而就的,这是一个系统的工程,需要全方位进行。可以从图 10-5 所展示的路径来实现:

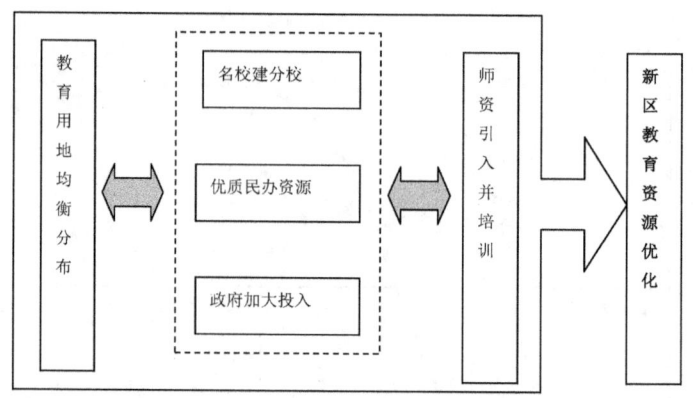

图 10-5　城市新区教育资源配置优化路径

（一）城市新区规划中对教育用地均衡布局

教育用地均衡布局是基础。为了促进教育资源均衡配置，同时促进居民对教育资源利用效率的提高，需要在城市新区进行规划时，将教育用地均衡分布，这样新区的学龄儿童均可就近入学，提高他们上学的效率。在布局教育资源过程中，还需要促进区内义务教育资源的质量均衡，如果存在教学质量上的差异，则可能会导致家长有择校的倾向，这样会导致那些教育质量较弱的中小学出现招生难的问题，出现教育资源的浪费，而那些教学质量相对较好的学校则出现入学难的问题。

（二）鼓励中心城区名校在新区建分校

由于城市新区刚刚建成，其布局的教育资源往往没有底蕴，使家长对其教学质量充满不信任感，不敢将孩子送到新区的中小学就学，一旦孩子到了学龄，就需要搬迁到中心城区入学，导致城市新区出现人口空心化，这就使得政府花大气力在城市新区新建的教育资源出现闲置浪费。因此，在布局教育资源时，优先鼓励中心城区的名校在城市新区建分校，由于有名校的依托，家长对新建的分校有一定的信任感，也能放心地将孩子送到新区的中小学就学，使得新区的教育资源利用效率得以提高。

### （三）鼓励社会力量投资非营利性优质民办义务教育

在名校建分校的资源不足的情况下，也可以通过减免税费、降低土地转让金等措施，鼓励社会力量投资非营利性优质民办义务教育。由于民间资本具有更大的灵活性，在投资与兴建义务教育资源时，可以国际或国内的高标准建设校舍、宿舍、图书馆、食堂等，同时在引进师资时会更加灵活，可以引入知名度较高的师资力量，这种高标准硬件设施以及高质量师资，对城市新区的家长都是具有较大吸引力的，可以尽量将学龄儿童留在新区，这样就将家长也留在了新区，也提高了城市新区的教育资源利用效率。

### （四）加大城市新区义务教育资金投入比例

政府在城市新区义务教育资源配置中也需要加大投入。城市新区的义务教育资源往往不足，各城市对教育资金的投入是有比例的，在对教育资金进行分配时，由于城市新区的义务教育资源较为薄弱，需要加大投入比例，将其他教育资源相对比较丰富的教育资金划拨到城市新区，这样就可以尽量促进新区的义务教育资源的投入量。

### （五）加大师资力量的引入与培训工作

城市新区师资力量往往比较薄弱，需要加大引入的力度，但是由于城市新区在开始建设的几年，各种条件比较艰苦，因此就需要通过提高待遇、增加生活补贴甚至提供住房等方式，大力引入高素质的师资。在引入师资后，由于这些教师对城市新区的教学模式、教学内容不太熟悉，因此也需要加大培训力度，开展校际之间的合作与交流，使他们迅速熟悉教学的内容与教学方法，使教育资源得到进一步的提高，从而增加对学生及家长的吸引力，达到提高其利用效率的目标。

## 二、城市新区医疗资源配置优化路径

医疗和教育一样，都是关系到民众生活的最基础的问题，医疗资源优化配置的迫切性虽然没有教育资源那么大，但是也需要不断进行,否则一旦新区内居民因为就医难的问题而想要搬离,就容易出现人口流失问题。对于医疗资源,重要的是资源的质量,而不是资源的数量。有些城市新区在区内设置一些卫生所或医疗点,只能医治一些常见病,这些不是新区居民迫切需要的,城市新区居民对于一些常见病,一些不太急切的病症,可以到市区就医,城市新区需要在新区设置具备急救功能的综合性医院、儿童医院等居民需要就近就医的医院。城市新区的医疗资源配置优化路径如图 10-6 所示。

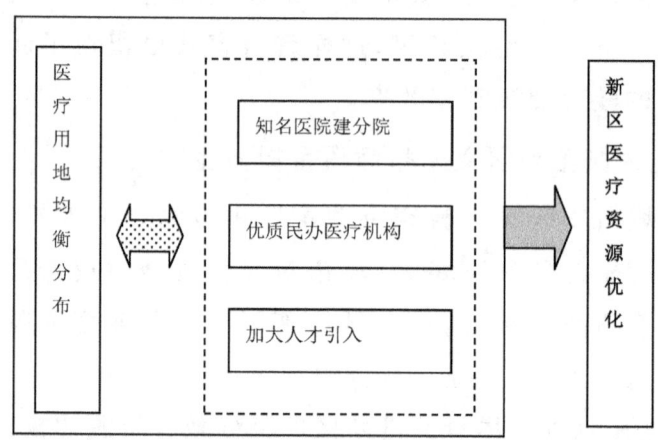

图 10-6　城市新区医疗资源配置优化路径

（一）城市新区规划中对医疗用地均衡布局

医疗资源均衡布局也是优化配置的基础。在就医时,新区居民都希望尽可能去近一些的医疗机构,因此,医疗机构的空间布局要尽可能的均衡。医疗机构均匀分布也能够促进医疗机构的效率提高,因为如果医疗机构分布不均衡,会导致这几家医疗机构的病人数量不均衡,从而导致病人数量多的医疗机构出现就医难的问题,而病人少的医院出现医疗资源浪费。因此,城市新区在进行规划时,必须对医疗资源进行均衡分布,才能实现医疗资源的优化配置。

（二）鼓励中心城区知名综合医院在新区建分院

如果完全在城市新区新建一家综合性医院,从开始建设到正式投入运营需要太长的时间,而鼓励中心城区的知名综合医院到新区建设分院,一方面可以缩短投入运营的时间,另一方面也容易得到新区居民的认可。例如郑东新区吸引了郑州大学第一附属医院、郑州人民医院、河南省儿童医院三家大型医院在新区办分院,使得郑东新区的医疗资源质量得到迅速提高,由于新区的分院条件优越,医疗设备先进,甚至很多中心城区的市民也舍近求远到这几家医院的分院就医。

### (三)鼓励社会力量投资非营利性优质医疗机构

在知名医院办分院资源不足,不能满足新区居民医疗需求的情况下,也可以采取措施鼓励社会力量投资非营利性优质医疗机构。由于民间资本具有更大的灵活性,在投资与兴建医疗机构时,可以引入国际最先进的医疗设备,同时在引进医师时会更加灵活,可以引入知名度较高的医师力量,这种高标准硬件设施以及高质量医师队伍,对城市新区的居民就医具有较大吸引力,提高了城市新区的医疗资源利用效率。

### (四)加大医师人才的引入力度

鼓励城市新区的医疗机构多引进医师人才,放开公立医院的人才编制,对引入的高素质医师人才进行工资及住房补贴,同时采取措施留住人才,使医师人才进得来、留得住。同时对于一些影响医疗效率的人才,如麻醉医师、CT医师、儿科医生等,需要加大引入的力度。

## 三、城市新区交通资源配置优化路径

### (一)加大新区交通资源投入力度

城市新区在刚开始兴建时,百废待兴,交通资源极其匮乏,需要大力投入。因此,需要对整个城市的交通投入进行调配,可以将交通设施较为完善的区域的交通资金调配到城市新区,同时,城市新区的交通资源在进行配置时,可以超前建设,因为新区的人口发展速度往往较快,如果只是按部就班,按照人口及交通流量来配置交通资源,往往会跟不上发展的需要,因此需要根据规划的人口及交通流量来建设交通设施。

## （二）均衡布局公共交通站点

公交站点的设置要以公平为优先目标，先要保证新区的各个角落都能享受到公共交通带来的便利。因为城市新区在发展建设过程中，可能会处处是建筑工地，人们需要往返于城市新区的各个角落。当然，由于人流量较少，在城市新区设立的公共交通系统可能会出现较大亏损，但这是城市新区建设过程中的阵痛，只要新区框架建设完成，人流量会迅速增加。但是如果公交系统没有均衡分布，某些公交不能抵达的区域，就会成为城市发展的盲点，在后面的发展过程中会有滞后的问题。因此，均衡布局公交系统不仅关系到交通公平性问题，还关系到新区的全局发展问题。

## （三）优化公共交通线路

公共交通线路设计会极大地影响公共交通的效率，线路设计不合理，会导致某些线路乘客拥挤，而某些线路的乘客寥寥无几，这样的话公共交通的效率会极度低下。因此，优化公共交通线路设计，可以提高公共交通的效率。优化线路第一个措施是线路网状化，网状公交线路可以最大限度地方便乘客，同时也可以减少线路重叠，提高公交线路的覆盖面，使公交线路最大限度均衡覆盖。优化线路的第二个措施是增加某些热点公交线路的班次，如有些线路经过公园、文化场所，乘客量可能会高于其他场所，那么可以加密公交车次，而乘客量少的线路，则可以减少车次，以实现公交资源的效率最大化。

## （四）建设立体化的交通体系

交通效率低下往往有个重要原因，就是人车混流，导致交通秩序混乱，降低了交通效率。城市新区在建设交通体系时，需要尽量解决人车混流的问题，可以通过建设立体化交通来实现，尤其是在公路十字交叉口，尽量通过建立交桥的方式，减少地面的车流量，或者通过建设地下隧道的方式，将车流引导到地下。这种向地下、空中要空间的方式,节约了土地空间,同时也提高了交通效率。另外,立体化交通还包括多种交通方式立体化呈现,如城市建设地铁、轻轨、快速公交,使乘客的换乘效率进一步得到提高。

(五)切实减少交通安全事故

根据前文分析,城市新区的交通事故发生率高于市区,尤其是交通事故死亡率较高,其主要原因是城市新区的车辆车速过快,因此需要采取措施限制车速。

首先是在各交通路口设置限速标志,同时在各路段架设电子眼,对于超速车辆进行抓拍,这样可以在一定程度上减少超速现象。另外,在各路段交叉口铺设减速带,可以进一步降低车辆在通过路口时的车速。

交通安全事故有很多时候是在没有红绿灯或红绿灯出现故障时发生,因此,在城市新区各新铺设道路的交叉口一定要先安装红绿灯,并将红绿灯连上智能网络,一旦出现故障,可以自动提醒交管部门进行维修。

(六)减少挤占道路现象

随着当前私家车数量的增加,城市新区公共停车位数量却跟不上需求,导致很多私家车在路边随意停车,尤其是在一些大型超市、幼儿园、小学、旅游景点、政府机关办事大厅等附近,最容易出现私家车扎堆在路边停车,导致交通瘫痪。再加上近些年电动车、共享单车的流行,这些车辆也存在随意停放的问题,这都导致了道路被占用,堵塞了道路,使得交通压力加大。因此,妥善解决这些随意停车的问题,对于提升交通效率具有重要作用。交通部门可以出台强有力的举措,如增加处罚力度、加大查处力度,对乱停车问题进行整治,还路于行人及行车,使道路交通更加通畅。

(七)加强智能化交通的建设

智能交通系统在提高交通效率方面具有重要意义,城市新区在建设智能化交通方面具有非常大的优势,可以在建设交通资源时,就增加设置智能化设备。对红绿灯时间的控制上,可以在路面上设置实时感应器,感应出各方向的车流、人流量的大小,根据各方向车流量、人流量的大小设置绿灯时间,提高交通效率。可以在公交站点设置智能屏幕,实时提示公交的候车时间。还可以通过大数据收集与分析,在各路口提示该路段的交通状况,使车流能够有效避开拥堵路段。这些智能化的交通设备,对于提升交通资源效率有着明显的作用。

(八)设置潮汐车道

潮汐车道对于缓解城市新区交通压力有很好的效果,尤其是对于某些潮汐式拥堵地段,潮汐车道可以大大缓解交通通行压力,极大地提高交通效率。潮汐车道设置方式如图10-7所示:

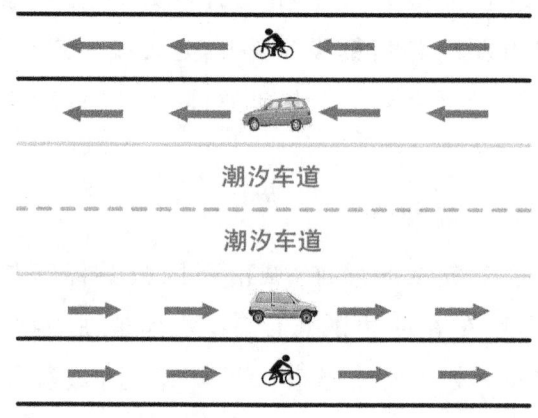

图 10-7 城市新区潮汐车道示意图

图10-7的潮汐车道是将以往的道路使用方向进行灵活设置。在某个方向的车流量较大,而另一个方向的车辆较少的情况下,可以将道路中间的两条机动车道设置为潮汐车道,均允许车流较大方向的车辆通行,而不允许另一个方向的车辆占用,这样,原本车流较大方向的车辆只有两条车道,而潮汐车道使得在车流较大时可以有三条车道,可以使交通通行效率提高50%。

潮汐车道的设置需要进行高效的管理,如在路口悬挂指示牌,指示牌上注明潮汐车道不同方向的使用时间,或者通过移动护栏来进行调整,或者让交警进行灵活指挥。潮汐车道只能设置在双向四车道以上的道路,道路如果过于狭窄,则不能设置潮汐车道,因为一旦未能预留出车流较少方向的车道,只要出现一辆这个方向的车辆,就会造成交通堵塞,反而使交通效率下降。

## 四、城市新区土地资源配置优化路径

### (一)加大生态保护力度

党的十九大报告提出要完成三条控制线划定工作,三条控制线分别是生态保护红线、永久基本农田、城镇开发边界。这三条控制线是相辅相成的,共同形成了城市新区开发的保护线。

生态保护对于城市新区尤为重要,不能等到生态恶化之后再进行整治,这样又会走旧城的老路。城市新区在进行土地资源配置时,需要合理配置生态资源。生态保护红线就是要在城市新区重点区域划定红线,在生态保护红线内对特殊重要生态功能进行强制性保护,不允许任何破坏生态的行为,如城市新区内的水源、生物多样性区域、水土保持功能区域、防止土地沙漠化盐碱化等功能区,需要严格保护,杜绝不合理开发。永久基本农田是指将大城市周边的优质农田,划定为永久性的农田,绝不允许开发,在确定城市新区范围时,永久基本农田可能会划入到城市新区内,对于永久性农田,不仅不允许建设房地产,也不允许用来建设公路、铁路等。城镇开发边界是对城市新区的开发范围进行限制,不允许摊大饼式开发城市新区,不允许城市新区无限制扩大范围。

### (二)人口密度适当

从前文的分析来看,河南省城市空间扩张与人口增长存在空间异质性,总体上来看,空间扩张的速度超过了人口城镇化的进程。河南各省辖市必须根据自身空间扩张和人口城镇化协调状况,采取措施,消除这种不均衡。如漯河市、商丘市、郑州市,在目前需要加快城市建设,适应人口的快速增长,或者采取措施,放缓人口的快速增长。而其他省辖市则需要改善城市宜居环境,增加就业岗位,增强城市吸引力,以促进人口城镇化的快速增长,或者放缓城市空间扩张的步伐,以减少空间资源的浪费。

城市均衡发展理论来自于"田园城市"理念,"田园城市"系列理论缓解了城市发展中存在的"城市病"问题,疏散了过分拥挤的城市人口,满足了城市居民对乡村的美好环境的需要。该理论对城市规模、布局结构、人口密度、绿带都有独特的见解,引起了社会的广泛重视,欧洲各地纷纷效法,如洛杉矶、菲尼克斯等。后来出现的一系列理论,如森林城市、生态城市、低碳城市、园林城市、山水城市、宜居城市、卫星城理论、边缘城市等对城市空间利用的理念均来自于田园城市,追求城市居住的舒适程度。

由于我国城市规划的总体规划是 20 年,近期规划为 5 年,而我国城市化进程速度较快,往往会由于某项政策的实施而使得空间扩张或人口增长在短时间内大幅度变化。如 2003 年郑州市郑东新区拉开建设序幕,到 2016 年郑东新区建成区面积突破 115 平方公里,这也使得郑州市空间扩张的速度一直快于城镇人口增长速度。因此,在各省辖市发展中,一旦发现某个维度滞后于另一个维度,就需要及时调整城市规划,使人口城镇化与空间扩张协调发展。

(三)空间集约利用,立体开发城市

目前我国城市普遍存在过于平面化、立体感不强的问题,立体感不仅仅表现在城市楼房的高度,而是包括住宅、交通、绿化等各方面的立体化发展。平面发展的方式导致耕地面积不断减少,也制约了城市绿地的建设,影响了城市的宜居性。鉴于此,国家明确提出要划定城市边界。城市新区要在不超越国家划定的城市边界、不影响城市核心功能和人口的前提下,将居住、就业、商业、文化等功能实现整合。

对城市空间集约利用,可以借鉴"紧凑城市"理论。紧凑城市理念是对于城市的空间形态的演变,主张以紧凑的城市形态来遏制城市蔓延,保留郊区开敞空间,从而减少能源消耗。该理念采用三个措施来实现其目的:高密度开发、混合的土地利用和优先发展公共交通等。紧凑城市的空间高密度开发,发展模式从"摊大饼式"向"紧凑式"转变,空间利用从"平面式"向"立体式"高效发展,这种发展模式追求在有限的城市空间内容纳更多的城市产业,提高各种资源的利用效率,可以在很大程度上遏制城市蔓延,有效缩短交通距离,促使人们降低对私家车的利用,转向公共交通工具或自行车,从而降低能源消耗。理论界后来出现的产城融合、职住平衡、城市边界、城市再生、立体城市、空间生产、低碳城市等一系列理论,均是在高效利用城市空间的理念指导下,侧重于城市空间集约利用的某一细节而产生的。

### (四)建设合理的城市空间体系

这一建议的理论基础来源于"点-轴"开发理论及"城市群"理论。经济中心总是首先集中在少数条件较好的区位,呈斑点状分布。这种经济中心既可称为区域增长极,也是点-轴开发模式的点。随着经济的发展,经济中心逐渐增加,点与点之间,由于生产要素交换需要交通线路以及动力供应线、水源供应线等,相互连接起来就是轴线。这种轴线首先是为区域增长极服务的,但轴线一经形成,对人口、产业也具有吸引力,吸引人口、产业向轴线两侧集聚,并产生新的增长点。点轴贯通,就形成点轴系统。因此,点-轴开发可以理解为从发达区域大大小小的经济中心(点)沿交通线路向不发达区域纵深地发展推移。

在现代化的交通域通信支撑下,中心城市通过极化效应集中了大量的产业和人口,获得快速的发展。随着规模的扩大、实力的增强,对周边中小城市产生辐射带动效应,伴随着这些城市规模的扩大和城际之间交通条件的改善尤其是高速公路的出现,这些城市之间的经济联系越来越密切,相互影响越来越大,由此形成影响力、竞争力较强的都市圈层或城市群。城市群的发展深刻影响着国家的国际竞争力,对区域经济发展具有重要作用。

## 五、城市新区金融资源配置优化路径

### （一）鼓励各大银行布局ATM机或营业点

民众对各大银行的需求较大,主要是普通的存取款业务较多,因此可以通过各大银行安装ATM机解决这些需求,对于有较大其他业务需求的,则可以布局营业点。在进行ATM机或营业点布局时,需要考虑布局的均衡问题,使城市新区各区域的民众都能享受到金融资源的便利,提高其使用效率。

### （二）培育多元化的金融主体

目前我国金融业的开放程度逐渐加大,对金融业的管制在逐渐降低,逐渐允许私人资本、外资进入金融行业,因此,城市新区在配置金融资源时,可以多元化培养金融主体,在国家政策允许范围内鼓励私人资本、外资等到城市新区开办金融机构。

### （三）规范民间借贷体系

民间借贷在目前已经成为金融体系不可或缺的一部分,对解决中小企业融资难的问题起到了较好的作用。但是目前民间借贷出现了诸多问题,关于民间借贷的相关法律法规尚不健全,一旦起了纠纷,民间借贷的合法性不容易认定,同时民间借贷容易导致恶性事件。因此,城市新区在发展过程中,需要对新区内的民间借贷进行规范,如规定民间借贷的金额限度、利率、还贷的方式等,这样就可以最大限度利用民间借贷,帮助城市新区的金融资源得以优化配置。

### （四）推动金融资金进入实体经济

金融资本的效率低下主要表现在金融资本没有流向实体经济,而是流向了房地产或证券市场,没有发挥金融资本的作用,这一点对于城市新区尤为重要。因此,城市新区需要加大对本区的金融机构的监管力度,引导金融资本服务实体经济,服务城市新区内的小微企业的发展,带活城市新区的民营经济。

# 参考文献

BILES R,1998. New towns for the Great Society: a case study in politics and planning [J]. Planning Perspectives,13(2):113-132.

CRAWFORD J,FRENCH W,2008. A low-carbon future: spatial planning's role in enhancing technological innovation in the built environment[J]. Energy Policy(12):4575-4579.

DOWNS A, COSTA F, 2005. Smart Growth/Comment: an ambitious movement and its prospects for success[J]. Journal of the American Planning Association,71(4):367-378.

EVANS H, 1972. New town: the British experience [M]. London: Charles Knight for Town and Country Planning Association.

HENDERSON R A, 1984. The employment performance of established manufacturing industry in the Scottish new towns [J]. Urban Studies,21(3):295-315.

HOWARD E,1984. Garden cities of tomorrow [M]. Cambridge, Mass: MIT Press.

SHIM G E, RHEE S M, AHN K H, 2006. The relationship between the characteristics of transportation energy consumption and urban form[J]. The Annals of Regional Science,40(2):351-357.

WILLIAMS P,1978. Urban mangerialism : a concept of relevance? [J]. Area,10(3):236-240.

YANITSKY O, 1987. Social problem of man's environment

[J]. The City and Ecology(1):174.

白雪洁,房伟,2010.中国义务教育效率的省际差异及投入拥挤研究[J].当代财经,31(3):32-39.

卜振兴,2013.基于 DEA 和 Malmquist 指数模型的商业银行效率评价研究[J].石家庄经济学院学报,36(6):79-84.

蔡纪良,1982.论我国卫星城的建设和发展[J].城市问题(1):9-19.

陈芳,杨婷婷,蒋建华,等,2017.基于 DEA-BC$^2$ 的广东省医疗资源配置效率分析[J].中医药导报,23(24):4-7.

陈敬学,2004.我国银行业市场结构与市场绩效的实证研究[J].金融论坛,9(5):75-78.

陈聚祥,黎映静,2016.基于数据包络分析的福建三级甲等医院运营效率评价[J].中国卫生统计,33(5):749-751.

陈一洪,刘惠川,2017.西部城市商业银行发展效率评价:基于三阶段 DEA 模型的 Malmquist 指数分析法[J].开发性金融研究,16(6):35-45.

陈岳堂,赵婷婷,2018a.义务教育资源配置效率实证研究:以湖南省为例[J].湖南社会科学,31(5):178-185.

陈岳堂,赵婷婷,2018b.中部地区农村义务教育资源配置效率研究:基于县域视角和湖南 39 个县(市)的数据[J].湖南农业大学学报(社会科学版),19(3):97-102.

迟国泰,杨德,吴珊珊,2006.基于 DEA 方法的中国商业银行综合效率的研究[J].中国管理科学,23(5):52-61.

褚国庆,刘诗怡,刘桂荣,2015.我国商业银行效率动态变化及影响因素研究:基于 DEA-Malmquist 指数模型[J].现代商业,15(20):188-191.

丛盼盼,杜树增,2011.国家开发银行改制前后效率评价:基于 DEA 方法和 Malmquist 指数的实证分析[J].经济研究导刊,7(35):

126-127.

崔晓东,2014.推进收入分配制度改革,促进经济社会健康发展[J].湖北经济学院学报(人文社会科学版),11(11):37-41.

崔宇,2019.基于DEA三阶段方法的甘肃省城市商业银行效率评价[J].市场研究,26(2):34-35.

单涛,2016.基于DEA和Malmquist指数的中部地区义务教育资源配置效率研究[J].贵州师范学院学报,32(5):90-94.

董四平,左玉玲,陶红兵,等,2014.中国医院效率DEA研究分类与投入产出指标分析[J].中国卫生政策研究,7(10):40-45.

杜永善,2012.甘肃省商业银行效率的实证研究[D].兰州:兰州大学.

段永瑞,孙丽琴,赵金实,2013.基于数据包络分析的中国商业银行运作与服务质量效率评价[J].中国管理科学,21(S1):15-19.

凡勇昆,邬志辉,2015.我国城乡义务教育资源均衡发展研究报告:基于东、中、西部8省17个区(市、县)的实地调查分析[J].教育研究,35(11):32-44.

方创琳,马海涛,2013.新型城镇化背景下中国的新区建设与土地集约利用[J].中国土地科学(07):4-9.

冯玉梅,杨瑞桐,2018.金融资源配置效率及其影响因素研究综述[J].武汉金融,35(9):50-56.

关松林,2013.区域内义务教育师资均衡配置:问题与破解[J].教育研究,20(12):46-51.

官爱兰,2015.农村义务教育资源配置效率的实证研究[J].郑州航空工业管理学院学报,33(6):76-80.

郭俞宏,薛海平,2011.我国义务教育生产效率实证分析:基于DEA方法[J].上海教育科研,30(3):24-27.

郭玉秀,宋国强,周荣耀,等,2018.安徽省卫生资源配置现状及公平性研究[J].中国卫生资源,21(4):318-322.

韩雪梅,李娟,王立先,等,2014.甘肃省三级医院基于数据包络分析的技术效率评价[J].重庆医学,43(8):994-996.

何书金,鲁奇,1999.开发区建设中的土地开发利用问题与对策[J].地理科学进展(4):338-345.

胡晓媛,沙琨,孙庆文,等,2012.基于数据包络分析与Malmquist生产率指数测量的军队三级综合医院全要素生产率分析[J].第二军医大学学报,33(7):805-807.

胡援成,肖德勇,肖永明,2006.国有商业银行改革过程中的经营效率评价[J].财贸经济,27(6):10-16.

黄舒婷,庞震苗,邹晓琦,等,2017.基于数据包络分析的广东省中医医院医疗资源配置效率分析[J].中国卫生统计,34(1):118-120.

黄晓霞,吴燕,王君燕,等,2016.基于数据包络分析的上海市闵行区社区卫生服务机构公共卫生服务效率评价[J].中国全科医学,19(25):3085-3087.

黄跃,2015."立体城市"的土地利用之道:以日本东京六本木新城为例[J].中国土地,34(6):19-21.

贾婷月,2017.公共基础教育配置效率:资源优化还是浪费[J].上海财经大学学报,19(1):49-60.

姜玉东,宋清华,2014.风险调整视角下的商业银行技术效率研究:基于DEA方法的分析[J].武汉金融,31(10):4-7+41.

景日泽,张鲁豫,章湖洋,等,2018.北京市公立医院与民营医院效率比较研究:基于DEA模型[J].卫生经济研究,25(6):22-25.

康丹,2007.海南金融机构效率分析[J].时代金融,14(10):99-100.

赖溱,黄莉,2014.基于DEA的重庆市医疗资源配置效率研究[J].中国卫生事业管理(4):274-277.

李刚,邓峰,2016.我国义务教育资源配置效率实证研究[J].现代教育管理(11):22-27.

李建伟,2012.空间扩张视角的大中城市新区生长机理研究[D].西安:西北大学.

李静,宗诚,姚静,2018.基于数据包络分析的医院临床科室卫生资源配置效率评价[J].中国医院,22(2):30-32.

李玲,黄宸,薛二勇,2017.新阶段城乡义务教育一体化发展评估研究[J].教育研究,24(3):38-44.

李玲,陶蕾,2015.我国义务教育资源配置效率评价及分析:基于DEA-Tobit模型[J].中国教育学刊(4):53-58.

李文华,王自锋,2011.两岸商业银行效率的DEA比较分析[J].经济经纬,28(6):141-145.

李新,刘朝明,2008.中国高新区主导产业选择的研究述评[J].生产力研究(15):112-113.

李炫榆,童玉芬,朱亚杰,2019.风险视角下贷款市场竞争对银行效率的影响:基于非期望产出DEA的研究[J].华东经济管理,33(1):112-118.

李越,2018.我国义务教育均衡发展的回顾与反思[J].内蒙古师范大学学报(教育科学版),31(10):14-19.

李哲,辛怡,2016.山东省卫生资源配置公平与效率分析[J].现代预防医学,43(18):3362-3365.

梁斐然,童纪新,2015.基于DEA的我国商业银行效率测度:2008年金融危机后商业银行技术无效的原因探寻[J].财会月刊,35(32):95-99.

林春,王伟,2015.我国政策性金融效率及影响因素研究:基于监管视角[J].技术经济与管理研究,22(12):77-81.

林德南,梁亮,梁实,等,2017.基于数据包络分析的深圳市社区基本公共卫生服务效率评价[J].中国卫生统计,34(2):284-287.

林颖韬,陈烈平,徐旭亮,等,2015.数据包络分析法在基层医疗卫生机构绩效工资实施前后效率评价中的应用[J].中国卫生统计,

32(1):130-132.

刘娟,张连生,2018.基于主成分和数据包络分析的医院服务效率评价[J].中国卫生统计,35(2):222-227.

刘科,2016.基于DEA模型对商业银行效率的研究[J].现代经济信息,13(24):279+281.

刘瑞波,潘光杰,苑晓平,2017.金融危机后大型中资银行跨国并购效率研究[J].经济与管理评论,33(6):77-83.

刘瑞翔,吕大雪,骆依,2016.不良贷款约束下我国商业银行效率的测评:基于两阶段DEA模型的分析[J].南京审计大学学报,13(6):41-50.

刘善槐,2015.我国城镇义务教育学校布局调整研究[J].教育研究,22(11):103-110.

刘士林,刘新静,盛荣,2013.中国新城新区发展研究[J].江南大学学报(人文社会科学版),12(4):74-81.

刘伟,赵一林,2014.数据包络分析在地市级中心医院综合效率分析中的应用[J].中国卫生统计,31(5):896-898.

刘喜华,高双双,孙玲,2010.我国商业银行效率及效率持续性的实证研究[J].山东经济,26(6):121-127.

刘心,李婷婷,邹翔,2016.中国商业银行效率DEA方法的实证分析[J].辽宁工程技术大学学报(自然科学版),35(2):219-224.

刘兴政,2007.城市边界:关于城市发展一个新的理论解释框架[J].现代城市研究(08):60-65.

刘星,张建斌,2010.我国上市商业银行成本效率和利润效率研究[J].当代财经,31(3):61-67.

芦锋,史金凤,2013.投入产出对我国商业银行效率的影响分析:基于网络DEA和面板数据分析方法[J].山西大学学报(哲学社会科学版),36(6):94-100.

路研,李刚,2018.后危及时代中国商业银行全要素生产效率研究

[J].山西大学学报(哲学社会科学版),41(5):94-104.

吕静秋,2009.我国中小型商业银行效率与监管研究[D].长春:吉林大学.

骆泽深,2013.基于数据包络分析的广东省卫生资源配置效率评价[J].中国卫生统计,30(5):727-729.

马占新,2010.数据包络分析模型与方法[M].北京:科学出版社.

毛燕娜,王小万,冯芮华,等,2015.基于数据包络分析的医院效率评价指标筛选研究[J].卫生经济研究,22(8):15-19.

米凯,彭羽,2014.国外生态城市指标体系及其应用现状分析[J].中国人口·资源与环境,24(11):129-134.

彭琦,2006.中国商业银行绩效决定因素的实证研究[D].成都:西南财经大学.

钱学森,1992.钱学森同志写给顾孟潮的一封信:谈建设中国"山水城市"问题[J].城市问题,11(6):2.

仇蕾洁,马桂峰,张雪文,等,2017.山东省不同类型社区卫生服务站医疗资源配置效率评价研究[J].中国卫生经济,36(12):70-73.

阮成武,2013.我国义务教育均衡发展政策的演进逻辑与未来走向[J].教育研究(7):37-45.

沈爱华,2003.高新技术产业开发区选址与总体布局研究[D].西安:西安建筑科技大学.

盛佳玲,林丽萍,2014.利率市场化背景下我国商业银行效率比较研究:基于SE-DEA视角[J].时代金融,31(32):42-43.

石瑞琪,2018.基于DEA模型的我国商业银行效率测度研究[J].特区经济,34(12):52-56.

宋慧勇,李湘君,2014.基于数据包络分析的医院经营效率评价研究[J].中国公共卫生,31(4):625-627.

谭俊,2014.中国义务教育资源配置评价研究[D].湘潭:湘潭大学.

谭政勋,李丽芳,2016.中国商业银行的风险承担与效率:货币政策视角[J].金融研究,39(6):112-126.

汤磊,张薇,袁慧芸,等,2014.基于数据包络分析的京沪两地三级甲等医院综合性医院运营效率比较研究[J].上海交通大学学报(医学版),34(1):95-99.

童鑫乐,季胜男,张为付,等,2016.所有制结构、引资战略与中国商业银行效率:基于HM指数与Tobit模型的实证研究[J].南开经济研究,32(4):55-70.

王爱东,王鹏,2015.中国银行业上市公司经营效率组合测度研究:基于超效率DEA-Malmquist模型[J].河南科学,33(12):2241-2245.

王丹丹,姚峥嵘,2018.基于HRAD和DEA的江苏省卫生资源配置的公平与效率分析[J].中国卫生事业管理,34(10):740-743.

王付彪,阚超,沈谦,等,2006.我国商业银行技术效率与技术进步实证研究(1998—2004)[J].金融研究,29(8):122-132.

王广谦,1997.经济发展中的金融贡献与效率[M].北京:中国人民大学出版社.

王佳,高莹,2012.基于改进DEA模型的城市商业银行效率实证研究[J].东北大学学报(自然科学版),33(12):1786-1789.

王建容,夏志强,2010.我国义务教育均衡发展的内涵及其指标体系构建[J].理论与改革,25(4):70-73.

王久梗,2007.关于交通资源概念和特征的探讨[J].综合运输,14(7):9-11.

王明筠,傅联英,连小琴,2015.商业银行经营效率测评及其结构分解[J].上海金融,36(11):96-99.

王善迈,董俊燕,赵佳音,2013.义务教育县域内校际均衡发展评价指标体系[J].教育研究,20(2):65-69.

王水娟,2012.小学教育效率的校际差异及影响因素实证研究:基于 DEA-Tobit 的分析[J].教育科学,28(5):67-72.

王薇,2012.数据包络分析方法在中学投入产出效率评价中的应用[J].上海教育科研,31(2):52-56.

王小万,崔月颖,冯芮华,等,2015a.县级医院效率特征及变动研究[J].中国卫生政策研究,8(6):13-19.

王小万,刘丽杭,2015b.医院效率特征研究:理论与模型[J].卫生经济研究(8):8-14.

王小万,刘丽杭,匡绍华,等,2015b.大型综合公立医院效率特征及变动研究[J].中国卫生政策研究 8(10):33-40.

王怡,范俊杰,赵晶,等,2015c.以山东省为例探讨卫生资源配置的利用效率的空间分析[J].中国卫生统计,32(6):1056-1058.

韦潇,孟庆跃,2017.我国 160 家社会办医院的效率研究[J].中国卫生经济,36(6):82-86.

魏煜,王丽,2000.中国商业银行效率研究:一种非参数的分析[J].金融研究,23(3):88-96.

武向荣,2013.义务教育经费均衡现状调查与对策分析[J].教育研究,20(7):46-53.

习近平,2007.之江新语[M].杭州:浙江人民出版社.

夏青,黄永兴,郑谦,2016.非利息业务发展对我国商业银行效率水平的影响[J].安徽科技学院学报,30(4):61-68.

徐雨晨,王润华,付广建,2013.基于数据包络分析的县级公立医院运行效率评价[J].重庆医学,42(32):3939-3944.

许文,孙秀峰,迟国泰,2009.中国商业银行技术效率及内部影响关系研究[J].哈尔滨工业大学学报,41(2):251-253.

鄢错灵,白冰楠,徐阅,2018.基于超效率 DEA 模型的北京市政府办中医类医院卫生资源配置利用效率评价[J].中国医院,22(9):36-38.

杨开忠,1987.论我国地区发展战略的抉择:兼论地区增长极的选择[J].开发研究(6):15-19.

杨倩茹,胡志强,2016.基于DEA模型的我国农村义务教育资源配置效率研究[J].现代教育管理(11):15-21.

杨世伟,2017.基于DEA模型的村镇银行经营效率研究:来自贵州省安顺市辖内样本村镇银行的考察[J].西部金融,24(7):55-58.

杨吾扬,1988.区位论与产业、城市和区域规划[J].经济地理(1):3-7.

姚晋兰,毛定祥,2009.基于DEA-Tobit两步法的股份制商业银行效率评价与分析[J].上海大学学报(自然科学版),15(4):436-440.

游家兴,陈淑敏,徐盼盼,2011.中国金融市场化与开放进程对银行效率的影响研究:基于DEA的Malmquist指数方法[J].投资研究,30(9):55-65.

于刚,张智晴,2019.基于DEA-Malmquist指数的中国商业银行效率研究[J].东北财经大学学报,21(1):79-86.

于洋,韩增林,鹏飞,等,2016.辽宁省义务教育资源配置差异的时空演变分析[J].地域研究与开发,35(6):21-26.

员红艳,刘军,2016.基于数据包络分析的兵团团场医院效率研究[J].中国卫生统计,33(1):88-93.

袁征峰,2017.银行效率的测度及其影响因素研究[D].太原:山西财经大学.

岳晶晶,2011.我国义务教育资源配置效率[D].西安:西北大学.

岳晶晶,王峰虎,2010.我国义务教育资源配置效率:基于DEA方法的实证研究[J].内蒙古农业大学学报(社会科学版),12(54):71-74.

张东超,2018.基于DEA方法的我国上市商业银行效率研究[J].北方经贸,25(4):98-99.

张桂林,潘习龙,2013.基于数据包络分析方法的北京市农村基本公共卫生服务项目效率评价[J].北京大学学报(医学版),45(2):

264-268.

张航,王耀刚,2014a.基于数据包络分析的医院相对效率实证研究[J].中国公共卫生,30(9):1187-1189.

张航,赵临,刘茜,等,2016.中国卫生资源配置效率DEA和SFA组合分析[J].中国公共卫生,32(9):1195-1197.

张航,赵临,王耀刚,2014b.数据包络分析在地市级中心医院综合效率分析中的应用[J].中国公共卫生,30(10):896-898.

张航,赵临,王耀刚,2015.基于DEA和Malmquist指数的我国省域卫生资源配置效率评价[J].中国卫生统计,32(6):984-987.

张卉,2010.基于DEA模型视角的我国商业银行效率分析[J].中国集体经济,26(34):97.

张健华,2003.我国商业银行效率研究的DEA方法及1997—2001年效率的实证分析[J].金融研究,26(3):11-25.

张捷,2009.新城规划与建设概论[M].天津:天津大学出版社.

张捷,赵民,2005.新城规划的理论与实践:田园城市思想的世纪演绎[M].北京:中国建筑工业出版社.

张培林,谭华伟,刘宪,等,2018.医疗费用控制约束下医疗卫生资源配置绩效评价研究[J].中国卫生政策研究,11(3):56-63.

张晓红,2016.宁夏县级公立医院医疗资源配置效率研究[D].银川:宁夏医科大学.

张晓平,刘卫东,2003.开发区与我国城市空间结构演进及其动力机制[J].地理科学(2):142-149.

张亚丽,徐辉,2016.我国义务教育资源配置效率初探[J].教育评论,32(6):8-11.

张瑶,郭亚楠,张馨予,等,2017.基于Network DEA的省际卫生资源配置效率动态分析与评价[J].中国卫生统计,34(4):575-577.

张玥,2018.基于DEA模型的我国省际卫生服务效率评价[J].中国卫生统计,35(4):559-562.

赵临,张航,2016.卫生资源配置研究概述[J].卫生软科学,30(9):27-29.

赵琦,2015.基于DEA的义务教育资源配置效率实证研究:以东部某市小学为例[J].教育研究,22(3):84-90.

赵旭,蒋振声,周军民,2001.中国银行业市场结构与绩效实证研究[J].金融研究,24(3):59-67.

郑万会,龙畅,孙虹,2016.基于数据包络分析法和随机前沿分析法的重庆市市级公立医院运行效率及变化趋势研究[J].上海交通大学学报(医学版),36(12):1789-1803.

周朝波,彭欢,2018.互联网金融崛起下中国上市商业银行效率研究:基于三阶段DEA法[J].征信,36(12):72-78.

周四军,胡瑞,王欣,2012.我国商业银行效率DEA测评模型的优化研究[J].财经理论与实践,33(6):17-21.

周晓丹,2016.基于DEA分析我国上市银行效率[J].全国商情,16(36):66.

朱健,贺适,王辉,2018.我国农村义务教育资源配置效率研究:基于DEA-Tobit模型的分析[J].教育经济评论,3(5):37-52.

朱旭,2010.基于增长极理论的滨海新区发展战略研究[D].天津:天津大学.

朱芸芸,宋良荣,余旺,2018.互联网时代上市商业银行效率研究[J].电子商务,25(12):48-49+54.

宗仁,2018.霍华德"田园城市"理论对中国城市发展的现实借鉴[J].现代城市研究,25(2):77-81.